微营销打开了一扇全新的大门

大易之道，智者观势。

大众创业
全民微商

亚洲首席财富演说专家——朱柏

微商大咖团队特训营
MICRO DAQO CAFE TEAM SPECIAL TRAINING CAMP
第66期
中国·山东

在残酷的市场上，集体成长，
只有全员能生存，
领袖才能领袖才能强大，
只有全员才能辉煌存在

亚洲首席财富演说专家·朱柏

一个成功的"微营销"策略
会创造更多的奇迹！

微营销，让"子弹"飞得更快更准！

创新微营销

指尖上的财富风暴

朱坤福◎编著

中国财富出版社

图书在版编目（CIP）数据

创新微营销：指尖上的财富风暴/朱坤福编著. —北京：中国财富
出版社，2017.10

ISBN 978-7-5047-6604-5

Ⅰ．①创… Ⅱ．①朱… Ⅲ．①网络营销 Ⅳ．① F713.365.2

中国版本图书馆 CIP 数据核字（2017）第 253140 号

策划编辑	刘 晗	**责任编辑**	张冬梅 孙铂洋		
责任印制	石 雷	**责任校对**	孙会香 卓闪闪	**责任发行**	董 倩

出版发行	中国财富出版社			
社 址	北京市丰台区南四环西路 188 号 5 区 20 楼		**邮政编码**	100070
电 话	010-52227588 转 2048/2028（发行部）		010-52227588 转 307（总编室）	
	010-68589540（读者服务部）		010-52227588 转 305（质检部）	
网 址	http://www.cfpress.com.cn			
经 销	新华书店			
印 刷	廊坊飞腾印刷包装有限公司			
书 号	ISBN 978-7-5047-6604-5/F·2854			
开 本	710mm×1000mm 1/16		**版 次**	2018 年 2 月第 1 版
印 张	18.25 插 页 2		**印 次**	2018 年 2 月第 1 次印刷
字 数	265 千字		**定 价**	49.00 元

前　言

　　微营销是以移动电子商务为依托的一种体验式营销渠道，与网站营销相比，微营销具有更高的便捷性。网站营销缺少一个连接产品、商家和用户的桥梁，通常无法实现体验式营销。而微营销以其高移动性的优势，越来越受到用户的青睐。作为新型的营销渠道，微营销更强调"近距离"接触，拉近了用户与商家之间的距离。

　　传统的营销方式，大多是以报纸、杂志等平面媒体为主要平台。随着网络的普及，营销人员也开始转战网络，然而，风靡一时的网站营销正逐步被微营销取代。微营销的出现满足了越来越趋于精细化、多样化和个性化的市场需求。作为一种更加灵活的营销方式，微营销能够帮助商家轻装上阵，在瞬息万变的市场大环境下，进退自如。

　　相较于传统营销方式，微营销强调的是"现实"与"虚拟"的互动，逐步建立了一个集合了研发、产品、渠道、市场、品牌传播、促销、客户关系等的全方位营销链条，将各类营销资源进行有序整合，实现以小博大、以轻博重的营销效果。

　　微营销作为一种快捷高效的营销方式，其宗旨就是用最少的钱，获得最大的营销效果。想要提高微营销的性价比，除了具有新的传播手段外，我们更需要独特的创意。作为当下微营销主战场的一部分，微博和微信通过碎片化的媒体传播方式，令微营销更具备"四两拨千斤"的效果。

　　社会化媒体的出现，让企业能够通过网络精准定位目标用户，并及时了解消费者的个性化需求，为其"量身打造"个性化产品。以此为基础，企业在开展针对具有某种需求的消费者的营销活动时，就能够轻松实现微营销的目的。

凯迪拉克利用微博活动，在极短的时间内吸引了数十万精准粉丝；7天酒店通过微信公众号，获得百万会员；山东朱氏药业集团通过微信转发抽奖活动，用 10 盒灸热治疗贴在数小时里换回几万粉丝的关注；小米通过"预售活动式"营销，实现 10 分钟内销售新机 15 万台；杜蕾斯通过微信"有奖转发"，以 10 盒换来数万粉丝……这样的微营销案例每天都有，只要行动，你也有可能做到！

　　一个成功的"微营销"策略，带来的效果往往是"爆炸式"的。而创造了无数奇迹的微营销，在未来还会创造更多的奇迹！

朱坤福

2017 年 10 月于燕贻堂

目　录

第一篇　微营销，让"子弹"飞得更快更准

第二篇　玩转微博，140个字再掀营销巨浪

第三篇　循序渐进三部曲，微信营销不再难

第四篇　借势公众平台，微商强势崛起

第一篇

微营销，让"子弹"飞得更快更准

微博的火爆及微信的崛起，都为我们这个时代标上了一个新的符号，那就是微时代已经来临。越来越多的人喜欢用碎片化来描述我们这个时代。微营销是现代社会一种低成本、高性价比的营销手段。与传统营销方式相比，微营销是投资少见效快的一种新型的网络营销模式，其营销方式和模式可以在短期内获得最大的收益。传统媒体广告往往针对性差，难以进行后期反馈。而微营销针对性极强，绝大多数关注企业或者产品的粉丝都是本产品的消费者或者是潜在消费者，企业可以对其进行精准营销，让"子弹"飞得更快更准。

第一章　大数据时代来了，营销该怎么做

2017 年 1 月，中国互联网络信息中心发布第 39 次《中国互联网络发展状况统计报告》。该报告显示："截至 2016 年 12 月底，我国网民规模达到 7.31 亿，手机网民数量为 6.95 亿，手机网上支付用户达到 4.69 亿。"借助于移动互联网的数字化沟通，我们几乎可以测定一切。一切活动都能产生数据，数据又潜藏着价值。可以想象，大数据带来的将是全新的营销策略和结果。试想一下，移动互联网用户每天无论打开哪个网站，都会被各种广告淹没，其中有的是他不感兴趣的垃圾广告；有的是他感兴趣但因为呈现的方式不符合他浏览习惯而被忽略的；有的则恰好既符合他的兴趣，又用最适宜的方式让他注意到了，你说他会选择哪家的点进去看？答案不言而喻。而要想达到第三种精准营销，就必须有大数据的支持。

第一节　大数据时代的营销迷失了方向

过去的几十年间，中国的营销方式在不断地发生变化。首先，从 20 世纪 90 年代中后期开始，市场经济环境下的商品流通日益加快，生活变得更加快捷方便，其中以个人商店、超级商店、大卖场、购物广场以及电子商务为主的现代道路正飞速发展，并逐渐成为商品流通渠道体系的主流，尤其是在城市渠道中所占比例极大；其次，媒体市场不断发展壮大，全国性媒体的增长速度惊人，数量远超以往；与此同时，以互联网为依托的新型媒体发展迅速，营销媒体的选择呈现丰富化、多样化趋势；最后，与营销相关的广告、市场研究、公关、管理咨询等市场服务迅速壮大，为企业营销提供了更多相关信息和咨询帮助。

从表面上看，营销市场较之从前更加广阔、手段更加多样，呈现出一片大好形势。但实际上，在当下的中国市场中进行营销，挑战越来越大，一个成功的营销决策，需要经过极为复杂的过程。而以前很多收效明显、盛行一时的营销手段现在都面临着失效的困局。"业绩"就像是悬在头顶的一把刀，使得大批营销人日日自危。

我在山东玛尔思企业管理咨询有限公司讲课时，遇到很多营销人感慨："大数据时代来了，营销开始找不到北了。"当前，摆在营销人面前最大的问题就是消费主体人群的改变导致的消费决策方式的变化。新生消费主力更习惯于通过互联网来完成一切活动。显然，很难再依靠老旧的广告及营销方式掀起消费浪潮。新生消费主力们更喜欢依循个人喜好做出选择，在消费过程中，更多的是参考朋友及其他人的评价。对于许多品牌来说，斥巨资做的广告，可能会因为一句负面评价而变成"无用功"，想要留住"忠诚"的品牌拥护者，变得越来越难。

在传统的营销模式中，一件产品在到达消费者手中前，往往要经历一个冗长的过程：制造商供货给批发商，批发商供货给零售商，零售商销售给消费者。在这个完整的营销活动中，不仅要耗费大量的时间，还会增加产品的成本。等到消费者拿到手中时，产品的时效性也大大降低了。

从理论上讲，传统营销属于交易型营销，即为顾客提供尽可能多的产品和服务，随着时间的推移，顾客量也随之不断增长，消费者会对产品产生习惯性和依赖感。但是在互联网时代，尤其是大数据时代，在主流消费群体发生变化的同时，消费方式也发生着根本性的改变，由此导致传统营销方式收效甚微，甚至是逐渐失效。

　　让我们先聊一聊当前企业营销人员正在被哪些问题困扰。

　　第一，营销核心的受众发生了“质”的变化。在我国，消费阶层的购买力主要包含了金领阶层、白领阶层、灰领阶层、蓝领阶层和无领阶层。相关调查数据显示，对于消费趋势起到决定性作用的主要是平均年龄在25～45 岁的大专以上学历、月收入 3000 元以上的白领阶层和金领阶层。《2015 年全球社交、数字和移动》报告统计，在中国 13.5 亿人口中，城市人口的比例为 51%，这其中有 44% 为互联网用户，中国当前手机设备的持有量已经超过了 12 亿台，普及度极高。作为消费趋势引导者的白领阶层和金领阶层，正逐渐成为中国互联网用户中的中坚力量，而网络已经成为他们日常生活和工作过程中极为重要的工具。这部分人具有收入高、购买力强、消费需求旺盛的特点，他们显然已经成为中国市场营销的核心受众。作为优质的核心用户，这部分人对于网络媒体的青睐度日益提高，这就导致以传统媒体为主要“战场”的营销模式逐渐失效。

　　第二，消费者的行为模式及购买决策流程的变化，使得维持原有营销管理流程的企业，对于潜在销售机会的把控变得越来越难。随着网络时代的到来，大多数买家在进行消费决定的过程中，通常都是通过网络等渠道来获取意向产品及服务的相关信息，这其中除了包含企业信息，还包含了大众的“口碑”和“反馈”。

　　第三，随着互联网的普及，市场变得更加广阔，产品价格更加透明，商家间的竞争也随之变得激烈。摆在企业面前的是“成本控制”，刺痛营销人员的是有限的“营销预算”。伦敦 Fouurnaise Marketing Group（佛奈斯营销集团）曾经对数百名 CEO 和决策者进行调查，数据显示，73% 的人对他们的 CMO（首席营销官）表示不满，认为他们缺乏商业信誉，是个空架子，没有办法拿出令人满意的驱动收入增长的方案；72% 的人表示，企业的营销人员只懂得“伸手要钱”，却无法说明这些钱能够为企业带来怎样的新增收入；77% 的人表示，自己企业的营销人员只懂得空谈“品牌资产"，却拿不出实际行动将其企业的实际市场估值和其他重要的金融指标联系起来。很多业内人士反映，现在的CEO们对待营销人员近乎苛刻，常常是一边将ROI（投资回报率）考核定在极高的位置，一边又拿不出耐心来等待成果。这令处于高压力下的营销人员备感崩溃。

第四，社会化媒体营销、电子营销的出现，让很多企业看到了商机，于是在企业内部划归出新兴部门，对新事物进行尝试。也就是说，同一家企业里，出现多个不同性质或形式的用户服务部门，企业资源、用户信息共享的同时，也存在着激烈的竞争。营销人员经常是"腹背受敌"，压力巨大。而这样无序的"内耗"式竞争关系，除了使企业的运营成本出现不必要的增加外，毫无益处。

第五，社会化媒体普及的当下，传统营销产生的作用微乎其微。消费者购物模式及购物决策方式的改变令传统媒体面临着"有劲儿无处使"的困局。传统媒体的"失宠"，也意味着"传统营销"策略的失效，取而代之的是更具创意、更符合现代环境理念的、更紧随科技发展的新型营销模式。

第二节　找出适应时代的全新营销方式

企业的盈利与企业的营销能力有着直接的关系。对于一家企业而言，无论你的财务、运营、会计或其他方面做得多好，如果不能够满足产品和服务需求，那么之前的所有努力就都是白费力气。"盈利"是企业经营的根本目的，只有市场对于企业产品有所需求，企业才能够真正产生利润。而营销人员，就是利用市场营销手段，达到这一目的。越来越多的企业意识到市场营销对于企业发展的重要性，纷纷设置独立的营销部门，斥重资聘请地位与CEO（首席执行官）和CFO（首席财务官）不相上下的CMO（首席营销官）。

对众多企业的 CEO 来说，市场营销的重要性已经不容忽视。2016 年，某机构针对"企业经营过程中需要面对的十大挑战"这一问题向世界范围内的数百名 CEO 进行调查，调查结果显示，"持续与稳定成长""顾客的忠诚和挽留"这两点的受关注度是最高的。而要想做到这两点，就需要依赖强大的市场营销。许多 CEO 在调查中表示，构建企业品牌、获得顾客忠诚等都是企业价值的重要组成部分，对于企业的发展来说至关重要。而市场营销对于提升企业无形资产的市场估值有着不可替代的推动作用。

随着移动互联网大数据时代的到来，媒体购物环境的日新月异，人们的生产、生活、购物方式也随之发生巨大改变。在这个"无销不赢"的时代，原有的营销方式产生的效果已经逐渐减弱，营销人需要找出适应时代的全新营销方式，来应对市场变化。

何为"大数据"时代？

在数十年前，当人们提及"大数据"的时候，都还是一脸茫然，感觉这是一个难懂的"专业"词汇。而如今，"大数据"已经与我们每个人的生活都息息相关了，它深入到我们生活的每个方面，无论是日常的网络聊天、短信交流、邮件来往，还是随时更新的影像资料、计算机编程等。人类是大数据的制造者，源源不断的数据以惊人的速度增长累积。根据国际著名咨询机构IDC（国际文献资料中心）的估计数据显示，2006年全世界产生的数据总值大约为0.18ZB（泽字节），而到了2016年已经刷新为1.8ZB，这相当于地球上的每个人都平均使用了100GB的硬盘来储存数据。

"大数据"中的"大"字，从狭义上来说是指容量的庞大，就广义而言则包含海量信息数据处理、整合以及分析之后所产生的创造价值。国际相关研究组织指出，在企业商业价值提升方面，大数据至少能够从四个方面做出贡献：第一，企业可以通过大的数据将消费者进行群体划分，并针对不同群体采取不同的策略；第二，企业可以运用大数据来虚拟实境，提前预测新的用户需求，并对此做出行动，提高回报率；第三，企业内部各职能部门对于大数据的合理共享，对于提升管理链条和产业链条的投入回报率有着积极作用；第四，企业对大数据进行整合、分析、利用，对于产品及商业模式的创新有所助益，同时对于服务提升及变革也有帮助。

大数据时代，社会"个体"的思维方式不断发生变化，进而影响到生活方式的改变。这一系列的变化，也推动了消费观念的更改，消费者获取企业信息及产品信息的渠道和方法越来越多，视野也越来越广阔，因此"轰炸式"的传统营销方式，对于消费者购物决策的影响力逐渐减弱。消费者对于那些受到质疑的品牌或产品更感兴趣，因为他们可以根据自己的体验状况发表自己的观点，并影响周围的人。企业在制订营销策略的过程中，应当重视消费者的观点和意见，以此为基础推进营销方式及策略的创新，以此吸引用户的关注度。

网络世界的观点和数据都是呈碎片化存在的，作为一个优秀的营销人，必须透过这些分散的表象，对碎片化的信息进行分析、整理，找出令不同碎片聚合的中心点，并捕捉它们之间的共同特点或是需求的集合，提炼出新的集中信息。而"大数据"显然已经成为实现这一策略的有利武器。

作为移动互联网高速发展下衍生的新型营销方式，"微营销"在营销过程中取得的效果已经获得了普遍认同，并以社会化媒体为基础，迅速发展，微博、微信和App（应用程序）等成为了新媒体营销的载体。微营销具备两大特征：一是以技术为驱动；二是呈病毒式传播。例如，一家儿童摄影店，除了对实体店铺进行经营外，也会经营微店，通过"感动你我亲子互动照评选赢相册"的营销策划，短短几小时，粉丝数就从100多人增长至几千人。可见微营销的传播速度之快、范围之广。

朱老师语录

关于微营销，我再次透露下其中的"达·芬奇密码"，传统营销模式中，

"传播就是到达"被奉为真理，在当下这句"真理"被颠覆，变成了"到达即是传播"。通过新媒体手段，能够帮助产品快速吸纳"青睐者"和"死忠粉"；透过大数据，能够让企业向目标人群传达更为精准有效的产品信息和服务信息，向用户展现消费场景，调动用户的购买欲望。

在大数据时代，营销策略可以依靠数据来驱动，在营销前和营销中充分利用数据，能够将效果监测变成效果预测，更好地为拥有共同兴趣的用户群体呈现产品效果，实现精准营销。

第三节　微营销的典型代表——我是江小白

随着互联网技术的不断发展，社交媒体的使用已经深入人们生活的各个角落，成为不可缺少的存在。在这种大量品牌、多元营销模式的网络时代背景下，企业若要实现自身可持续发展的目的，就需要紧跟时代的脚步改变其营销方式。微营销就是当今企业发展的一大机遇，能提供给企业一个很好的商业机会。

重庆青春小酒"江小白"就是应用微营销的典型代表，它创造性地运用互联网思维改造传统行业，巧妙地打出"青春牌"，借助微博、微信及贴吧等社会化媒体，成功地将"青春"的概念注入到了品牌信息的各个接触点。江小白的微营销拉近了企业与消费者之间的距离，扩大了其品牌影响力，带动了销量，最终使得江小白能在竞争异常激烈的白酒行业中脱颖而出。它突破了白酒界新品牌至少需要三年培育时间的局限，仅仅用了一年的时间，就在销量上突破亿元大关，获得了极大的品牌知名度和美誉度，被誉为"中国白酒时尚化创新第一品牌""中国第一时尚白酒""潮酒引领者"。

江小白是重庆一家酒类营销公司，成立于 2011 年，2012 年正式推出"我是江小白"小瓶白酒。2013 年整个白酒行业遭遇寒冬，而江小白却在

2013 年下半年脱颖而出，达到了 5000 万元的销售额，并开始实现盈利。从公司成立到在业内打响名声，"我是江小白"这一品牌仅用了一年的时间，迅速成为白酒行业的一颗新星。

江小白的成功是对传统白酒行业的一次重大颠覆，它颠覆了传统观念中白酒就是商务酒、宴会酒的形象，巧妙地打出青春牌，把消费人群直接定在极具活力的"80 后"和"90 后"。江小白主张带动和实现中国酒业的年轻化、时尚化及国际化，打出以青春的名义制造流行的全新营销思路，力争在激烈的白酒红海市场中打出一片蓝海。

江小白并不是传统意义上的酒企，而更像一家文化创意公司。"江小白"卖的也不是酒，而是一种青春态度。它颠覆传统，将"创造卓越产品，营销美好生活"作为愿景，努力创造符合当代消费者喜爱的品牌和品质精良的产品。

江小白的消费群体主要定位于年轻人，"年轻化、时尚化及个性化"是它的代名词，因此，为了强调江小白的品牌属性，加深在消费群体中的印象，江小白团队以"80 后""90 后"的大众年轻人为原型，为品牌拟人化打造了一个卡通形象代言人：黑色头发略长，发型比较韩范儿，戴着黑框眼镜，眼神带点不屑，表情呆萌，穿着打扮是白 T 恤搭配灰色的围巾，外套是英伦风的黑色长款风衣，下身配的是深灰色牛仔裤和棕色休闲鞋。这样一个"屌丝型、文艺心，追求简单生活"的江小白拟人化卡通形象与当下"80 后""90 后"消费群体的形象相吻合，每个消费者都能从江小白身上找到与自己的相似之处。除此之外，江小白以卡通形象为基础，设计了不同风格，充满娱乐性、生活化的漫画，这些漫画深受粉丝喜爱，不断地在社交媒体被疯狂转发，加速了江小白的品牌传播。

江小白是在互联网大发展、社交媒体盛行的时代创立并迅速发展的，可以说，是互联网造就了今日的江小白，它在社交媒体开始盛行时，就开始运用社交媒体为自己造势，是成功运用微营销的典型代表。

一、微博营销

陶石泉是江小白企业的创始人，人们都把他称为"江小白的老爹"。陶石泉却笑称新浪才是"江小白的亲妈"，因为江小白这个品牌完全是以新浪微博这个媒体和传播方式诞生的，无论是产品本身，还是传播物料，一切跟品牌相关的东西都打上了微博的印记。把微博作为江小白的主要营销平台，可以将微博平台的受众与产品主打的"青春牌"概念巧妙结合，找准消费者的聚集地。江小白在新浪的官方微博为"我是江小白"，粉丝数量达到了十万。十万粉丝不算什么，但每篇微博内容都有人热情参与评论和转发就不容易了。现在在新浪微博搜索与"江小白"有关的微博，一般每天都会有二十条以上的记录。而其他类似的白酒品牌，每天在微博上的记录一般只有五六条，甚至更少。微博的条数虽然不能说明有多少差异，但如果仔细分析这些微博的来源就会发现，与江小白有关的微博更多的是消费者自发的内容，而参照对比其他白酒品牌，虽然也有官方微博，每条微博的内容也都下足了功夫，但用户生成内容远不及江小白。可以说，在品牌建立初期，微博平台的使用对江小白在白酒行业的脱颖而出发挥了举足轻重的作用，江小白的微博营销带动了大批粉丝为江小白品牌的推广贡献了力量。

二、微信营销

微信也是江小白社会化营销方式的一个重要平台。江小白除了与其他品牌一样借助微信公众平台创建微信公共账号以外，还运营着"小白哥"的微信私人账号，账号由公司专人维护。"小白哥"微信不再仅仅局限于一些品牌信息的推送，而是更多地扮演了一个知心朋友的角色，任何人有什么烦恼都可以和"小白哥"交流，这些内容也都是保密的，公司其他人无法知道，"小白哥"也因此获得了众多微信粉丝的信赖。

除此之外，江小白团队还别出心裁地以跨界的思维投入游戏的开发与推广，在微信平台上开发出约酒游戏，如小白快跑、真心话大冒险、约酒大战等，将趣味与约酒相结合，不仅在立意上突破常规，游戏自身的设计也极具创新意识，融入了江小白动漫人物元素，并将其大众化和"江小白化"。约酒游戏的开发使人们潜意识里都深深打上江小白的烙印，增加了顾客的粉丝黏性，扩大了江小白的品牌影响力。

第四节　微营销打开了一扇全新的大门

很多企业都已经意识到了，没有营销就没有盈利，在传统的营销方式逐渐失效的情况下，微营销给营销人开了一扇全新的营销大门。聪明的企业不再墨守成规，也纷纷踏上了营销改革之路。

根据互联网信息中心发布的《中国互联网发展统计报告》显示：截至2016年6月，中国总体网民数量，已经达到了7.10亿，同时移动媒体用户规模庞大，其中人们对于微博和微信的使用频率更高得惊人。截至2016年，微信注册用户量高达8.06亿，使用频率高达94.7%；微博注册用户量达2.42亿，使用频率约34%。作为超级移动平台，微博和微信齐头并进，几乎"独占"了中国移动互联网95%以上的终端用户。这些用户都是消费生力军，也就是说，谁能够获得这些人的芳心，谁就是最终的胜利者。

一个聪明的企业领导者，必须清楚地认识到，如果完全放弃微博、微信营销，坚持走过去老旧的营销之路，就相当于错过了中国最有消费能力的人群，与"盈利"擦肩而过。

利用微博、微信提升营销成果的案例不在少数。

凯迪拉克在微博发起为期30天的活动推广，吸引了近40万的精准粉丝，轻松省下千万元推广费。

山东朱氏药业集团通过微信转发抽奖活动，用10盒灸热治疗贴在数小时的时间里换来几万粉丝的关注。

小米手机通过微博、微信营销，成功立足手机销售榜前五位，"米粉"

们的拥护完美解释了小米"为发烧而生"的标语。

7天连锁酒店通过微信营销策划，让自己的关注粉丝从30万迅速增长到百万。这样的案例不胜枚举。

微博已经成为社交的一部分，也是广大网友的"兴趣社区"和"娱乐园地"，垂直化的内容生态建设，让人们看到自媒体的无限发展前景；微信作为免费的即时性通信工具，以爆发性的快速发展成为中国人社交信息传递的主要工具之一；微电影也充分利用新媒体平台，对传统媒体发起了冲击。

"微"不仅是潮流标识，也是时代特征。快节奏的现代生活，令碎片化时间越来越多，人们的习惯也在朝着某一方向不断变化。无论是在等车、吃饭的间隙，还是在生活、娱乐的空当，都可以利用零散的时间刷刷微博了解一些新鲜事，看看微信关注朋友圈的更新，欣赏一部微电影放松一下心情。碎片化时间的合理利用，深度影响着营销策略的改变。这种改变对企业不仅是挑战，也是机遇。

 **朱老师语录**

在国际著名营销战略家杰克·特劳特编著的《营销革命》一书中讲道，传统营销模式是依循"自下而上"的规律推进的，即先确定要做什么（战略），再计划怎么做（战术）。不过现在恰恰相反，营销人需要先找到有效的战术，再填充内容构建成完整的营销战略。

大易之道，智者观势。《易经》就是在教人们认识两件事情，发现规律与顺应规律。微营销是网络时代赋予的新规律，是营销发展的趋势，认识并顺应这一规律，显然是正确的选择。

第二章　唯一不变的营销定律是"改变"

市场经济时代，"需求"就是经营的主体服务对象。消费者需求的精细化及多样化，促进了细分市场的快速发展。互联网技术的高速更新和应用，加快了市场发展的节奏。在日新月异的时代大潮下，必须构建灵活的管理思维，不断优化产业结构与企业服务，才能够适应瞬息万变的市场经济。"微营销"理念是市场需求为主导的大环境下的产物。企业想要实现盈利需要市场营销来辅助，企业经营者必须意识到，在精细化市场营销的需求来势汹汹的当下，粗放的传统营销模式已经显得"力不从心"，高投入低回报的现实，促使企业必须选择一条更为快速、高效的营销途径。

第一节　哪些因素致使传统营销辉煌不再

"传统营销已死"的观点最初出现在《哈佛商业评论》一文中，之后中欧创业与投资中心主任李善友先生，也发表了同名文章，来支持这一论述。论述的核心观点就是，依靠广告宣传、公共关系、品牌管理等为主体的传统营销方式已经开始失效，新型营销手段已经成为顺应时代潮流的宠儿，并将成为企业持续"赢利"的利器。

在论证"传统营销是否已死"之前，我们首先要先了解到底何为"传统营销"？

随着社会、媒体、竞争环境的不断变化，营销理论也在不断发生变革，从经典的4P（产品、价格、渠道、促销）到4C（消费者、成本、便利、沟通），再到后来的4R（关联、反映、关系、回报）、4S（满意、服务、速度、诚意）等，无论理论和手段发生怎样的改变和创新，营销的战略核心都是不变的。

就"战略"而言，主要考虑的是"哪种产品""如何定位""目标群体""定价多少""销售方式"；就"战术"而言，主要考虑的是"产品故事""代言人或意见领袖""传统媒体或社交媒体""发布方式（稿件发布或微博、微信发布）"。

实际上，营销战略的主要框架和逻辑是统一的，没有"传统"与"新型"的分别，所谓的"新"针对的是创新的思维、革新的渠道与手段、更新的工具。因此，所谓的"传统营销已死"，并非是指原有的营销核心"已死"，而是传统营销策略中的"思维""手段"已经逐渐失效了。

传统营销为何辉煌不再？是哪些因素致使传统营销逐步走向"死亡"？

1. 服务思想的迟滞，服务体系的缺略

服务思想不仅仅是一种意识，更强调的是责任与情感。一件产品诞生的每一个步骤都渗透着人们的意识、责任与情感。但在传统营销中，企业并不看重这些，甚至淡化了服务思想，没有为产品注入"生命力"，只赋予产品冷冰冰的使用价值和交易价格，没有完整的服务体系，致使服务流程中各个环节的水准都大打折扣。在消费者导向的现实经济中，服务的优劣决定着企业及产品是否能够获得用户的青睐和认可，也决定着用户对产品的"忠诚度"。良好的服务意识是企业的"灵魂支柱"，是盈利的法宝，是企业的无形资产。没有好的服务，最后必然会同毫无生机的产品一同被淘汰。

2. 服务流程冗长，服务效果不佳

我们经常可以在娱乐节目中看"口口相传"这样的游戏，即让第一个嘉宾将写在题板上的一句话传递给第二个人，第二个人再口述给第三个人，依次传递，直到传给最后一个人。传递结束后，让最后一个人说出他听到的那句话是什么，这时通常说出的话已经与原始内容相差甚远了。这主要是因为在传达的过程中，每个人都会根据自己的理解和记忆，加上或减去一些内容。传统营销与此类似，在管理复制和服务复制的过程中，经常出现变形。

传统营销过程中的服务体系分为两种：一是由生产型企业本身提供服务；二是由通路经销商提供服务。无论是哪种服务模式，最终都需要经过通路经销商的有序配合才能够实现。而通路经销商就相当于是"口口相传"游戏中的信息传递者，彼此之间存在着差异，每个人谋求的利益点不同，回馈机制也存在差别，而他们对于"服务"的重视程度也有高低之分。生产型企业的服务无法直接传递给消费者，消费者必须通过良莠不齐的通路经销商来获取服务，这一过程中，服务质量极易发生变形，让消费者体验度受到影响，最后呈现的服务综合评测指数自然较低。

3. 缺乏服务特色与力度，缺乏醒目的服务形象

在传统营销模式中，虽然也有企业强调"服务思想"，但没能达到整体贯彻，没有建立统一的服务章程，没有形成统一标准的服务意识，导致一线服务团队中缺乏专业的服务人员。即使存在个别优秀的一线服务人员，也往往因为得不到系统培训等原因，无法为用户提供特色化服务。一线服务人员某种程度上是企业形象的"代言人"，当"敷衍了事"成为日常服务过程中的常态，企业形象也会受到极大影响。而造成这些的根源就在于企业本身对于服务思想的不重视及服务体系系统化建设的缺失，这种不重视与缺失是传统营销模式的经营特点。

根据相关数据统计分析结果显示，传统营销模式下的企业，只有少部分能够建立系统、专业、科学的具有一定规模的服务体系，很少有企业能够拥有先进的国际经营意识和贴近消费者需求的服务体系。企业对服务思想的弱化常常导致企业在市场竞争中难以获得优势。

第二节　移动互联推动时代的快速变革

十年前，如果你去旅行，初到一个地方，想要用餐，常常是向当地人打听附近有什么好吃的，而当地人的推荐有时令你惊喜，有时令你失望。这种情况，在五六年前就已经发生了变化，如果你想要了解附近有什么好吃的、好玩的，只需要打开手机，从相关网站或是 App 上就能够找到大量的推荐，我们还可以通过查看尝试过的人做出的真实评价，来选择到底去哪里。十年前，如果你想要在春运时买到一张回家的票，可能需要在寒风中瑟瑟发抖地排队数小时才能抢到。而现在，你可以坐在沙发上，动动手指，通过手机或电脑完成订票。网络的高速发展，正在不断改变着我们的生活方式，为我们的生活带来便利。你可以通过手机或电脑轻松解决吃饭、娱乐、出行、购物等一系列需求。

五六年前，我们还在为选择包含 300 条短信还是 500 条短信的包月套餐而纠结。而现在，大多数人都不会再有短信条数不够用的苦恼，QQ 与微信等免费移动通信工具的出现，让我们很少再依靠电话或是短信来进行交流。沟通没有减少，交流更加便捷，信息传递量更大，成本更为低廉。即时通信型 App 的出现，改变了几亿甚至几十亿人的沟通交流习惯。

十年前，纸媒是人们获取信息和知识的主要渠道之一，无论是等车、吃饭的时候，还是午休、睡前，人们都愿意拿着报纸、书刊读上一会儿。现在，已经很少有人会在等车或坐车的时间里拿着报纸或是书刊阅读了，但人们的阅读量并没有因此而减少，反而有所增加。通过互联网移动终端设备，人们能够在碎片化的时间里刷刷微博，了解一些实时资讯、阅读一些文章等。也可以根据自己的需求更便捷、快速、精准地获得想要了解的讯息。

在过去的短短数年，人们的生活环境和习惯每日都在发生着变化，最终从量变化为质变。如此翻天覆地的变化，让我们的生活更加丰富、更加便捷。互联网移动终端设备携带便捷的特性，帮助人们实现了"足不出户知天下"的畅想。你可以通过它订餐、订票、购物、约会……甚至可以通过它了解千里之外的天气、全球范围内的新闻。这些变化大大提高了我们的工作效率和生活品质。

人们正在经历一个不断更新、快速变革的时代，互联网迅猛发展，经济一体化逐步实现。对于企业来说，这是个充满机遇的时代，更是充满了挑战的时代。

2012年，我国首部移动互联网蓝皮书《中国移动互联网发展报告》指出，科技、互联网的高速发展，尤其是移动互联网的爆发性发展，不仅使传播生态和信息产业格局发生了变化，也使中国的经济、文化、新闻传播等发生了改变。可以说，互联网的发展，对中国的发展产生了全方位的影响：①对社会发展的影响：成为了社会发展的动力，加速推进社会转型；②对经济发展的影响：搭建智慧网络的框架，推动营销理念的转变；③对文化发展的影响：学习及创作空间广阔，文化消费与享受丰富充实；④新闻传播的影响：推动媒体产业格局的革新，加速媒体传播模式的改变；⑤对社会文明的影响：开启透明、开放的信息化社会的大门；⑥对社会个体的影响：使人们的生活方式发生改变，整体生活品质得到极大提升。

朱老师语录

"数据"是支撑移动互联网生存与发展的"心脏"，每个社会个体都是数据的使用者和贡献者，我们每一次使用网络移动设备，都会有信息的产生，人本身成为了全天候接入网络的节点，这些不断更新累积的数据对社会、商家、个人都会产生影响。

无数移动设备成为了互联网终端接入点，推动科技型社会革命的产生，

就如同 PC（个人电脑）和汽车出现产生时一样。倘若将互联网产生的影响视为人类资讯与管理的革命，那么移动互联网的发展带来的将是颠覆性的商业变革和智能化变革。

第三节　星巴克顺应潮流的营销理念

加利福尼亚大学洛杉矶分校的教授彼得·古伯曾经担任过《蝙蝠侠》《午夜快车》等卖座电影的制作人，在他所著的《会讲才会赢：如何通过讲故事打动人心，赢得机会》一书中说，"时下，人们正通过情感交流来推动商业往来。因此，对于企业主来说，讲述一个打动人心、能够说服人心的故事就成了达成合作的最好方式。一个好的'故事'打造者，能够令自己的竞争力获得提升。"

星巴克，就是一个优秀的故事讲述者。

"星巴克"这个名字，取自赫尔曼·麦尔维尔的知名作品《白鲸》一书，书中塑造了一位性格魅力突出、处事理智冷静、十分爱喝咖啡的大副 STARBUCKS，他的名字音译成中文就是"星巴克"。

星巴克的 LOGO 上印着希腊神话中的双尾美人鱼 Siren，周围环绕 STARBUCKS 的字样。

将星巴克推广到世界各地的关键人物名叫霍华德·舒尔茨。

1983 年的某天，前往意大利米兰参加博览会的霍华德·舒尔茨走进当地的一家小咖啡馆，他仿佛发现了新大陆一般激动兴奋，在接下来的时间里，他推开不同咖啡馆的门，探究意大利咖啡独特的经营方式。他发现，米兰咖啡店的店内环境，就好像是家中的起居室，人们可以在这里放松地休息、喝咖啡，可以听着音乐享受午后的暖意，也可以约上朋友到这里聊聊天。这种体验式营销为大家提供了一个交际的空间，让人们在一杯咖啡的时间里忘掉生活的琐事，尽情享受温暖的感觉，品味生活，让心灵得到恬静的滋润。

1986 年，霍华德·舒尔茨投资 400 万美元对星巴克进行重组，这推动了星巴克的转型，改变了原有的经营模式，令星巴克意式咖啡馆获得了新生。

1996 年，星巴克在全球范围内展开扩张战略，这条来自西雅图的"美人鱼"，一步步发展，入驻全球 39 个国家和地区，拥有 13000 余家的连锁店，成为了名副其实的"绿巨人"。2003 年，美国《财富》杂志评选"全美十家最受尊重的企业"，表现突出的星巴克位列第九。

星巴克的成功，与其顺应潮流的思维理念的改变是分不开的。最初，星巴克只从品质入手，以销售高品质咖啡为目的，力求从香味、口感、制作工艺上碾轧同行，做出"星巴克"的特质。但霍华德·舒尔茨在经历了意大利之旅后，认为这是远远不够的，在他的推动下，星巴克在企业经营理念中加入了全新的思维：以优质咖啡为载体，向消费者传递星巴克的独特体验，令所有热爱咖啡的人在品尝到顶级咖啡的同时，享受优雅舒适的消费环境，感受星巴克的经营氛围。一杯咖啡，带给消费者的不仅是嗅觉及味觉，还包括了触觉、视觉、听觉感受，诱发人们的"钟爱"。

星巴克的每一家连锁店，都充满真心与温情的设计，从风格上讲，以舒适、温馨的起居室风格为基调，光线柔和的灯光下，别致的座椅、沙发被用心陈列，轻柔的音乐、精美的杂志，烘托着浓浓的"星巴克格调"。

星巴克有个别称——"第三空间"，之所以会获得这样的名字，是因为星巴克注重企业与顾客间的情感连接，而这也是星巴克价值的体现。这一经营理念十分微妙，是很多企业想要复制却复制不了的。

一位老顾客得了重病，需要移植肾脏，星巴克的咖啡师了解到后，主动要求进行配型测试，并成功移植；癌症少女因为化疗、用药等，导致头发掉光，为了鼓励她勇敢对抗病魔，一位星巴克门店女员工，剃掉了自己的头发。一个企业的"服务思维"需要每一位员工来努力实现和维持，员工对于企业道德及价值观念的认同，是企业"服务思想"贯彻实行的基础。

星巴克员工，力求让每一位顾客都能通过一杯咖啡获得完美体验，让每一次体验都成为一段美好的回忆。

体验到底为何物？有人认为，体验就是营造生活与情景，塑造感官体验及思维认同。

时光飞梭，星巴克从细节出发，构建了自己的"咖啡文化"，日渐成为城市中具有"小布尔乔亚"情结者的集散地，一段音乐、一部电脑、一本杂志，配上一杯味道纯正的咖啡，在舒适惬意的"起居室"里，心情放松地享受下午茶时光，获得情感的释放。有人评价星巴克的经营时说道，一杯星巴克咖啡的价格中，一部分是消费者在为微妙的内心感受付账。

这种美好的感受到底从何而来呢？

星巴克以"星巴克体验"为销售、服务宗旨，不仅令人们对咖啡的看法发生了改变，还影响着人们的咖啡消费习惯。星巴克独特的经营方式和盈利模式，帮助星巴克打破了价格壁垒，收获了高于同行 5 倍以上的利润。随着人们对星巴克经营模式的认同，星巴克不再是一个单纯的咖啡品牌，而是逐渐成为咖啡的代名词。

 **朱老师语录**

对于企业来说也是一样的，科技推动社会发展、牵引时代变革，没有人能够预测在不久的将来，时时更新的科技会带来怎样的经济潮流。如果企业在生产经营过程中，始终墨守成规，坚持用传统的营销方式，不肯做出改变，那么必然会在"优胜劣汰"的市场经济中落败。这个世界，唯一不变的定律就是"改变"。

第四节　社交网络时代带来的营销冲击

互联网经济的大趋势不断发展，依托于各大网络平台的营销行业队伍迅速壮大，其整体服务水平呈阶梯式增长，精准的营销模式应运而生。

什么是"微营销"？所谓的微营销就是以移动网络微系统为工具进行产品营销。什么是移动网络微系统？简单来说，就是集合了时下最流行的微博、微信（包含了个人微信、企业公众号）、微视频、二维码、公众平台、公司微商城的新型营销系统。

 朱老师语录

微营销的实质，就是将线上线下的营销进行整合，通过"线下引流到线上支付"与"线上引流到线下（实体店面）浏览"等方式，实现完整营销过程。

微营销作为新型的营销手段，具有低成本、高性价比的特性。相较于传统营销方式，微营销更加重视"虚拟"与"现实"的互动，逐步建立了一个集合研发、产品、渠道、市场、品牌传播、促销、用户关系、行业交流等的全方位营销链条，将各类营销资源进行有序整合，实现以小博大、以轻博重的营销效果，这其中比较典型的营销形式有微博营销、微信营销等。

微营销是通过数据分析，精准预测顾客需求，并引导生产商将满足目标用户需求的商品和服务提供给顾客。电子商务的发展，将进一步推动市场细分，网络将成为消费者与生产企业沟通的媒介，消费者可以直接表达自己的个性化需求，企业也能够快速对这些需求整理分析，为某一个或某一类需求用户群体"量身打造"独特的个性化产品。至此完成企业针对个

体消费者的营销活动，最终实现微营销。

传统的广告营销，以资讯的传递为主，通过不停地灌输资讯，使消费者产生心理质变，接受产品。而微营销则强调"参与"，鼓励、刺激消费者在购物行为开始阶段进行主动参与，以消费者需求为导向，完成销售。"微内容"的出现，将整体互联网内容分割成无数细小的部分，之后具有某一特征、满足某种要求的分块，又因用户需求而聚合为一个整体。无数分块的不同组合方式，成就了"个性化"的生成。因此"微内容"营销，更多的是强调用户参与，"群智"和"分享"能够令企业快速、精准地定位市场参与者的用户行为，从而推出更精准的营销活动。

微营销之所以能够成为营销潮流趋势，主要是因为其具有很多传统营销没有的优势：长周期；传播形式多样，信息传递量大；营销不受时间地点的限制，随时随地处于营销状态；与消费者实时互动，强调内容性与互动技巧；对于营销过程进行实时监测，对于获取的数据需要整理、分析；营销目标依据市场与消费者的反馈来进行实时调整。

社会化媒体作为互联网发展趋势正在不断崛起。自媒体的快速发展对人们的生活产生了极大影响，无论是国外的Facebook（脸书）和Twitter（推特），还是中国的微博、微信，都在推动社交网络时代的发展。当人们通过社交网络平台进行交流的同时，企业和营销人也在接受社交网络时代带来的营销冲击和变革。

那么，以社会化媒体为依托的新型营销模式与传统的营销手段相比具有哪些突出的优势呢？

首先，社会化媒体营销延续了传统媒体营销的大部分优势，例如，社会化媒体同样具有传播内容的多媒体特性、传播信息打破空间与时间壁垒等。相信大家看到过很多论述社会化媒体营销与传统媒体相对比有哪些优势的文章，在这里我不再赘述，我主要为大家讲一下社会化媒体营销与普通网络媒体营销相比，具有哪些优势。

1. 社会化媒体针对目标用户的定位更精准

人们利用社会化媒体进行交流、发表意见的同时，大量的个人信息已经被社交网络掌握，除去侵犯用户隐私的内容不讲，单单是公开的用户信息数据，就已经包含了极大的价值。通过对这些数据进行整理、分析，不仅能够了解用户的年龄、职业等，还能够从用户发布、分享的内容中了解到用户的个人喜好、消费习惯、购买能力等。另外，随着移动网络的发展，人们对于移动网络终端设备的使用频率也越来越高，其以"地理位置"为基础的特性，使企业与商家能够精准定位目标用户的位置定向，这一特性推动营销战略、战术的进一步变革，令企业在社交网络投放的广告收到远高于传统网络媒体的效果。

2. 社会化媒体即时互动的特性，能够拉近企业与消费者的关系

在网络媒体与传统媒体的比较中，"互动性"曾经是网络媒体最大的优势，这种优势在社会化媒体崛起后更加明显。通过传统媒体投放广告时，商家与消费者都看不到用户反馈，到了网络时代，虽然用户可以通过博客或是官方网站来单向反馈意见，但是常常得不到及时回应，因此互动效果不佳。直到社会化媒体出现，企业能够通过官方微博等来宣传自己的产品，顾客也能够通过微博平台或是公众号来表达自己的意见，并快速获得回复，企业与消费者之间保持良好且顺畅的沟通，能够针对问题进行深入互动，建立良性关系。如果企业能够正确处理用户反馈的问题，从用户对产品的讨论和评价中发现症结并迅速做出反应，就能够逐步建立良好的企业品牌形象，企业价值也会因此提升。

3. 社会化媒体的大数据特性能够帮助企业低成本地对舆论和市场动向进行监控和调查

社会化媒体除了具备更为明显的"互动性"优势外，还具有"大数据"特性。随着社交网络媒体的普及，大数据时代也随之到来。众多企业也通过强大的社交网络进行数据分析与处理，从而获得了极大盈利。

　　首先，通过网络社交媒体，企业能够在低投入状态对舆论进行监控。在此之前，企业对于用户舆论的监控是很难把握的。随着网络社交媒体的出现，企业能够在负面舆论过度出现时进行及时干预，做危机公关。任何消息都是从小范围开始扩散的，无论是正面的还是负面的，企业只要做好实时监控，通常可以有效控制负面消息造成的企业品牌危机和损害。

　　其次，通过对社交网络媒体平台的大数据分析与市场调查数据整理分析，企业能更快速、更有针对性地挖掘用户需求，进行产品创新，为抢占市场先机提供了便利。以蛋糕为例，商家通过数据分析发现在某一时段内大量用户都在搜索寻找欧式蛋糕，就可以进行精准的市场预测和产品定位，加大欧式蛋糕的设计和开发。在网络社交媒体出现之前，这样的大数据统计、整合、分析、应用通常是很难实现的。商家及时发现"需求动向"，并利用合理的营销策略，在网络社交媒体上进行推广活动，通常都可以收到海量用户的响应与反馈。

　　最后，社会化媒体为企业注入了低成本组织的力量。互联网时代，"无组织的组织力量"是互联网带给我们的最大感触。网络社交媒体的发展，令每一个人都成为"宣传者"，企业可以在低成本的前提下，组织起庞大的产品粉丝团队，令每一位粉丝都成为自己产品的广告推广人。这绝对不是设想，而是不能忽视的现实，产品粉丝到底能够给企业带来多大的价值？我们以小米为例，"为发烧而生"的小米拥有着庞大的粉丝团队，"米粉"遍布全国，甚至在国外也有很多的忠实"米粉"。他们时时刻刻关注小米的产品动向，常常是产品还没有正式上市，大家已经奔走相告，为小米新品做宣传。试想，如果没有网络社交媒体的存在，小米公司想要组织如此庞大的粉丝团队为其做宣传，必然要花费巨额的广告费用，而宣传效果和市场影响度也不会如此深远。另外，社会化媒体信息公开化的特性，可以帮助我们快速找到意见领袖，企业可以通过意见领袖展开产品宣传攻势，迅速收获良好的宣传效果。

当然，社会化媒体对于营销虽然具有极大的帮助作用，但也存在着诸多问题。社会化媒体营销的可控性较弱，投入与产出的比例预测难度大，这对企业来说，可能获得惊喜，也容易带来失望。不过，随着网络社交媒体成为潮流趋势，社交媒体营销体系也会不断发展完善，因此，作为营销人不必刻意躲避，只需要保持积极的态度在挑战中寻找机遇。

第五节　面对海量数据企业应当怎么办

璐璐想要在网上买一件裙子，浏览了一些网页后发现没有合适的，就暂时放弃了。第二天，当她打开电脑浏览网页的时候，发现有很多裙子的广告页面出现，里面恰好有符合她要求的裙子，于是她果断选择了购买。这其实就是大数据时代的精准营销产生的营销效果。

销售的目的，就是通过各种方式方法，让受众人群转化为实际消费者，完成产品买卖交易。在销售的过程中，企业或是商家需要充分了解受众对于品牌和产品的具体需求，了解这些人的消费倾向，积极推介适合的品牌和产品，成功抓住消费者的心，达成交易目的。

因此掌握用户需求的相关信息对于企业来说至关重要，这些信息能够帮助企业对目标用户进行精准定位，依照"需求"设计产品、提供服务，满足消费者的需求，获得消费者的青睐，获得消费者的"忠诚"。

不久前，奔驰公司向100多位中国车主发出了邀请函，邀请他们前往位于斯图加特的奔驰总部做"消费者洞察"，这是企业与车主的交流过程。在交流中，奔驰获得了车主们对于下一代S级车型的期望。这100多人不仅是奔驰的用户，也有宝马、奥迪的用户，他们向奔驰的管理层及设计、工程专家提出了中国消费者的想法，这些想法最后被提交到设计大会进行相关讨论。

最初，在中国豪华车市场上，奔驰的表现远没有宝马和奥迪抢眼。但通过这次活动之后，却收获了不一样的效果，这款入门级豪华车（C级）卖出了1.13万辆，大大缩短了与宝马同等级别3系的1.2331万辆间的距离。而且这款C级车上市的时间要比宝马3系晚很多。

奔驰C级销售能够成功得益于其获得了消费者的需求信息，也就是说，奔驰更加贴近消费者的实际消费倾向。虽然奔驰通过这样的活动获得了成功，但是对于一般商品而言，通过这样的活动来了解用户的心声成本很高，不仅需要投入人力成本还需要邀请的费用，而且，想要获得更为有效的意见，还需要参与听证的用户对于产品具有极高的关注度和忠诚度。那么我们到底应该通过什么途径来确认产品的精准用户是哪些人呢？

 **朱老师语录**

大数据时代，互联网信息与数据海量产生与累积，这些数据虽然看起来零散、复杂，但实际上非常简单，我们只需要找到数据规律，就能做到更有价值的沟通与传播。简而言之，我们只需要关注数据与信息的规律，就能够从中获得消费者的需求意向。

所谓大数据，简单来说，就是指超大量的数据，以我们常用的百度、腾讯、新浪等平台为例，每一位用户的每一次操作都会产生数据，而这些平台拥有几亿甚至十几亿的用户，因此产生数据必然是海量的。每一个独立的媒体的数据平台，对于网民的行为都是有所记录和反映的，例如，百度搜索能够呈现网民与搜索有关的行为；淘宝、天猫能够记录网民的购买行为等。这些数据对于企业销售具有不可估量的价值，如果将这些平台数据进行联通、整合，我们就能够轻松掌握网民的各种网络行为、点击行为和购买行为。

因此，未来企业在进行市场营销费用分配时，将只会拿出一小部分用在品牌投放上，而大部分则是用于大数据的分析讨论。这样的分配能够使企业获得消费群的分布、潜在用户的位置、消费者的实际产品需求等信息。企业在获取这些信息后，可以通过创意营销的形式，吸引大批产品粉丝，并最终达成销售目的。

大数据的"大"除了具有数量上的优势外，还包含了种类繁多、结构复杂、变化速度快等含义。当前很多企业对于数据和信息之于销售及营销的作用已经有了足够认识，但仍然存在操作上的困难和误区。很多企业不是没有数据，而是数据太多，无法从中筛选出有效数据，导致数据浪费、营销方向出错等问题。因此，如果想要在众多数据中提取出用户的真正需求，就需要在数据整理与分析上倾注更多精力。

在竞争激烈的市场上，数据的作用越来越突出，分量也越来越重。面对海量的数据，企业到底应当如何对其进行充分挖掘和分析运用呢？

1. 对目标对象进行更完整的分析、描述

通过收集网站浏览数据、社交平台数据和地理位置数据等，整合更为完整、丰富的消费者数据，对消费者行为进行全面绘制，在分析的过程中，对用户各方面的信息都进行充分的挖掘和管理。

2. 对营销决策数据进行更好的优化

知名企业都会在其门店安装运营数据收集装置，用以跟踪用户活动、店内客流和预订情况，这些数据可以为研究人员设计店面、监控物流和销售额提供数据基础。企业可以通过对这些数据与交易记录的综合分析，从而在商品销售、摆放、售价上给出意见。根据相关统计，这种方法已经帮助领先的零售企业减少了17％的存货，提高了高利润率自有品牌商品的销售比例。

以前的CRM（用户关系管理）系统，主要是通过分析报告回答"发生了什么事"，而当前先进的大数据系统已经可以通过分析回答事件发生的原因，并且预测未来将会发生什么，而这并不是终止，通过大数据分析甚

至可以预测"用户想要什么事发生"。

3. 实现"点对点"智能广告模式

成功的广告投放应当建立在精准定位的目标受众群的基础上，而这正是广告主追求的广告核心。

当前，大多数媒体广告投放都是以主从模式呈现的，即单向灌输、传递。就好像是老师（产品）面对一个到处乱跑的学生（消费者），不断伸手企图抓住学生，但是最后成功的次数却极为有限。而99%的广告费用都是在这样的过程中虚耗掉的。随着大数据时代的到来，或许这种"浪费"会不断减少。

大数据是通过互联网点击流和最终网络用户的行为来获取其偏爱的实时动态，并以此为基础模仿其可能发生的行为，这就让"点对点"的RTB（实时竞价广告）成为可能。

在美国，RTB依靠大数据的帮助，将炙手可热的目标用户拍卖给有需要的广告商。在RTB作用下，广告将定位那些关注广告的目标人群；广告市场上的"卖"，也不再单纯地指传统意义上的广告位交易，而是访问这个广告位的具体用户。

RTB是怎样实现精准定位的呢？当潜在用户浏览其感兴趣的网页时，该网页会对广告交易平台（Ad Exchange）发出广告请求。交易平台向所有需求端平台（DSP）发出公告："某网站有访客，要不要向他发广告。"与此同时，需求端平台对大数据管理平台（DMP）发出分析访客情况的请求，并根据结果作出出价决策。广告交易平台为竞价优胜的需求端平台匹配广告代码，最终形成广告。

现在，通过高端的追踪技术和多种大数据管理平台，受众以及广告效果数据能够被整合置于单一界面上，广告主能够对转化率、流失率、贡献率等关键指标进行撷取。

4. 更好地进行顾问式营销

当顾客进入店铺，零售商可以利用大数据技术获取相关数据，了解顾客是否为"价值顾客"。同时通过对他过往的购物历史及社交媒体的公开信息进行综合分析后，来了解怎样的价格浮动才能够留住这位顾客，从而对售卖物品的合适价格、零售商可以退让的利润空间做到胸中有数，并针对性地给出最佳优惠策略和提供个性化的沟通方式。在这一点上，美国沃尔玛大卖场已经先人一步做到了，当顾客前往收银台结账的时候，收银员在扫描完顾客选购的商品后，不仅会显示金额与品类名称，还会显示一些附加信息，收银员根据这些信息，友好地提醒顾客："我们卖场刚刚进了一批上好的乳酪制品，并且正在促销，在 D3 货架，您是否有兴趣购买呢？"顾客会惊讶地说："啊，谢谢，那刚好是我需要的，我现在就去买。"

第二篇

玩转微博，140 个字再掀营销巨浪

　　毋庸置疑，微博是近几年又一颗网络社交新星。发布门槛低、实时性强、交互便捷、个性色彩浓厚等特点是微博能在短时间内网罗庞大受众的原因。不过，随着微信大热，新浪微博的用户和营收都大幅下降，股票也步步下滑。然而在2016年，新浪微博、陌陌等社交网站开始咸鱼翻身，股票大涨，新浪微博在半年内股票就翻了三倍，它再次站到了聚光灯下。尤其值得关注的是微博中小企业用户的成长，在2016年，微博大品牌用户同比增长45%，而中小企业和自助用户数同比增长107%，这些用户往往直接通过和微博上的网红、大V一起来推动产品的销售。得入口者得天下，趋势就是趋势，人不能与趋势为敌，你要做的，是尽快顺应趋势，继续把微博玩转。

第三章 认识微博和微博应用

2006年，美国出现了全球最早的微博网站Twitter（推特）。而最早在中国开设微博的网站有随心微博、饭否、嘀咕等。2009年8月，新浪网推出了"新浪微博"内测版，成为中国第一家提供微博服务的门户网站。2010年年初，搜狐、腾讯、网易相继推出自己的微博产品，成为中国微博市场的中坚力量，在短时间内掀起了微博营销的热潮。

第一节 "病毒式"传播是微博的最高境界

微博，是微型博客的简称，即一句话博客，是一种通过关注机制分享简短实时信息的广播式的网络社交平台。微博是一个基于用户关系信息分享、传播以及获取的平台。用户可以通过Web（万维网）、WAP（无线应用协议）等各种用户端组建个人社区，以140字（包括标点符号）的文字更新信息，并实现即时分享。

2006年3月，博客技术先驱blogger创始人埃文·威廉姆斯推出"社交及微博服务网站"（Twitter，英文原意为小鸟叽叽喳喳的叫声）。Twitter刚一推出就风靡全球。2009年8月，中国最大的门户网站新浪网推出"新浪微博"内测版，成为中国门户网站中第一家提供微博服务的网站，微博开始逐渐被中国上网人群青睐。相对于博客，微博的技术门槛较低，不需要更多、更新颖的版面设计，不需要较专业的语言文字的编排组织，不需要长篇大论，只要遵守国家法律法规，不触碰道德底线，不谩骂攻击、妖言惑众、恶意中伤即可，微博内容可有感而发、即情而论；可随时随地，转载分享、点评跟帖。由于更新方便，字数也有所限制，加之输入终端的快捷和即时性，表现形式的丰富和多样性，微博群体日臻庞大，不但出现许多著名的大V，同时也出现了很多有名的草根博主。微博现已经成为热门的即时传播资讯、发表个人观点、表达和表现个人情怀的电子媒介。微博产生几年后，这种门槛较低的"产品"也已经完成了"时尚"到"实用"的转换和过渡。

当然，虽然微博谁都可以开，但不是每个人都会成为姚晨、李开复或长春国贸一类的知名博主。为什么你仅仅是自娱自乐的草根，惨淡地经营着自己的微博，而那些大V动辄百万甚至千万以上的粉丝？这里，除了名气之外，当然还有技巧。严格来讲，微博的写作、选题是有讲究的。因为即便大V之类的人物，如果每天发诸如几点起床、天气如何、早餐吃什么之类没营养的话题，很快也会被粉丝冷落。大V们要维系和持续发展粉丝，就好比一个高明的大厨，每天的菜谱也要根据人们的口味，适时更新和调配。当然，做到一定知名度，他的一切都会有人帮助打点，包括微博。

朱老师语录

一条微博完成后，点击发送看似简单，其实这是一个传播的开始。任何传播途径和传播载体，都是为"当事人"服务的。同样一句话，"张三"说的没人信，但"张三丰"说的就有人信。

把微博的传播比作"病毒式"的传播，看似贬低，其实是说两者之间

传播方式的类似：从身边的人开始，从亲属圈、朋友圈展开，逐渐辐射到周围的所有人，这些人又会感染到他们身边的人。微博是从关注自己的粉丝开始，粉丝传给他的粉丝，粉丝之间相互转发，一层一层、一级一级地传播。这样的传播是爆炸式的、是放射状的、是几何式的，传播载体也从原始的微博，很快扩展到其他途径和方式。

由于传播方式的丰富和参与者众多，有些带着独树一帜的观点、意见或者"真相爆料"的帖子很快就会惊动其他媒介，如电视台、报纸、杂志、广播等。这样，一个舆论或者称之为"声音"的氛围就形成了。这种响应、号召力和影响力比人们被动接受的广告效果要好得多、大得多。

经济学的基本假设是参与市场的每个人都是理性的经济人，只有当某个活动所得到的收益大于成本时，人们才会参与其中。在繁忙的工作中，人们很难有较长的时间专心写博客，却可以用碎片的时间，可能是一分钟或者几十秒来写一篇微博，用极少的成本获得了收益。随着社会分工的越来越细，人们的生活圈子也必然会压缩变窄。微博的出现，大大降低了交易成本。如果用边际成本的概念来解释，在整个使用微博的过程中，边际成本并没有随着操作而显著增加，成本反而是很低的，但边际效益却在彼此的沟通中显著增加。同时有更多的人了解消息、转发消息、反馈评论，这同样也促进了微博传播效应的叠加。当然，网络中每天的信息量是巨大的，但每个人接受量是极为有限的。相比之下微博的内容简短，甚至有"标题党"的称谓，使得阅读者的机会成本大大降低，从而有机会接触到更多的信息，这也是微博如此流行的一个重要原因。

第二节　全新的媒体营销模式——微博营销

微博营销是借助微博平台进行传播的一种网络营销方式。企业通过热点资讯传递、热点话题点评、即时新闻互动等方式，借助微博平台与读者

（粉丝）的交流、互动，从而达到推介产品、推广信息的营销目的。实践证明，微博营销不但可行，而且效果显著。微博营销涉及的范围包括认证、有效粉丝、超级话题、名博、开放平台、整体运营等。如果作为企业微博，可以宣传公司理念，推销公司产品来丰富营销渠道，壮大企业发展力量。

2011 年 4 月 8 日，在厦门举行的首届微博营销大会上，著名的信息科学学者李开复说："微博将改变一切。"这让很多敏感的营销人兴奋不已，因为这极有可能预示着微博营销时代即将到来！那么六年以后，我们回头来看，微博，是否改变了一切？首先从用户来说，据权威媒体统计，从新浪微博开始时的 2009 年 8 月到 2016 年 12 月，新浪微博注册用户超过两亿，日活跃用户 8140 万；腾讯微博注册用户据说已超过三亿，活跃注册用户目前超一亿；搜狐活跃注册用户超过一亿；网易注册用户也已经超过一亿。其他还有诸如中华网、人民网、央视网等数以千万计的用户。可以说，微博已经走进了人们的生活，影响着舆论，反映着民意。这些强大的用户群体，因为其使用微博的自主性和主动接纳意识，不但被主流媒体乃至决策层关注，同样也被精明的商家关注，因为这个群体蕴藏着巨大的商机。所以谁能抢先抓住这个机会，谁就找到了一条通往财富之路的捷径。

通过微博创业，"酒红冰蓝"从一个家庭主妇成为草根微博的"操纵者"，年入百万元；尹光旭，当时一个"80后"大学生，将一个没有加 V、没有任何背景的微博账号，打造成新浪微博粉丝量最大的草根账号之一。很多企业和品牌也看到了微博时代的机遇：从满城尽现"凡客体"，到"快书包"的私信订书；从戴尔的微博销售柜台，到山东朱氏药业集团的微博客服。微博为企业营销注入了新的活力，也带来了新的挑战。

作为一个自媒体的信息平台，微博担当着传播资讯的重任。在微博营销活动中，它成为了企业公布信息的小喇叭。140 个字符的短消息，经过评论、转发，以病毒式传播的方式迅速覆盖到广大用户之中。微博特殊的信息传播方式，使信息传播量达到"一对无穷"的效果。不仅传播方式特殊，

相对传统媒体，微博营销成本低，也成为越来越多的企业逐渐倾向于通过微博营销的原因。

在这种新型的营销方式中，企业不再是高高在上、遥不可及的商品售卖者，而是开始放下身段亲身感受用户需求和感受的聆听者，并在此过程中获得用户对于企业、产品、服务的各种建议，达到完善经营的目的。对等的语气、平易的字眼、亲切的口吻也为企业品牌亲和力加了不少分。

第三节 山东玛尔思商学院的课件

企业的微博经营主要以品牌宣传及市场营销服务为目的，力求以最低成本构建企业媒体平台。企业微博经营过程中，应当有明确的方向及目标，将营销意识渗透其中，注重微博经营产生的营销效果。

针对"微博经营"可以产生一个系统复杂的"超级话题"，在这里，我把在山东玛尔思商学院讲课时的课件——"微博内容撰写过程中的几个要点"分享给大家。

一、学会讲故事

微博营销一个最主要的构成部分就是品牌营销，在经营微博的过程中，运用生动的语言，讲述品牌故事，使企业及产品宣传达到事半功倍的效果。有人可能会问，为什么一个小故事就能够触动用户的内心，被众多粉丝拥趸，并产生购买欲望呢？

1. 以故事开头，可以避免开门见山，增加委婉性

一部分企业在经营微博上，只是单纯地以营销服务为主，发布的内容围绕企业概况、产品活动、促销信息等，这一类直白营销的企业微博通常粉丝量较少。试想，当你打开微博刷新页面的时候，总是弹出各类广告，是不是也会很反感呢？因此，在经营企业微博的过程中应当避免发布过于直白的营销措辞，最好以故事形式，委婉展开，不仅能够吸引更多的读者

和用户，还能够从中收获产品粉丝，达到意想不到的营销效果。

2. 故事可以使营销生动形象，吸引粉丝的注意力

我们知道，国外有很多保险广告都是以一段感人的小故事展开的，这些故事通常在赚足人们眼泪的同时，也让人印象深刻，从而实现了保险营销的目的。而微博小故事也是一样的，当企业微博讲述一个生动的故事时，往往会勾起屏幕前用户继续阅读的欲望，坚持看到最后。一则有趣或感人的故事，哪怕最后被发现是企业在做营销推广，也不会引起过多的反感，反而会对故事印象深刻，并愿意继续关注企业微博，对下一篇企业微博的内容充满期待。

3. 隐蔽性强大，不易被认为是直接营销

一则小故事，可以是真实存在的经历，也可以是虚构出来的内容，将用户及产品粉丝的思维焦点从产品营销上引开，让营销隐身于故事中，不被轻易觉察，完成营销目的。

4. 成本低廉，创意空间大

在不额外支付营销费用的前提下，进行微博营销，"小故事"是最好的选择。这些故事尽量是原创作品，当然也可以摘抄和引用一些。内容上需要独特新颖，语言上尽可能生动形象，才能成功引起读者的阅读兴趣，并获得转发、评论等，甚至在微博上形成轰动效应。

在运用小故事进行营销的过程中，企业应当对故事定位及内容进行确认和筛选，这其中需要注意以下两点。

一是故事种类。故事的分类比较多，如寓言故事、爱情故事、童话故事等，都可以作为很好的企业微博小故事的题材。在使用过程中，企业可以依据具体的营销需求进行故事题材及内容的选定。这里特别提示大家，含有小动物的故事可谓是"万能"文，不仅在大多数环境背景下都可以使用，还能够增加读者和粉丝的亲切感；而那些含有敏感话题的或是观点性过强的故事应当尽量避免引用。

　　二是关注故事的实用性，增加故事的内涵。所谓的实用性说得直白点就是要"接地气"，在内容上与生活实际相结合，体现亲和度。经营企业微博的主要目的就是通过微博内容的发布实现营销目的，增加企业产品销售额，助力企业发展，因此发什么样的内容极为重要，如果微博内容毫无内涵、不具实用性，长久下去，粉丝就会默默取消关注，企业微博也会失去其存在的价值。

二、利用微博名人代言

　　在微博平台上，很多拥有大量粉丝的明星、名人都是"明码标价"的。这是因为对于企业而言，名人效应能够带来更好的宣传效果，而明星或名人也明白自己有一定的号召力，他们只需要动动手指就能够把这样的号召力转化为实际价值，给自己和企业带来双赢，何乐而不为呢？

　　随着微博营销的发展，衍生出了很多"营销号"，这些微博账号就是为了企业营销宣传而存在的，虽然在其大量的关注粉丝中有一部分是花钱买来的"僵尸粉"，但是对于企业而言，庞大的粉丝基数是企业宣传、产品推广的最佳平台之一，因此他们愿意与这些营销账号合作，以小成本换取高利润收入的可能性。

　　企业自然不是盲目地利用名人来做微博营销的，名人营销有其独特的优势。

1. 成本低廉

　　据新浪官方统计数据显示，一个拥有60万有效粉丝的微博账号，每帮助企业发布一条营销广告就能够获得150～300元的收入；而更具号召力的微博名人、网红、明星等的代言费用则从几千到几万元不等。尽管对于很多中小型企业而言，这并不是一个小数目，但是与传统媒体上动辄数十万元、上百万元的广告代言费相比，这种低成本营销的方式更容易被接受。

2. 不需要企业直接营销，不容易造成企业形象受损的情况出现

　　企业将营销的工作交由微博名人来做，而企业官方微博则仍保持原有

的亲和度，在聚拢更多读者和产品粉丝、达到营销目的的同时，又不会引起粉丝的反感。大多数名人账号的粉丝，都是出于崇拜或喜爱等原因才进行关注，因此当自己的"偶像"对某一产品进行宣传的时候，常常会引起粉丝的好奇心，进而点击、关注产品的官方微博，了解更多内容或进行购买。企业只需要经营好自己的官方微博就能够在无形中获得大量直接或间接的粉丝。

在寻找为产品代言的名人时，应当选择那些气质、形象、品格与企业文化、产品理念、品牌形象高度吻合的，同时在发布的内容上，应当遵循以下几点原则。

原则一：广撒网，巧捕鱼。广撒网指的是，企业不能够将鸡蛋放在同一个篮子里，在选择代言名人的时候，不能把所有的希望都倾注一个名人身上。有些名人虽然看起来有百万粉丝，但是其中的"僵尸粉"占了大部分，选择在这类名人的微博投放广告，影响力和影响范围都会严重"缩水"，达不到企业预期的效果。为了避免这种状况的出现，企业可以同时聘请三到五位微博名人，在不会大量增加营销成本的前提下，对每一个微博账号的营销效果进行对比，选取其中较好的，将营销重心转到其身上，也可将其发展成为企业微博营销的"御用"代言人。

原则二：控制代言频率。选定代言名人后，应当对其发布营销微博的频率加以控制。尽量避免某一时段多频次发布或连续发布，以防止营销痕迹过重，造成粉丝心理上的反感和对企业及产品的质疑。营销微博发布以"精"取胜，而非以"多"取胜，一条优秀的代言微博产生的效果足以为企业带来可观的利润回报。

原则三：针对目标用户群的日常关注，选对代言微博。每一种产品都有其相对固定的产品受众群，分析这些人日常会关注哪些类型的微博，在这些微博中选定代言微博。以美妆产品为例，目标群体多为爱美的女性，企业在选择代言名人的时候通常会选择注重美妆的女明星进行代言，这主

要是因为粉丝对她们的关注，就是想要了解她们的日常生活状态和方式，并潜意识会对她们的着装及妆容进行模仿。企业若是做出了正确的选择，那么女明星看似不经意的一句"某某美妆产品还挺好用的"，就会引起一阵购买风潮。

三、发挥草根微博力量

何为"草根"？从微博发展初期，这个词就已经有了，而"草根微博"也爆红网络，直至今日，人们对于"草根微博"的关注度仍然很高。草根微博带来的"草根效应"是超乎想象的。一个企业如果想要借用"草根效应"实现营销目的，就必须先了解：何为"草根"？什么是"草根微博"？

"草根"的释义为"基层的""群众的"，指的就是平凡、低调的普通人，虽没有如雷贯耳的名人称谓，但同样活得自信。在微博平台上，他们始终坚信自己可以创造不比名人差的优秀成绩。所谓的"草根微博"，就是指具有草根精神的人经营的微博账号。

通过不懈的努力，一大批草根微博拥有了不容小觑的能量，甚至影响力堪比部分一线明星，成功立足于微博界。这些优秀的草根微博有"经典爆笑排行榜""冷笑话精选""微博经典语录""我们爱讲冷笑话"等。这些账号用不拘一格的语言风格和文字表达方式，获得了大批粉丝的喜爱，凝聚了极高的人气。其内容来源广泛，部分草根大号的内容来源主要包括三种。

第一种转载翻译国外内容。这种虽非原创，但是也需要用心筛选、精心翻译，付出精力和体力。摘选的内容为大部分国内用户没看过的，且能够引起众人关注兴趣的。这类微博内容一般不容易被人效仿。

第二种对其他微博的好内容进行摘抄、引用或转发。这种方式一般以不涉及侵权为前提，对原有的故事进行整合润色之后发布。

第三种是专题策划。通常企业与草根微博合作就是通过这种方式，因此这类微博内容更具商业营销色彩。企业将营销宣传的具体要求传递给草根微博，这些微博根据企业文化、产品定位等策划一系列专题，并在微博平台发布传播。很多内容甚至成为了红极一时的流行语，例如"杜甫很忙"等。

对于企业来说，应当虚心学习和借鉴这类营销方式，并亲近更易达成合作关系的草根微博，同时倾注精力培养草根微博为战略合作伙伴。

很多草根大号已经拥有数千万粉丝，那么这些账号是如何提高自己人气的呢？

首先，这些草根大号海量的粉丝中，有一定数量的"僵尸粉"，另外的一部分是被其内容吸引来的活跃用户。企业需要的是具有传播力的活跃粉丝，因此需要学习的是草根微博吸引粉丝、提高自身人气的方法。

1. 批量注册账号

批量注册账号适合用在微博注册初期，尽管这种方法较为耗时耗力，但不可否认其是网络推广极为有效的经典方法。批量注册的目的是为自己增加基础粉丝数。以目前拥有数千万粉丝的"冷笑话精选"为例，在经营初期，其创始人就注册了数个微博"马甲"账号，并利用这些账号获取"互相关注"，日积月累，拥有了大批关注者，奠定了人气基础。

2. 在微博平台搞好关系，获得编辑的推荐

编辑推荐是极为重要的粉丝来源。微博平台有很多板块会向新注册用户及老用户推荐热门微博账号，例如新用户注册板块、个人微博首页等关注度和点击率刷新度较高的板块。如果能够获得平台管理者及编辑的青睐，其账号出现的频率就会增加。以李开复等名人为例，在获得推荐后，这些人经常出现在微博IT名人堂或微博首页。企业在官方微博经营过程中，也应当学习这样的方法，争取获得认可和扶持。

第四章　企业微博的定位和内容策划

微博的火热，催生了与之相关的营销方式，即微博营销。每个人或企业都可以在腾讯、新浪、网易等微博服务商处注册一个微博，然后利用自己的微博进行营销。通过更新微博，跟大家交流想要推广的信息，这样就可以达到营销的目的。那么，企业微博如何才能实现正确的定位和内容策划呢？

第一节　企业要找准自己微博品牌的位置

企业微博是需要定位的，也就是找准自己微博品牌的位置。这和企业品牌的整体定位是一致的。只有找到自己的位置，才能明确自己经营的方向。这是一个从 A 点到 B 点的思维过程。那么，微博如何才能实现正确的定位呢？下面总结了微博定位的四要素。

我是谁——企业的品牌愿景是什么（找到企业自身价值）；我想说什么——企业微博的目的和内容（什么人说什么话）；我对谁说——企业的目标受众在哪里（对什么人说什么话）；我的脸谱——如何让别人快速找到我（贴标签、树形象）。

下面我们一一分析这四要素的具体要求。

一、我是谁

"我是谁"的问题，就是问企业品牌的愿景是什么。这是每一个企业微博经营者首先要弄清楚的问题，因为微博是为这个终极愿景服务的。企业品牌发展的愿景也是企业微博营销的目标。

著名的戴尔公司之前的营销模式是通过自己的官方网站进行宣传和直销。但是官方网站的推广有一个问题，就是戴尔经常会推出新产品，也经常有促销活动，仓库里的库存也时常变动，但仅仅在自己的网站上的宣传存在访问的局限性，影响的人群也不够广泛，这与其力争成为全球领先的IT行业制造和服务供应商的发展愿景不符。这时戴尔发现了微博。2007年，戴尔公司在Twitter上注册了许多账号，每个账号一个专门的内容，产品信息的账号专门发产品信息，指定给特定的受众看。各种各样的多媒体图片和性能比较图表，做成了幻灯片形式的广告。这些都能充分地激发顾客的购买欲望。在此基础上，还通过微博平台与粉丝的互动，建立了无中间商的直接销售模式，减少了二次安装和二次搬运，使计算机发生故障的可能性减到最小，同时也减少了二次加价，利润空间也得到进一步提升。

通过这个案例，我们发现正是戴尔公司明晰了自己的发展愿景，并采用"是否符合这个愿景目标来评估公司"的宣传策略。因此他们选择了微博，并在微博的经营中通过建立微博矩阵将内容精准化、条理化，使自己的品牌形象因定位精确而得到了有效传播，创造了商业价值。

二、我想说什么

我是干什么的？我应该说什么话？这是在回答完"我是谁"后的第二个问题。找准方向之后，就是规划具体内容了。因为企业微博的内容决定了关注度和粉丝数量，粉丝数量和转帖数量决定了微博营销的成败和效果。所以说，想说什么非常重要。我是干什么的，我就得说什么话。这是对企业微博的刚性要求。借助时尚热点、应时微博、嵌入产品，达到微博和企业的有机融合，广告效果自然也就显现出来了。

三、我对谁说

我的目标受众在哪里？我要对什么人说？这是企业微博的第三个要素。"欲取鸣琴弹，恨无知音赏。"找不到知音，有鸣琴也无可弹奏，对牛弹琴则白费心思；找不到目标受众，企业微博自说自话，说得再好，也无法实现品牌传播的目的，白花时间和金钱。想说的话，一定要找到想听的人。一般来说，适销对路是产品销售的基本法则。但是，现今的市场营销早已颠覆传统模式，向"和尚推销洗发水""女人推销剃须刀""男人推销卫生巾"等成功的逆向性营销案例，早已说明营销成败的关键不是产品，而是技巧。这就是所谓的见人说人话、见鬼说鬼话。对不同的受众，要使用不同的话术，寻找不同的切入点，实行不同的营销方式。微博营销，虽然不是点对点、面对面的精准营销，但你的粉丝就是你的市场，你长期且一直坚持互动的粉丝就是你的拥趸，这些粉丝会从喜欢你发布的消息、传播的热点到主动认可你的观念、观点，在潜移默化中接受你的产品。

网络营销的方法和案例非常多，一个好的创意是网络营销活动的灵魂。事件营销就是通过制造具有新闻价值的事件，并让这一新闻事件得以传播，来"转弯抹角"地做广告，达到广告的效果。比如某公司要推广某一款网络游戏，使用知名度高的明星代言往往需要较高的费用，推广的广告费也不菲。而如果通过事件营销的方式，用一个知名度很高的网络红人来代言这个网络游戏，不仅仅可以节省大量费用，还可以以低廉的成本进行网络推广营销。比如2009年的"贾君鹏事件"就是一个非常好的创意，也用事实说明了事件营销的效果和产生的推动力也往往比其他营销方式要好得多。

四、我的脸谱

微博的名字就如同一个人的名字。有的人是因为某一事件出名，有的人是因为公众人物的身份出名，有的是因为在所从事的领域成绩斐然出名。微博也一样，想让人在浩如烟海的微博账号中找到你并关注你，就需要一个聚焦点。这个聚焦点就是脸谱。名人微博因其高地效应，出名和被关注相对容易。以潘石屹秀房产为例。

在新浪微博人气榜上企业家里，SOHO中国董事长潘石屹的粉丝量曾经位列榜首。这其中缘由一方面有赖于名人效应，另一方面当然也是因为他背后强大的产业作支撑，名字和背后的产业都是脸谱，是他微博的脸谱。他微博的信息量之大、价值之高是业内关注的焦点。房产商可以向SOHO总裁潘石屹这些房产界内外都吃得开的"偶像级"人物请教一二，甚至有好项目大家可以一起合作。SOHO号称手握200亿元的现金流，在博客以及微博上也在广发邀请函，只要有好项目，他愿意带着钱来。

潘石屹常在微博上图文并茂地"宣传"SOHO中国的项目以及公司的业绩，甚至连公司招聘等事宜都在微博上挂出，加上妻子是SOHO中国的CEO，二人夫唱妇随为SOHO中国的项目赢得了不少口碑。而万科前董事长王石则很含蓄地为万科说话，他会把万科赞助的比赛活动和他热衷的户外运动结合得很好。而之前一直远离微博的冯仑，也加入写微博的行列，名号为"冯仑and风马牛"。但从博文内容来看，更多的作用是宣传，而非冯仑自己的专用微博。

第二节　短短140个字的微博段子怎么出彩

微博虽然仅有短短的140个字，但要想写出高质量的微博段子，需要花费大量的时间和精力精心准备。企业微博尤其如此，很多时候是一个团队在支持运作。关于微博内容的筹划，我建议把握好以下五个要点。

内容方向，即内容的价值，要满足粉丝利益，有利于树立企业品牌形象；取材原则，内容必须与企业相关，与用户（读者）相关，相关才能吸引关注；表达角度，对胃口（符合读者阅读习惯）、有成果（对企业销售有帮助）、控火候（解决品牌相关性）；写作技巧，故事化、拟人化、趣

味化、实用化、口碑化、数字化；发布策略，把握准时间点和时机点，内容与活动结合，线上与线下结合。

下面展开阐述这五个要点。

一、内容方向

一条营销微博想要取得成功，就得被很多人看到，并且产生兴趣，这就要求微博内容必须能够吸引人们自觉转发、评论。如何能做到这一点呢？首先，微博内容的广告痕迹不能太重，你可以提到你的产品或者公司，也可以加上链接，但是绝对不可以赤裸裸地打广告。比如，很多开网店的人喜欢这样发微博："本店新上市秋装，一律九折，欢迎前来选购。"这样的微博注定是失败的，因为它是纯粹的推销广告。现在的人们，对广告有高度的敏感和抗拒性。其次，营销微博的内容要有趣味性，可以是优美的文字，可以是幽默的笑话，也可以是创新的文字游戏等，只要内容创新，一定能吸引受众自觉转发。

总之，微博里面蕴藏着巨大的商业机遇，像一个巨大的金矿等着我们去开采，而做好微博营销则相当于磨好采矿工具，将会无往不利。如果微博营销没有做好，开再多的微博账号也是枉然。

二、取材原则

微博说话最忌讳的就是没有营养。和企业无关的话不说，但也不能"竹筒倒豆子"，上来就是硬广告；和用户（读者）无关的话不说，但也不能读者的吃喝拉撒睡你都照顾着。我们要找到这两者之间的平衡点，然后用心为读者做出一道道精美的文化快餐，品牌传播就自在其中了。

"有话说方才说话。"企业微博需要维护，像某航空公司那样加了 V 照样万年不更新的例子固然不足取，但是也不代表更新越频繁越好，"言之有物"才有价值。

用户的注意力也是有限的，要珍惜每一次发布和沟通的机会，被刷屏带来的会是反感。作为企业微博，代表的是企业对外沟通的话语权，而不是维护者个人的自留地。一方面企业微博要像个活生生的人，但另一方面维护者始终要意识到这是代表企业的微博账号。与其发布一些毫无价值的"今天的天气哈哈哈"之类的内容，还不如把那些时间节省下来，去看看关注了自己的粉丝们都在说什么。

有什么话，说什么话；话该怎么说，就怎么说。作为企业微博，内容的底线就是真实，不要发布或者传播任何未经证实的流言；不要含糊其词地打官腔，要使用正常的说话方式。微博是一个社交场合，如果抱出一叠公文拿来念，那不如回去做官网好了。

三、表达角度

首先，要充分披露信息，不能模棱两可或者含糊不清。

其次，要使用人性化的语言，甚至加上人们在聊天中常用的诸如"掩面""泪奔"这样的表情符号，越贴近用户平时在网络环境中使用的语言，越容易让用户接受信息。

最后，"要说自己的话，别说别人的话"。原创内容的确很需要功力，必须了解企业及品牌自身，了解产品以及竞品，了解微博以及目标受众，在一定的积累之后才可能写出高质量的微博内容。"转载"这种便利的手段也是企业微博维护者常用的方法之一。但即使是转载，也应该选择那些能代表自己意见的内容，并且加上自己的评论内容。毕竟企业微博就是企业发布内容的专区，即使是转述别人的内容，也必须是因为此内容符合企业的需求，表述了企业想要表述的意思。

有趣固然是很好的，但企业微博首先还是应该发布有用的信息。每天转载冷笑话或者段子，有可能会带来大量的粉丝，但如果内容和企业本身没有相关性，再多的数量也对企业自身毫无益处。

四、写作技巧

故事化、拟人化、趣味化、实用化、口碑化、数字化，这几个"化"为企业微博的撰写提供了多个标准和可能性。

无论是故事化、拟人化、实用化等，都需要一定的技巧。比如语言、表现形式、风格等标签性的东西，要卖萌还是要严肃？都需要由企业微博本身的定位以及特性来决定。如果是消费品类产品的客服微博，不妨用更多轻松活泼的语言。

但如果是企业员工个人的微博账号，要么就不要在头衔及资料里面暴露自己的工作信息，要么请保持一定的职业素养。之前某航空公司个别工作人员将自己的抱怨写进微博，被贴上公司 LOGO 转发放大之后，变成了整个公司信用及品牌形象的大危机。读者只要动动鼠标就能看到发微博的人的职业信息，所以要慎重发言，即使不为公司着想，也要考虑到自己的职业生涯——谁会要一个口无遮拦的人在自己公司工作呢？

五、发布策略

对于初涉微博营销的企业及机构而言，了解使用功能及一些技巧都是很容易的事情，但是会发微博不代表就能经营好微博。社会化媒体营销，内容是王道，发布的时间点和时机点则是微博能否起到宣传作用的关键，而内容和活动的结合、线上与线下的互动则是微博能否被更多转发的保证。

只有在合适的时机发布真正对用户有价值的内容，才能在用户心中树立起自己的形象，从而才能进行进一步的沟通，也只有这样，才能用自身的内容，最大限度"捕获"真正对企业有价值的用户。

第五章　企业微博如何实施战略营销

企业微博营销是一个关系企业整体战略的问题，是一个传播企业品牌的系统工程，所以企业微博的营销也应该提到一个战略营销的高度。下面我们将围绕企业微博如何实施战略营销展开讨论。

第一节　如何找到营销的起点

战略营销就概念而言，是一个仁者见仁、智者见智的话题。我们不再去作纯理论的探讨，这里我们就一个最基本的问题进行思考——如何找到营销的起点。营销起点是什么？探讨营销起点，就是要找到我们的产品如何才能走进消费者的内心深处，如何与消费者的内心进行对接，如何占领消费者心智的营销模式。

以苹果公司为例，苹果公司卖的是什么？我们表面来看，它们卖的是手机，是科技产品，但本质上，它们卖的是乔布斯的理想、精神理念。乔布斯创造苹果的理想是什么？就是改变世界。他也一直在用科技的力量、创新的力量改变着这个世界。果粉其实是被他的这种理念所感动，也为这个理想在埋单。我们要有能力透过这个表面去观察分析他的内在本质。

再比如星巴克，为什么白领们喜欢去星巴克？难道真的是因为星巴克的咖啡比别人家的好吗？不见得。因为星巴克用它的服务告诉人们——我

卖的是你在办公室和家之外的第三空间。在星巴克，你可以有家的感觉，同时你还可以很方便地办公，这就是用户需要的"价值"。

有道是："感觉即价值，营销即对话，互动即营销，传播即感召。"

产品好不好谁说了算？肯定是用户。苹果好不好，即使是乔布斯说了也不算，使用苹果手机的用户才有发言权。要知道，用户的认知是大于事实的，营销卖的也无非是消费者需要的感觉而已，感觉好才是真的好。那么，作为一个企业来讲，消费者如何看待你的产品、如何认识你的微博，想要让他们购买你的产品，就要给他们感觉你"好"的理由。看清了消费者的内心渴望在哪里，你就找到了突破的方向，这里就是战略营销的起点。

消费者去购买东西的时候，看到了这个产品，而这个产品符合他心中最渴望的那个形象，接近他心里最理想的那个标准，那么他一定会毫不犹豫地把这个产品买下来，因为这个产品在消费者心中有足够的价值，这是战略营销的第一步。

战略营销的第二步，就是对接消费者的认识。换句话说，就是要和消费者"同频共振"，用消费者最熟悉、最能接受的方式走进消费者的内心世界。那么，企业怎样去表达，怎样才能找到消费者们接受的方式？你所说的和你所做的让用户体验到的一定要一致，也可以说是"所见即所得"，也可以说是"知行合一"。只要用户的心理预期和产品实际表现吻合，用户就会进行购买；尤其是用户看到的产品远远高于其心理期望值的时候，用户买到的不仅仅是满意，更是惊喜。这将在一定程度上引发强烈的口碑传播。

那么如何让我们的产品在消费者心中树立"第一"或者"唯一"的概念？就是在产品形象与品质"所见即所得"的前提下，不断地让消费者在"认知－购买－体验－认知"的循环中重复认识关键词（产品核心价值），直到成为一种"潜意识"。到了这一步，我们才算是真正走进了消费者的内心世界。

换言之，所谓的战略营销就是从目标用户的认知入手，让企业的优势与目标用户的需求无缝结合，通过传播"所见即所得"，重复在消费者心中植入认知关键词，从而建立消费者心中品类的"第一"或者"唯一"，这就是战略营销。

朱老师语录

战略营销的意义，就是通过一系列的营销活动，使我们能跳出红海竞争的旋涡，走进相对自由的蓝海市场。这是整个思维的关键。也是能不能在消费者心中赢得品牌第一的位置的关键。没有卓越的战略营销思维，就不会有成功的产品和企业。

第二节　首尾相接的战略营销环节

企业微博的战略营销可以大体分为四个首尾相接的环节：一是做定位，二是做传播，三是做体验，四是做交互。下面我们展开分析各个环节怎么做才能实现营销效果。

一、做定位

什么是做定位？就是在茫茫市场中找到自己的目标用户，分析目标用户内心存在的认知冲突，最后在冲突分析中找到自己的品牌定位。也就是说，我们要知道如何才能在消费者心中建立起自己是"第一"或者"唯一"的目标。解决消费者如何认识企业品牌的问题，这个起点就是定位。

定位包含两个指标，第一个是价值定位。就是我们的产品有哪些价值，这些价值是独特的、不可替代的。这些价值又如何与消费者内心的认知建立起最通畅的对接。第二个是形象定位，就是我们采取什么样的文字、色

彩、声音、形状等表达手段，准确地说，就是建立什么样的视觉形象系统（广义上包括声音、气味等感知方式）能让目标用户感受到你，成为他们心中的唯一，这也是企业区别于竞争对手的关键因素。

我们从这两个方面下手，都能建立起有别于竞争对手的价值。当然，最有效的是两个定位都做到独一无二、无可替代，才能建立自己压倒性的竞争优势。

举个现实中的例子，比如我们给河北的一款地方名酒"白洋淀酒"做微博营销，你如何给这款酒做定位？我们知道，白洋淀酒产地在"华北明珠"白洋淀边，已经有几十年的生产历史。据说最早它和衡水老白干是并驾齐驱的品牌，甚至名气比衡水老白干还要大。这款酒质量很好，也有文化积淀，但销量却平平。如果我们给它做定位，应该怎么办？

我们可以从解决冲突入手，盘点产品所具备的各种资源，首先寻找其不可代替的、最有潜力的价值定位，其次就是围绕其价值定位确定产品外在的形象定位。

那么，白洋淀酒拥有哪些优质资源呢？从广义角度分析大概有三点：一是产地在白洋淀，这是产地优势。白洋淀是华北平原唯一的生态湿地，对调整整个华北地区生态气候有着重要作用，号称"华北之肾"，其知名度在全国是绝对响亮的。其地下水水质也很好，很适合酿造粮食酒；二是白洋淀是国家5A级风景区，风景优美，旅游经济发展迅速，为白洋淀酒的品牌传播创造了机会；三是白洋淀文化积淀深厚，这里是"医祖"扁鹊的故乡，人文气息厚重，有"文献之邦"的美誉。就连清朝康熙、乾隆皇帝也都多次巡行驻跸白洋淀，留下了很多诗词名句。同时，小兵张嘎、雁翎队抗日的故事广为流传。这些都为我们的文化创意提供了广阔的思考空间。

综合以上三点，我们在其企业微博的传播上，就可以传递三个独特的价值点：一是绿色生态酒。"华北明珠"的优良水质和优美的生产环境，纯正的粮食酒酿造工艺，以华北盛产的小麦、玉米等农产品为酿酒原料，铸就了白洋淀酒绿色生态的产品品质。这个地利是独一无二的，也最为消费者所青睐。二是旅游文化酒。品白洋淀酒，看白洋淀风景，听白洋淀故事，本身就是一场文化盛宴。这个可以通过与旅游企业联手推出旅游文化节等活动来强化这一品牌价值。三是健康养生酒。这个概念的推出，就要深挖医祖扁鹊所带来的中医中药概念。春秋战国时期的医祖扁鹊，是白洋淀鄚州人。他在中国北方各地行医，留下了很多神奇的传说，影响至今，其中就有用酒疗疾的案例。在医祖家乡做酒，自然就沾着医祖的"仙气"，打造一款中医养生酒品牌会很容易。当然，做这一切的前提是这个企业在产品上是朝着这个方向做的，而且做到了"所见即所得"。这两者是相辅相成的。

作为企业，一定要明白真正能被消费者认可的关键词是什么。把这个关键词梳理出来，接下来的一系列传播活动和让消费者读到、感受到的，都是与这个关键词紧密相关的东西。这些关键词就对应了企业产品品牌的全部，也自然成为了企业品牌的灵魂所在。回过头来，再看这个白洋淀酒，如果我们确定了上面的价值关键词，那么在包装上一定会别出心裁地体现这些价值，比如我们可以把酒瓶做成白洋淀荷花造型，酒盒用芦苇工艺包装，用芦苇工艺画表现等。这样产品的形象定位和价值定位就和谐地统一起来了。

二、做传播

做传播是完成定位之后的第二个动作。传播解决的是用户认知的问题。现在是一个产品极丰富的时代，每个人对产品都会有自己的认知，或者好，或者不好，或者一般，或者不了解等，这些印象都是用户在生活和工作中通过有意无意地接触各种产品的资讯而形成的概念。而用户进行购买的时候，往往就是根据自己对产品的印象进行比较和选择。所以做品牌营销，就是要给用户足够的购买理由。我们把我们的理由、答案、价值观通过各

种传播渠道告诉消费者，把我们的理由变成他们的购买理由，也就完成了传播的使命。

多媒体的时代，我们选择传播渠道的余地越来越大，可以根据用户获取信息的习惯和特点来选择媒体渠道。从传播的主体来看，可以将传播渠道分为三种：第一种是传统的付费媒体。电视、广播、报纸、杂志、户外广告、电梯广告等，也包括传统互联网媒体，例如新浪、搜狐、网易之类的，这是最传统的媒体形式。这类媒体的特点是公信力较强，但成本也很高，需要企业烧钱才能推动。企业使用付费媒体的主要目的应该是"品牌背书"，比如通过中央电视台的广告告诉消费者"我是靠谱的正规厂家""我的产品是国家认证产品"等。第二种是自媒体。也就是自由注册、免费使用的各种网络媒体，比如博客、微博、微信公众平台等，这类媒体主要通过企业的自主推动来完成信息的传播。它的好处是形式灵活、无须支付大额的传播费用，可以自主确定传播时机、传播内容等，只要不违法就没有人来阻止你。但自媒体的经营却需要付出时间代价，常常还要投入团队力量。第三种是口碑媒体，也叫"赚来的媒体"。就是你的用户、粉丝，他们围绕在你的自媒体周围，形成了真正为你免费做宣传的"自媒体"。比如时下的果粉（苹果手机粉丝）、米粉（小米手机粉丝）等，他们才是货真价实的"品牌控"，对其品牌的迷恋达到了一种狂热的程度。作为一个高明的企业微博经营者，一定要培养自己的粉丝团，让消费者成为自己产品的见证者、传播者，这种口碑的力量才是最有说服力的。

我们可以看到，传播的结果就是消费者对我们的产品或者企业有了一个非常全面、系统的了解和认识，在他们心中给这个企业或者产品贴上了"免检""靠谱"等标签。如果购买同类产品，他们会毫不犹豫地选择自己认可的这个品牌。在这方面，小米手机就极大地体现出了产品传播和造势的能力。这个案例不再赘述。

朱老师语录

好的产品自己会说话。你说得再好，不如你的产品给用户的体验好。体验好才是真的好。

三、做体验

有一个新锐的营销观点认为，用户体验才是真正营销的开始，前面所有的准备都是铺垫而已。开个玩笑，就像古代的结婚仪式，一拜天地、二拜高堂、夫妻对拜都是必要的形式，而"入洞房"才是这个婚姻最有实质意义的环节。

总而言之，到了体验环节，该出彩的也自然会出彩，该露馅儿的就自然都露馅儿了，这是没有疑义的。这也是检验企业"知行合一"的关键时刻。这里说体验，有两个层面，一是形象体验，就是让用户实际而全面地使用这个产品而获得自己的使用感受。这个感受是具体的、形象的，用户会对比自己内在的期望值来判定这个产品有没有价值、有没有缺憾。二是价格体验，就是让产品的品牌价值和自己的钱包对比一下，看看自己是感到很好还是感到"肉痛"，还是"痛并快乐着"。这两个体验用户会同时经历，用户的期望值不同、钱包的丰满程度不同，自然各有各的感受。

那么，企业在这个环节该注意哪些动作呢？

有两个动作需要注意：一是巧妙拦截，二是精准定向。

什么叫拦截？说简单点，就是把消费者的注意力通过传播渠道吸引到自己的产品上来，而不是到竞争对手的产品上去。这是一个竞争对抗的策略动作。以前大家经常听说两家出同类产品的企业，经常在产品发布会的时间上"掐架"，今天某旗舰店公布在今年 10 月 1 日召开新品发布会，新产品正式投放市场，功能如何炫、价格如何低、现场抽奖送冰箱等；对

手则马上宣布9月28日同样召开新品发布会，规格压你一头、其拳头产品功能会比你多几项、价格更优惠、现场抽奖送轿车等。双方大有疯狂火拼的架势，其实都是在想方设法做"拦截"动作。京东和淘宝、国美和苏宁等零售巨头们也经常打价格战，目的就是"拦截"，赔本当然要赚吆喝，因为吆喝背后是有商业价值的。拦截就是阻击战，给市场的注意力打上一个"堤坝"，让注意力的"洪流"流向自己的平台。

在这方面小米做得非常出色。它从一个不知名的产品一下子上升到跟手机生产巨头们平起平坐的位置，全靠其微博营销为基础。当手机厂商们还停留在通过传统媒体简单发布产品广告的时候，小米手机则通过微博开始了不停息的免费狂送，近乎成本价的促销和24小时在线征求用户体验，让小米迅速组建了数以千万计的"米粉"粉丝团。用户的深度参与和疯狂的口碑传播，让小米最终赢了个盆满钵满。这是最成功的拦截，小米在做好品质内功的基础上，一战成名。

什么叫认定？简单地说，认定就是锁心，锁住消费者的心智。如果说拦截是阻击山炮，那么认定就是狙击步枪。认定更强调精准，一剑封喉。现在的营销界常说"痛点"，其实就是想找到锁定消费者心智的那个点。这方面苹果的"乔帮主"自然是成功的典范。乔布斯自言从不为产品去做市场调研，他是通过坐禅，让自己的心去体会产品的每一个细节，倾听自己内心的声音，他比消费者更了解他们自己，他要让所有的人都去思考如何通过科技来改变世界。每年一次的开发者大会，无数的开发者不远万里到美国总部去听乔布斯的演讲，听苹果的研发报告，这激发了每个人的创新斗志。他之所以被称为互联网时代的创新科技的教父级CEO，就是因为他不但激活了自己，激活了苹果公司，还激活了全世界。这个世界已经和苹果捆在了一起，登上了创新的列车。苹果的成功，是苹果选择了这个世界，也同样是这个世界选择了苹果。当消费者一心一意跟你走的时候，企业的成功就变成了一件最自然的事情。

四、做交互

交互是什么？交互不是简单的互动，就字面而言，交互是"互相交付"的意思，本质上是企业与用户利益的共享和身份的捆绑，是认定深化的极致。让消费者成为你企业的既得利益者，让产品成为他生活不可分割的一部分。这时候你已无须担心他的离开，因为他根本离不开你了。就像我们说的苹果，对果粉而言，苹果手机乃至苹果的理念已经是他们生活的一部分。如果哪天苹果公司垮了，他们会很难过，因为生活中缺少了一个重要的部分。如果营销能做到这个境界，才是交互的最高境界。

那么，什么是既得利益者？就是消费者通过购买不仅实现了消费本身的价值，而且获得了更多利益回报，这才叫既得利益者。比方说你买个苹果手机，如果你仅仅用来打电话，你就是纯粹的消费者。如果你用来做研究，研究如何围绕这个手机做衍生产品，那么你就有可能成为它的合作伙伴。我们知道，苹果从来不做所有的事情，它不是一个封闭的产业链，它将自己很多配套产品的生产机会交给了别人去做：从机芯CPU到屏幕到机壳，都是全球采购，只要最好的；它只搭建基础系统，绝大部分应用都开放给全世界的设计师来做，谁只要有足够好的创意软件，就能通过苹果的网上商店赚得足够多的利润。其实苹果这样做是在实现自己理想的同时，也帮助许多人实现了他们的人生理想，帮助很多企业实现了它们的愿景和梦想。这正是其伟大之处。这样的企业自然会受到所有合作伙伴的支持。

朱老师语录

作为企业家，就应该有这样一个胸怀和战略眼光，要学会用共赢的思维发展自己、成就别人。这不是一个技术问题，而是一个价值观的问题，是一个企业家的思想境界的问题。襟怀修为不到，做也枉然。口是心非，说到底还是自欺欺人的生意场上的游戏。

很多用户信任自己的企业，企业也乐意把自己的东西贡献出来邀请用户加盟做连锁品牌。这种现象很多见，很多快捷连锁企业就是这么干的。还有的企业非常善于和用户联动，在社会化营销上是高手。据说可口可乐公司就做得很出色，它做了很多社会化营销的创意让消费者参与，让所有的粉丝去参与，不停地激发消费者的内在潜力和想法。企业完全围绕着用户、消费者的理想去动，通过一次又一次的公益性活动，帮助他们去实现自己的人生理想。它激活了消费者的理想，消费者的回报就是对品牌的无限忠诚，甚至互相交融。

第三节 运营底线和危机处理

企业微博运营是一个战略性动作。如果只是把微博作为企业门面装饰一下，这样的企业也就没有必要再做深度讨论。要做好企业微博，资源、内容、体系、互动一个都不能少。经营企业微博，公司首先要有人力、财力、物力上的投入，成立相关的部门，建立运营体系，让公司产品品质与形象合一，以平等友善的心态与用户交流，达到了这些基本要求，企业微博才有真正的生产力。

同时，企业微博的定位不能偏离公司战略目标，不能偏离公司的价值主张，不能和公司的整体形象发生冲突，要以服务公司和用户为首务。

这里重点谈两个问题：一是红线规则，二是公关危机处理机制。

一、不能触碰的红线规则

红线就是底线、高压线，是不能触碰的。企业微博尤其有限制，因为它关系的不是经营者个人的得失，而是一个企业的命运。

第一条：关于政治的敏感话题不谈。因为这里不是学者论坛，企业做微博的目的很明晰，不是培养政治家，而是服务于企业的用户。所以，很多关系到政治的敏感话题要主动回避。亲近政府，远离政治，永远是企业正确的选择。对于国家政策的解读，可以私下去讨论，但在企业博客上，你呈现的永远要是正能量的、善意的、有建设性的、服务性的，是以用户为中心的状态。

第二条：企业领导的私生活不能谈。这是领导的私事，不管事件本身是好是坏，只要不是代表公司的行为，你就不能在企业微博上去谈。这是对企业领导的保护，也是对企业的保护。作为微博主管，原则就是只做给企业形象加分的行为。

第三条：企业商业机密不能谈。不用多说，大家都知道不能在社交媒体公开谈论商业机密，否则会给公司带来无法挽回的损失。

第四条：企业的工作恩怨不能谈。几乎所有的企业内部都会有恩恩怨怨的事情发生。但这个是"私事"，是不能放在桌面上去讲的。因为读者不会去成立调查团来调查真假，他们往往会按照自己的理解去进行负面的传播，这不但会恶化企业内部关系，也会给公司形象造成巨大损失。别说企业官方微博，就是个人的工作微博也是绝对不适合谈论工作中的是非的。员工更不要因为一时之愤，自毁前程。

企业微博，从一个角度上来看，就相当于企业的一本电子杂志，要注意内部信息输出的统一。对于规模较大的企业，尤其要注意这一点，做好信息总出口的审查把关，要有个审批制度和流程，而不是随意地发布信息。

二、公关危机处理机制

微博是一把双刃剑，既可能给公司带来客户，提升影响力，也可能给公司带来舆论危机。也许企业在经营中存在的隐患，但通过微博的放大就会成为一场品牌危机。谁都无法预料到危机何时发生、怎样发生。那么，企业就必须建立一套处理舆论危机的机制。

在移动互联网时代，信息传播的速度太快了，舆论危机的解决机会是按分秒来计算的。一个泄露"内幕"的帖子，很可能几分钟之内被转发几千条、上万条；发生在一个超市里的产品质量问题投诉未果，很可能一个小时后"全国人民"通过微博都知道了事件的来龙去脉。为了避免事件的恶性发酵和失控，就必须建立快速反应机制，企业要直接授权给一线管理微博的员工。在面对诸如客户投诉等事件时，微博管理员必须学会和当事人进行私下的感情沟通，而不是以冷漠的方式进行处理。

可以想象，如果不授权，企业再要通过开大会小会的形式去解决这个问题，恐怕没等会开完，这个事情就已经发展到无法挽救的地步了。

至于如何完善这个公关机制，每个企业都可以总结适合自己的一套方案出来。只要重视，就有机会和能力把控不利局面。

 **朱老师语录**

做企业微博运营，要恪守不触碰法律底线、道德底线和对手底线的原则。守法无大损，和气有长财。任何无节操的操作都是损人不利己的愚昧之举。千万不要为了出名而出位，出风头的代价很多时候是个人和企业都无法承受的。

第四节　做好微博运营的技能储备

企业微博对经营管理人员的要求是多方面的。微博人员在掌握了上述微博运营的规律后，做好微博运营也不是什么艰难的事情，关键是不断地学习和总结。有高人把对微博营销人员的要求总结成六条：一会内容创意，二会话题设计，三通营销文案，四会处理图片，五能聚合粉丝，六能盘活资源。总的来说比较全面，要求也确实不低。我们这里主要说一下微博的内容、话题设计和营销文案的问题。

一、内容

内容很重要，都说内容为王，那么如何才能把握住微博的内容呢？我们认为应该注意以下几点。

1. 尽量保持原创

心灵鸡汤的东西转来转去的，当"葱花"可以，但绝对不能当"主料"。要花时间和精力思考、寻找创意，只有原创的内容才具有独一无二的阅读价值。

2. 注意和粉丝的互动

千万不要"孤芳自赏"，自己高高在上自说自话。与粉丝互动的机会非常宝贵。今天有粉丝和你说了很多好话，或者@一下你，或者求助于你，你要马上做二次传播，这就是互动。慢慢地@你的多了，转发你的多了，关注你的也多了，自然而然你的能量、影响力也就上去了。如果打开你的微博页面的时候，第一个看到的都是原创内容，第二个看到的都是你和粉丝的互动，这样的微博是最有人情味和吸引力的。你若能争取把每次互动的评论都写得有创意，效果会更好。

3. 和企业相关

"万变不离其宗"，你不管怎么传播，关键词都要和企业有关联，这才叫企业微博。这一点很重要，不然说了半天和企业没有一点关系，那还有什么意义？企业的品牌形象也不会顺势传播。

4. 关注渠道中间环节

如果你的企业有中间层的经销商和代理商，那你的企业微博一定要关注到这些企业和个人。通过微博很容易和这些经销商和代理商进行互动和连接，我们可以从中快速收集企业或个人的经营状态信息，及时给予指导和支持。这是网络时代给予企业交流的最大便利和机会。通过交流，我们能将企业文化传递给经销商，进一步扩大公司的影响力，把底层服务做得更好。

5．一定要传播正能量

这是一个基本原则。不管语言是否优美，不管事件是否具备轰动性，只要通过我们的微博传递出来，就必须是具备正能量的好东西。能量级是可以不断提升的，只要真实，只要发自内心，就会赢得更多的粉丝。

至于发送微博的时间和时机，则是一个技术问题，需要结合不同行业的内容和受众特点去摸索，有规律，无定式。

二、话题

话题是什么？话题是聚合企业的用户和自己想要的信息的工具。

通过话题的设计，我们能完成很多经营运作。比如有一个美容会所，现在需要上一个贴敷的理疗项目，但没有资料和人员储备。怎么办？可以在微博网站输入贴敷这个关键词去搜索，那么所有关于贴敷的内容全出来了，这里面既有贴敷高手的手法讲解，也会有接受贴敷的人的感受总结，可以细细研究、比较、筛选，甚至可以直接和那些掌握贴敷技巧的博主们约个茶局、饭局之类的见面聊聊，当面请教。也可以顺手发个招聘信息，招聘贴敷工作人员等。通过这个话题，就等于拥有了一个智囊顾问。

通过话题的关键词搜索，我们还可以观察总结我们企业微博的内容是否被读者喜欢。比如我是山东朱氏药业集团的，想知道自己的微博在当地是否受欢迎，那么可以每天在本地微博群中搜索一下"朱氏药业"这个关键词，看看今天有多少人提到了我，说了什么，为什么提到自己，原因是什么等。通过这些分析，我再去对照一下自己的微博定位甚至企业经营的定位，就知道应该怎么做才会经营得更好了。

那么，微博营销可不可以结合时事来做呢？当然可以，但是分寸不是很容易把握，弄不好会得不偿失。但你可以大胆尝试、小心求证，不断提高自己话题营销的水平。

三、营销文案

营销文案是一个让人又爱又恨的东西。一个好的营销文案创意十足、吸引眼球，让人在感受创新的同时，也有了非买不可的理由；一个好的营销文案也让多少营销人绞尽脑汁、通宵不眠。营销文案不贵多而贵精，文案越简单往往越有穿透力。在网上我们看到过不少令人难忘的营销文案，每每想起，都会让人会心一笑。

特别要指出的是，现在已经进入了"读图时代"。人们对图片的需求已经超过文字，有"一图胜千言"之说。那么我们的企业微博人员真得好好学一学图片处理技术，简单的 PS 一定要会自己动手做，求人不如求己，手机拍照也要懂一些基本的摄影技巧。同时也要善用网络上的图片，素材到处有，全凭自己用心，有了好的创意，图片素材不是问题。

现在，很多企业已经开始对官微运营有了财务指标上的要求，把官微变成了企业营销赢利的第二战场，甚至变成了专业的微商。这是件好事，说明微博的力量得到了市场的认可，也为我们这些经营微博的人开拓了更广阔的发展空间和创业舞台。通过微博经营，你为公司创造了价值，公司自然会给你回报，这是双赢价值的体现。

第六章　保证企业微博传播通道畅通

　　微博简单方便的操作流程让用户随时随地都能发布信息，基本不受周围环境的影响。而微博的传播方式犹如原子核裂变一般，由一个人传给一群人，传播威力可想而知。微博营销的交流方式看似随意，其实用户渗透率更高，传播影响力也更大，这样产生的影响效果比直白的广告要好得多。

第一节　打造好自己的"粉丝"生态圈

　　古谚有云："酒香不怕巷子深。"然而这个观点却并不适合用在互联网时代，尤其是在信息"秒"更新的微博上，一个好段子，如果没有一个好的传播渠道，很可能被淹没在数据大潮中，无人问津。如何才能够让发布的微博内容获得快速传播？这就需要微博账号的经营者积累人脉，构建属于自己的人脉圈子。

　　一、何为粉丝

　　在微博上，关注你的人，有可能是你微博内容的最初传递者，这些人就是你的"粉丝"，关注者越多，微博被转发的可能性就越大。针对自己与粉丝的"亲疏关系"，对粉丝进行分类，令粉丝的价值发生变化。

　　第一类为"钢丝"，也被称为"铁粉"。这些人大部分来自于亲友、同事，也包括一些与你志趣相投的、有共同话题的人，他们构成了一个微博初始能量圈，成为你微博传播的初始核心。无论你微博中的观点是否正确，他们对于你的关心和关注都始终如一，并且会经常性地做出评论和转发。

第二类被称之为"弱丝"，也称为"干粉"。这些人大部分是被你微博的话题所吸引，虽然因为某一话题而关注你，但是并不会时刻留意你的微博动向，互动相对较少。相较于"铁粉"而言，"干粉"对于你微博的关注度相对较弱，但是仍是你粉丝构成的主要部分。毕竟亲友数量较少，你微博的关注者大部分还是由"弱丝"构成。而对于普通人来说，影响力和知识储备都有限，无法发挥超强凝聚力，使大量的粉丝成为"钢丝"。不过，偶尔一个话题为你带来"弱丝"的关注，这个关注者今后有可能流失，也有可能成为"铁粉"。

第三类被称之为"黑丝"他们关注你就是为了给你泼冷水，批评你的言论，辱骂你，这部分是人就是你的"黑粉"。这部分人用"骂人"来彰显个性，展现其存在的价值。虽然"黑丝"的数量较少，但是其"语言暴力"的破坏性极强。对于这部分较为"另类"的粉丝，本文暂不进行过多的讨论。

第四类被称之为"僵丝"。这些人大多是"打酱油"的。对于各类话题，围观却不发言，只是看看就离开。僵丝在粉丝中的占比也是较大的。当然，不曾表态不代表没有态度，当某一天你的微博内容或话题触动了他的"爆点"，他可能会突然变得活跃，化身"钢丝"。不过这些粉丝流失的可能性也是非常大的。

值得一提的是，还有一些被称为"僵尸粉"的微博账号，这类账号是网络营销过程中的一种套路性营销，其并非由真人经营，而是通过机器程序操作。不会发言，不会互动，更没法带来任何传播价值，是彻头彻尾的"面子"工程。

了解了粉丝都有哪些类型，就能够明确粉丝经营之道：不断发展"弱丝"，努力将"弱丝"转化为"钢丝"。那么，要如何才能够发展、吸引更多粉丝的关注呢？这需要先从生活圈文化谈起。

通常情况下，我们的微博世界是由 4 个同心圆构成的，4 个圆代表了不同的生活圈子，我们自己就是圆心。首先是最内侧的圆，代表了亲友圈，也是离我们最近的圈子。圈里的都是跟我们联系最紧密的人，如果想要将他们发展成为粉丝，只需告知微博账号，就能够获得关注。第二个圆代表行业圈子，这个圈子中包含了我们在不同时期相遇的大部分同事、有业务往来的用户、有过信息交流的同行等。针对这些人，只要我们用心维护、经常交流，也能够发展成为我们的粉丝。第三个圆代表着话题圈子，这个圈子经常出现，但并不稳定，通常为临时性的。这个圈子常因一个话题而形成，大家针对共同感兴趣的某一点进行畅聊，话题结束就各自散去，彼此间没有牵绊。倘若之后有适合的话题，或许还会再次相聚，这种相聚的次数叠加，就可能形成相对固定的"聊天"关系，进而走进亲密度更高的亲友圈子。这种关系常见于行业交流中。最后一个圆，也是离我们最远的圈子，这个圈子就是微博圈子。大家因为对某一话题的关注，形成弱关系圈，彼此间互不相识，不曾见面，依靠文字进行交流和互动。随时相遇，随时离开，不会提前通知，也不需要刻意道别。在这 4 个圈子中，微博的传播从内而外，递次渐难。尤其是对最外侧的微博圈子而言，一条微博的影响力很难长久持续。当然，我们完全可以利用这 4 个圈子的演进升级，来提升自己微博账号的影响力。

二、如何涨粉

涨粉是增加粉丝的简称。如何增加粉丝是有各种技巧的，网上的文章也不少，各有各的办法和效果。这里我们介绍一下杜子建老师在《无微不至》中推荐的七条"必杀技"，也就是七个特别管用的方法。

1. 杀熟

就是从熟人开始做，你的老婆老公、亲戚朋友、发小死党统统都算上，告诉他们你的账号，他们肯定会关注你。你可以在名片上印上微博账号，或做个二维码，这都会给涨粉增加便利，属于微博推广的"标配"。

2. 打通博客

现在网易、腾讯、新浪等都把自己的微博和博客打通了，这样的好处是你可以将自己博客上面的粉丝很容易地转化为微博的粉丝，有了长内容也可以在博客上全文发表，同时通过微博进行链接式推送，让更多的人看到你的文章。

3. 插入代码

这种方式操作不复杂，现在很多微博都有插件，非常便于和其他媒体形式捆绑推广。

4. 微博抽奖

如果你有这样的想法，正好也有礼品，当然可以这样去做，肯定会带来好的效果，因为微博抽奖是一个皆大欢喜的事情，这在早期尤为有效，可以迅速增加粉丝数量。

5. 回应需求

微博最大的优势就是平等，大家非常享受这个平等的交流过程，所以你即使不能有求必应，也要做到粉丝有需求的时候积极回应。这是一种真诚的支持和必要的尊重。

6. 打通各个平台

现在的平台太多了，豆瓣、QQ、陌陌、UC、来往等各种社会化媒体平台，很多平台也开始做互相信息导入打通的功能建设。我们可以将自己在其他平台上的资源导入到微博平台上来，比如将 QQ 好友导入到微博上来，让他们也成为你微博的粉丝，这种形式一般而言是很容易转化成功的。

7. 发起活动

活动是微博的深度互动，也是网络关系的落地。通过微博发起活动非常简单、有效。很多时候，我们通过一场讲座、一次聚餐就能结识新的关系网，也能使原来的博友关系升级为行业圈子里的朋友，甚至是生活中的亲密朋友。

三、如何涨"精粉"

什么是"精粉"？"精粉"就是有高价值的粉丝，我们在这里指专家类粉丝。我们发现，作为一个有事业的人，行业圈子对他是非常重要的。通过微博迅速便捷地结交到同行业内的专家群体，对于自己事业的发展具有极为重要的意义。有了专家，也就有了重要的行业资源；有了专家的支持，很多事情做起来就能左右逢源。

在传统人际交往环境中，要认识一个行业内的专家是非常不容易的事情，而现在通过微博与专家建立朋友关系则会变得很容易。当然，这也需要一定的方式方法。

 **朱老师语录**

结交专家的首要前提是，你首先也要有一定的"高度"，你应该是一个有学识、有观点的人，如果你没有自己的观点，就是整天和专家套近乎也没有用，哪怕住在同一个楼层，也会是形同陌路，因为没有共同语言。你只能靠你的学识、你的专业性、你的思想、你的风度去结交行业专家。人更容易吸引到跟自己同类型的人，这就是人以群分的道理。

结交专家有三个步骤。

1. 寻找

其实找个真才实学的专家也是很难的。你可以用微博搜索的方式，虽然管用，但效果不尽如人意。你的搜索可能与热词有关。或者你干脆搜"××行业专家"，但是很多专家，尤其是有"真货"的专家是不屑自我标榜的，也不一定给自己贴热词标签，那还怎么搜得到他？看粉丝数也不准，因为很多专家没有时间去和粉丝互动，他们更多关注自己的学科和行业，所以搜到的往往是因为专注而显得有些"极端"的人。比较管用的反而是话题搜索。因为话题里面，读读文字基本上就能衡量出来哪些是干货，哪些是水货，专家自然会有专家的水平，你也能很快地分辨出来。当然这也有个概率的问题。还有就是多参加一些线下活动和沙龙，往往能发现真的具备专家水平的人，那你就可以拉过来，增加为你的微博好友。

当你加入到一个专家的圈子里面的时候，再去结识里面的专家就相对容易多了，因为大家可以很自然地相互推荐。即使不主动推荐，你在参加专家圈子活动的时候，往往也能认识到更多的专家。

2. 互动

找到专家了，那么怎么才能让专家成为你的"钢丝"？当然首先要做的就是关注对方，关注之后就留心读他发的东西，了解他在行业中的水平、地位和学问方向，也要了解他的性格特点和文笔风格，知道怎么样才能和他更好的沟通。有了这些基本的了解之后，你就可以和专家互动了。你可以直接就行业内的问题虚心请教，也可以针对他的帖子进行回复评论。尊重不等于毫无原则地拍马屁，最好能显示你的虚心和专业，平等交流，聚焦于问题本身，也显示出你的实力来。这样才能引起专家们的重视。自古英雄惜英雄，学问上的友好而真诚的切磋会让你们迅速拉近距离。你和专家的互动多了，他也自然会关注你，不知不觉中你也就成了专家中的一员了。

3. 私信

私信就是与专家的深度交流了，相当于两个人进了"包房"私聊，话题会更深入，观点可能更细微，关系也自然会更亲密一些。当然这也是一个慢慢来的过程。刚开始的时候，就是@他一下，请教或探讨一个问题，注意不要一下子@他太多，也不要在请教他的同时也@很多人，那样就显得没有诚意。一般情况下，私聊都会得到更好的收获，无论是行业经验、知识、资讯，还是和专家的关系。当你在一个专家圈子里面和大部分人关

系"很铁"的时候，你在这个圈子里面就有了较强的感召力和影响力，你的微博被关注、被转发的概率就会大幅度增加，"一不小心"就可能成为意见领袖。这样，你就成功了。

第二节 用最小的成本将传播效果做到最佳

企业微博要想达到快速传播的目的，就要学会把握微博传播规律，掌握内容传播技巧，同时和外界的商业微博开展合作，用最小的成本将传播效果做到最佳。下面我们就"如何引爆传播"进行探讨。

一、灵活选择大号

草根微博和大号微博的传播特点是不一样的，草根微博的一次转发和二次转发量都很低，基本是枝丫式的线形传播方式，两三个小时之后就沉没了；大号微博则是呈现出如链式、菊花式、水母式、同心圆式等各种各样的传播轨迹，多次转发非常明显。前者的转发量可能只有几十个、几百个，后者的转发量至少一发也是几千次、上百万次，甚至是上千万次，两个不同能量级的微博，其差别是非常明显的，商业价值的差异也不言而喻。

在微博大号中，也有草根大号和名人大号、行业大号和媒体大号之分。不同的大号有不同的特点，也就有不同的用途和价值，企业要学会有针对性地选择。

草根大号的特点是粉丝基数大，一次转发率和转发量都比较高，但互动性和二次转发率都不是很靠谱，不够活跃。草根大号的好处是使用费用相对较低，只要内容和草根大号的风格匹配，能在很短时间内形成一次传播效果。

名人大号的特点是粉丝基数一般都很大，同时和粉丝的互动性较强，二次和多次转发很常见，影响的时间长、范围广。同时，名人大号也容易引起其他名人大号的呼应和媒体的重视，进而形成社会化媒体传播效果。

这里面同样有一个企业内容和名人大号之间的契合度的问题。

大V（大V是指在新浪、腾讯、网易等微博平台获得个人认证，拥有众多粉丝的微博用户）是名人大号中的"最高点"，它的互动性和传播效率是最高的，但大V永远是稀缺资源。一个大V的成功，往往需要一个团队在背后不断地努力经营，所以也不简单。如果企业能将自己的企业微博和大V们打成一片，那么你的影响力是绝对不容小觑的。

行业大号的特点是在同行业内的影响力很大，也许外面的人对此不是很了解，影响力不明显，但在行业内他们是属于意见领袖层面的，具有权威性。与这些行业大号的合作能使企业的信息在同行业内迅速传播，形成影响力。

媒体大号也是一种特殊的行业大号，其特点除了具备名人大号的传播特点之外，因为媒体本身就具有跨行业的特点，所有媒体大号比普通行业大号在影响面上更宽一些。

二、调和内容与渠道

争论到底是内容重要还是渠道重要已经没有意义，因为两者都很重要。我们在这里探讨的是如何达到最佳传播效果，内容和渠道必须高度匹配才好。比方说，如果我们在一则很搞笑、很有创意的笑话中植入企业的产品广告后，通过类似"微博搞笑排行榜"的微博大号去转发就特别有效果，二次转发率会很高；如果我们只是把产品拿来做广告，哪怕是有奖销售，那么发出去也不会有几个人转，因为它不具备任何有趣的分享因素。

渠道和内容结合需要注意两个问题：首先是内容必须有亮点；其次是渠道有针对性。用合适的渠道传递合适的内容，才会有较好的传播效果。更进一步说，微博也不应该是孤军奋战。真正好的传播效果，应该是社会化媒体立体配合的结果。我们应该用社会化媒体的思维来指导企业微博传播，在利用商业大号的同时，建立自己的媒体矩阵，把微博和豆瓣、人人、校内、QQ空间、微信等平台打通，针对不同的人群设计不同的传播内容和

风格，立体传播，效果肯定会更好。

三、控制时间和节奏

我们在经营微博的过程中发现，同样一条信息，同样一个平台，在不同的时间点发布的效果大不相同。所以，利用好时间点保证最佳的传播效果是特别重要的。

众所周知小米的微博传播做得好，我们可以来分析一下它的传播细节。

1. 把抽奖送手机的时间设成周二到周四

为什么这么设计呢？因为我们通过微博大数据研究发现，每周的周二到周四都是微博流量的高峰期，也就是说每周的周二到周四人们使用微博的次数和时间明显增加，这个时间段内做手机赠机抽奖活动就非常明智。

2. 抽奖结束时间是晚上22点

大家一般都是17点就下班了，为什么要选择22点才结束这个抽奖呢？因为在它整个信息转发的曲线中，22点是最后一个转发高峰。这正是微博的一个特点，22点的时候，大家都早吃过晚饭了，可能在网上看看新闻，也可能拿着手机在看电视，是最放松的时间段。这个时间点也是微博的活跃点，所以在这个时间抽奖结束会吸引大量的粉丝参加。

3. 每两个小时发布一次奖品

为什么选择两个小时而不是一个小时或者三个小时？因为一般微博的衰减期是三个小时，这还得是名人的微博，一般人的微博可能半个小时就没有影响力了。所以为了让这个活动实现持续的高转发，就要在三个小时内进行一次转发推动，设计成两个小时正合适，形成转发接力。

微博一定要重视内容建设，"内容为王"这句话永远不会过时。企业的领导人要有草根情节，尤其是做微博，只有自己把身段放低，别人才会把你高高抬起。只有具备草根精神，你才更接地气，因为微博上99％的人都是草根，草根精神永远也不会过时；要建立自己的微博生态圈，这既包括和微博名人们建立良好的合作关系，也包括建立自己的社会化媒体矩阵，用心去做，必有丰收；同时要学会量体裁衣，为内容找到最合适的媒体渠道，这个越精准越有效果；要学会和网友互动，经常性地分享和互动才能增强粉丝的黏性，不要等到用得着人家的时候再去客套；最后需要记住的是：营销无处不在，不要错过每一次传播的机会。

第三节　抢眼的形象包装助力微博的疯转

这是一个重形象的时代，被疯转的微博一定会有一个让人眼前一亮的形象包装。下面我们将从名称、头像、背景、简介、标签、主题六个方面探讨一下形象包装的诀窍。

1. 名称

起一个好的微博名称特别重要。很多微博做的时间不短，但粉丝量还是那么一小撮，几百人到几万人不等，排除推广营销等因素，名称很可能就是粉丝进门的第一块绊脚石。

任何微博呈现在粉丝面前的时候，第一眼看到的都是微博的名称。那么这个名称的设计有哪些要点呢？

首先，就是不能太长，一般不要超过六个字。因为粉丝在看这个名字的时候只会用六秒钟的时间去思考要不要点进去。名字太长说不明白的微博，谁还有耐心去看？其次，在这短短的五六个字里面你要告诉读者：你提供的阅读内容是什么？读者看到这个名字为什么要关注？你要给大家足够的理由。

举个例子，就拿一个微博大号"冷笑话精选"说吧，这个名字五个字，但这五个字有讲究：现在微博这么多，需求也多，那么哪些是微博用户们的最大需求呢？肯定是娱乐，娱乐里面最大的需求是什么？是电视剧吗？不是，是笑话、冷笑话，这是一个只需十几秒就可以完成的一个精神消费过程，"哈哈一笑，全身放松"。但如果只是发冷笑话，那和现在市面上

成千上万的冷笑话微博又没有什么差别。所以，就加个精选，叫"冷笑话精选"。

为什么加上"精选"两个字就会火了呢？因为你是精选，而别人不是，你做了内容上的筛选，那么用户在看你这个微博的时候看到的都是精品，保证不会浪费多余的时间。用最短的时间得到最大的愉悦，这是谁都愿意做的事情。打发碎片化时间的最好方式莫过于此，所以读者会毫不犹豫地选择关注。实践证明，加上"精选"二字的"冷笑话精选"确实在短时间内就脱颖而出，现在的粉丝量超过了 1000 万人。

能用最少的字抓住读者的心，也就是击中读者阅读需求的"痛点"，你就赢下了第一关。

2．头像

头像这个问题大家都有体会。做得好的那些微博，尤其是官微，头像都很鲜明，很有个性。头像的意义就是让用户第一眼看到你，让你从海量的微博中脱颖而出。所以头像设计一定得有你自己的特点，就像一个人一定要展现出自己的个性来，当然这个"个性"应该是粉丝们喜欢的。

3．背景

微博的背景也很讲究，简单来讲，要让人看着舒服。尤其是企业微博，就更要注意微博色彩和企业理念要和谐一致，因为你传递的是企业的概念。如果我们做的是官微，那么最基本的一点，就是要做得让人感觉你比较专业，千万别花里胡哨的，简约和谐永远是不会错的选择。有两点很重要：一是不要让背景元素干扰了主题内容，因为读者阅读的内容才是最主要的。二是在色调搭配上，不宜落差太大，否则看着不舒服。一般微博的色调都是浅色系的搭配，非常耐看又舒服。

4．简介

争取用最少的说明突出核心的主题，三秒钟就让你的读者知道你这个微博是做什么的，你给读者呈现的是什么，关注你有什么价值等。这是一个"抢答题"，你稍显啰嗦，就可能会失去潜在读者。这就是注意力经济的特点，诱惑越来越多，耐心越来越少，用户都在用"读秒"的节奏作决策。

5. 标签

标签是帮助读者做心理分类的。用户看到一个微博的时候，会留意你周围设置的其他标签。标签不一定要特别整齐，可以随意一些，因为它是对简介内容的补充，会让粉丝的思路产生联想。比方与 iPhone 相关的一个微博，标签设置就是 iPad、iTunes、咨询、手机软件、用户体验、乔布斯、苹果、iPhone 等。用户看到这个微博的这些标签时，自然就会将这个微博和其他内容的微博区分开来，纳入自己的阅读范围，他们会认为这个微博在这方面更专业、对口。

6. 主题

主题就是你的中心思想。你的名称、头像、背景、简介、标签等都设置好了，它们组合在一起会产生一个整体的效果，那就是要体现你表达的中心思想。如果组合起来各个"配件"之间有冲突，就破坏了整体主题的表达，无法形成专业的微博形象。就像人穿衣戴帽一样，最终是要体现个人的修养、气质和审美观，让别人对你形成统一的形象认知。所以，最后的检查很重要。

第七章　夯牢企业微博的运营地基

经营微博和个人玩微博是两个截然不同的概念。如果是自己个人业余时间玩玩微博，那只要自己高兴想怎么做都行。如果你准备接手公司的官微，那么你必须做好充分的准备，夯牢企业微博的运营地基。磨刀不误砍柴工，一些微博经营的常识你首先得了然于胸才好。

第一节　企业微博的运营要以内容为王

我们一直在说"内容为王"，没有优质的内容，再多再好的博客技巧也是没有用的。而企业微博的最难之处在于决不能成天拿公司的产品来说事儿，频繁地打广告，那样不出三天你这微博就不会有人阅读了，因为这样的内容没有人喜欢。那么怎样才能发掘出大家喜欢，尤其是你的目标用户喜欢的内容呢？

我们不妨从下面几个角度去考虑。

1. 寻找受众

谁会看我们的微博？你首先要弄明白这个问题。就像钓鱼一样，如果你想做鱼饵，那首先你得考虑你要钓什么样的鱼，这些鱼最有可能在哪些地方出现，它们的"口味"如何等，这些问题搞清楚了，如何做你的鱼饵就有了眉目。比如，如果你想做一个心理咨询方面的微博，就应该首先考虑哪些人群压力比较大。如果这部分人是学生，我该如何去服务他们？如果是白领，我提供哪些服务内容他们会喜欢？他们生活和工作中的烦恼是什么？每天什么时间上网？谈论的是哪些话题？弄清楚了这些，你的内容就有了方向。

如果你的受众在北上广深，那么你就要关注这些城市当下有哪些热门话题。你的微博就要结合这些问题进行优化，那么获得的回复和反馈就会非常多。同时你要考虑受众的年龄结构、地区分布、上网时间的变化等。我们在知道了这些微博用户的大概分类后，就可以针对这些用户的行为进行分析，进一步优化我们的内容。

2. 寻找热点

很多人很好奇，那些好玩好看的东西是哪里来的。笑话、段子、语录、星座，都是微博里面的热点。我们看到很多做得很不错的官微，里面有好多这样的内容，很吸引人。热点也是分级别的，需求最大的基本上就是笑话、段子、语录、星座等，这些都是大众类的需求，下一级一般是电影、音乐、旅行、美食等。再往下，可能就是一些时尚、娱乐、穿衣搭配等生活方面的热点信息了。问题是我们如何才能源源不断地创造出这样的热点内容。这需要生活的灵感，也同样需要编辑的文化积累和技术处理。通过嫁接、变形、引申、整合、反向等方式，能将一个当下流行的热点变成另外一个流行的话题或者内容，形成新的热点。

3. 寻找差异

没有差异就没有个性。现在大家都在做笑话、段子、语录、星座等的东西，类似的东西看多了也会产生审美疲劳。我们如何才能持续地保持自己微博内容的独特性呢？这是一个使微博脱颖而出的关键。首先我们要对目标受众的需求做一个细分，或者叫深度观察。比方说，以前大家都在看这个语录，弄一个底色，然后打上一段语录。那么我们怎么办？我们就把背景换上一个与主题文字关联性特别强的精美图片，图文并茂地抒发情感，自然会受

大家欢迎。等大家都学会用这一招的时候，你可能就把摄影图片换成个性漫画了。例如，请个业余的漫画高手，甚至可以邀请我们粉丝中的漫画高手来合作，为他推出署名的系列漫画，这样不但成本较低，而且特别接地气，人们也最爱看；如果受众在大城市，是年轻的"海归"或者其他"高知"人群，那你可以直接把语录翻译成优美的英文，甚至变成"微博式英语"，让大家在看微博的时候，也顺便学习了英语，显得特别"高大上"。其他领域的差异化方法也可以同样如此做延伸思考。也就是说，只有在不断的创新和变化中，你才能持续保持你的差异化竞争优势。

4. 寻找事件

"事件"往往会成为最容易引爆话题的热点，但找到一个有价值的事件似乎并不容易。天下无大事，都是芸芸众生的琐事，但我们依然可以从中发掘出有闪光点的"事件"来。进一步说，我们甚至可以"造"事——当然不是造谣生事，而是制造有爆发力的话题。

就说乔布斯逝世这件事。因为这几乎是全世界都会关注的事件，自然在微博上也会引爆话题。那么，你能从中做出哪些"事"来呢？

有人捷足先登，做了乔布斯的语录，传播效果就非常好。李开复老师就是这么做的，在乔布斯逝世的当天——10月6日早上8点发了一条微博，被转发了4万多次。很多人在找到这些热点微博的时候，第一件事就是转发语录。

除了语录还能做什么呢？有人卖起了传记。这虽然是个典型的商业行为，但就是因为在时间上恰到好处，所以营销得非常自然，满足了人们对这位苹果之父的怀念之情。还有一个人做了一个悼念乔布斯的应用，让人们可以抒发一下悼念之情，页面下方就推荐了一些购买乔布斯传记的链接。通过这些链接你可以直接买书，当然开发应用的人会顺便赚些分成，但做得一点也不让人反感，这就是水平。

接着就有人卖产品，当然是苹果公司的产品。很多微博营销公司都会使用这种方法，在一些悼念主题的页面植入营销的链接，让你在不知不觉中成为了他们的用户。这是利用了感情的力量，效果自然不言而喻。

最后，有人会聚"乔粉"。乔布斯的粉丝太多了！不聚集起来太可惜了，什么时候是收"乔粉"的好时机？当然是乔布斯逝世的这几天。据说有个微博账号叫"乔布斯精选"，从开始建号仅用了半天的时间就收了7000多个"乔粉"，速度令人刮目。我们从中也看到了正确使用时间节点的力量。

最后提醒一下，不管怎么去找热点、找事件，还是不能碰那些"红线"，免谈时政话题、抵制谣言传播，不让低俗八卦、个人恩怨在企业的微博上传播。

第二节　见招拆招，巧妙化瓶颈为机遇

微博已经走过了快速发展的初期。很多机会已经不再，同时也出现了很多瓶颈，给当下的微博营销带来了新的课题。我们以新浪微博为例：一是情绪化。这与整个互联网的浮躁有关系。人们心理压力太大，没事儿吐吐槽才能安稳，一条严肃的微博内容似乎不能满足博友的宣泄需求；二是同质化越来越严重，这是创新能力不足的表现。"天下博文一大抄，转来转去乱糟糟"，这也是导致微博影响力萎缩的重要原因；三是社会化话题越来越火，学术性话题被淡化，越来越没有市场；四是碎片化加速。信息流动的速度越来越快，发酵期和有效期越来越短，很多热点还没达到顶点便被新的热点代替，人们的注意力变得更加碎片化；五是微博关注人数整体呈现递减趋势。这个与微信公众号等新媒体平台的出现也有一定关系。

这些问题对我们经营微博而言既是瓶颈，也是机遇。我们可以见招拆招，一样能经营出自己的一片天地。下面可以一起整理思路，比如面对情绪化严重的趋势，你可以有两种选择：一种是顺水推舟，你更加情绪化，把情绪化做到极致来出位；另一种是你也可以逆势而上，始终保持自己的理性

思维风格，并且做得更理性，据说"商业价值杂志"就在这方面很出色。基于这两种方式，你可以根据自己的定位来细细推敲自己的风格策略。

破解同质化也有方法：一个方法就是比速度，谁能在第一时间发现最有趣、最好玩的东西放进自己的微博中，让粉丝先睹为快，先看了谁的，那么别人的同类型微博就没有了什么吸引力。正所谓"天下武功，唯快不破"，这个思路"创业家杂志"玩得很到位。再一个方法就是比聚焦，我把你这个专业领域的微博内容一网打尽，精心加工融合，成为自己内容体系的一部分，不再是散落在其他内容中了。只要你关注这个专业的内容，你只需要看我的这个微博就行了，最好看的、最有价值的全在这里面了。这也是一个很厉害的思路，"金融家"微博就是这么做的，而且现在经营得很好。

微博社会化，其实是整个社会心态的浮躁造成的，这与整个社会发展的阶段和文化转型有关。如果只是随波逐流，那么只能得一时之宠，因为这无法带给读者真正的心灵上的支持。面对社会化的倾向，可以有两种选择：一是严肃下来，继续做专业的东西，因为它终究是有价值的，只要把专业化、学术化的内容做得更接地气一些，与当下人们关心关注的社会问题有机地串联起来，让人们通过读博对社会现象有了一个有高度的认识，让心能沉静下来，这就很了不起。二是把浮躁的现象导向娱乐化，用幽默的视角来解读社会化话题，同时把自己企业的价值不动声色地植入其中，这对人们的心理压力也会有一个积极的化解，"疗效"显著。这两点可以参考两个微博，"果壳网"的官方微博和"杜蕾斯"的官方微博，它们是这两个方面的代表，做得很好。

面对加速的碎片化，还是用太极拳式的方法比较有效果。首先是顺应、抛出话题并抓住读者注意力，然后是引导、转化，让读者能慢慢沉下心来，这个不但需要有耐心，还要有思想的深度和把控话题的智慧。据说"政见CNPolitics"在做这样的努力，可以去观摩和学习一下，这里不多讲。在我看来，加速的碎片化，抛开互联网时代生活节奏不断加快这个表面原因，其实正是社会群体潜意识焦虑越来越严重的表现，这不是发几条微博能改变的，但我们依然可以有所作为。

递减趋势也是一个必然，只是很多人觉得来得快了些。粉丝递减恰恰是微博市场自我突破的节点，是需要有自我颠覆和创新精神的时候。这会淘汰掉大部分平庸的微博，也会让一些微博变得更有生命力。在我看来，这有两条路可以尝试：一条路是强化内容价值，不断强化，让自己的含金量能不断提升；另一条路是速度更快，和读者的心率节奏保持一致。如果这两点同时做到，你就赢了！

第三节　把握住了趋势才能赢得先机

站在微博应用的角度看，微博未来的发展趋势主要有以下五种。

1. 微博营销将逐步向本地化、实用化的方向发展

很多以"本地化"服务为基础的商家及企业，如休闲娱乐、家政服务、地产中介、餐饮服务等行业，极易成为微博营销最初的切实受益者。这主要是因为：微博发布内容大多涉及人们日常生活消费或企业经常性支出，以生活和工作等"身边事"为核心，用户可以通过微博来查询自己需要的实时信息，更便捷地找到解决方法；与这些领域相关的消费都呈现"多频次"的特点，每天都有很多人在收集、寻找相关信息，用户黏性较高；用户对于信息不会过多筛选比较，通常即查即用，作决策过程较快，实现交易的速度也较快；面对面提供服务，现场服务、现场发展粉丝，与用户实时互动，建立高于虚拟网络关系的信任感和亲近感；将原有营销模式与微博营销并行兼容，例如在传统营销模式中常用的会员卡上添加微博二维码，在不增加成本的前提下完成传统营销到微博营销的转换过程，增加粉丝量，降低微博营销难度。

2. 微博将成为各大网店开展大规模营销的又一主要"战场"

在海外，几乎所有的网店都有自己的Twitter（推持）或者Facebook（脸书）账号，利用社会化媒体进行产品宣传已经成为必然趋势。根据电子商务相关网站的流量来源数据显示，社会化媒体带来的流量比例正逐年上升。很多电商表示，社会化媒体引流效果甚至远超搜索引擎。虽然有人说这种说法有些夸张，但是不能否认的是，社会化媒体的出现令电子商务企业看到了更广阔的发展空间和发展前景。电子商务企业对于微博营销具有先天优势。微博营销与论坛推广等传统网络营销模式相比，更具优势，在营销推广的过程中，成本较低、操作简单、传播性广，具有强大的吸引力。

3. 将会有以微博为"生存基地"的小型企业诞生

"科吉烧烤"是美国第一家以微博直播进行销售的企业，其发起的微博直播流动售货获得了极大成功，震撼了无数创业者。在国内，随着微博用户的激增，微博网店顺势而生。一些基于本地化服务的企业和商家看准了微博商机，为用户提供流动、上门服务。这其中以餐饮、家政服务、食品配送、电器维修等为主。全新的、基于微博营销的商业模式正逐步成型并快速发展。

4. 微博营销将出现多样化的互动形式

对于企业而言，调动用户参与的积极性、增加与用户的互动是微博营销发挥最大效力的关键，也是微博营销的灵魂所在。在微博营销发展的初级阶段，类似有奖转发、关注抽奖等模式一度成为企业的"最爱"。随着微博营销快速发展，互动也有了形式上的变化和革新。内容新颖、形式丰富的互动方式不断出现，成为了激发用户与粉丝参与积极性的催化剂。由此可见，未来将会有更加丰富多彩的互动形式出现，成为企业微博营销的"新宠"，企业的微博互动也会趋于常态化。

5. 微博可能成为一些人的个人消费门户

随着微博影响力的不断扩大和功能的逐步完善，越来越多的企业选择入驻微博，建立自己的企业微博账号。对于消费者而言，在不久的将来微博很有可能成为他们的又一个人消费门户。微博为个人消费者提供了关注分类功能，消费者可以根据消费品类或服务品类对自己感兴趣的品牌微博进行分类关注和管理，当有消费需求时，就可以通过分类来浏览相关品牌的微博，了解新品及促销信息等，还可以通过评论和回复来了解其他用户的消费点评、咨询产品使用状况等。对于个人消费者而言，这一分类能够为他们的购物提供更便利的产品浏览、查询和比较功能。

然而，很多大企业并没有在微博营销中收到明显效果的原因也是多方面的，这主要有：对传统营销模式更加重视和依赖，在战略转型上游移不定，使得微博营销趋于形式化；来自于传统营销模式中的僵硬化用户关系，在入驻微博后仍未改变，企业不愿放下身段，走入消费群体进行平等、亲和的沟通；微博营销面对的是海量的微博用户，营销过程需要有效的系统支持，而作为营销平台的微博，其运营技术仍有待完善，因此影响了用户体验；另外，企业进行微博营销过程中，部门与部门间的协作和流程等问题常常会成为阻碍，要想完美地解决问题也非一日之功。

第八章　增强企业微博的运营本领

前文讲了如何强化微博运营的基础，是说如何练基本功。本章主要探讨如何才能提升微博的运营技能，这里面"术"的东西会较多。术，就是方法，好的方法能让我们更有效率。

第一节　通过自我修炼掌握运营功夫

这还是对微博运营人员说的，有了前面的基础，我们就能通过自我修炼掌握以下运营功夫。

一、扫描跟踪领域中的热点

做媒体账号，对于信息的跟踪把握能力要求非常强。其实这个世界上每时每刻都会有热点发生，作为微博人每天要做的第一件事就应该是扫描跟踪你关注领域中的热点。你关注的领域就是你微博所关注的范围。每天上班做的第一件事情就应该是打开电脑，浏览你关注的行业和人物信息，从微博到博客，从社区到论坛，从易信到微信，从草根到名人，你都可以建立一个监控表，360度的全方位扫描随时掌握信息变化，从中获得有价值的资讯。

在此基础上，你要关注目标大 V。活动情况，这是重点跟踪。其实对于微博来说，就是一个"大佬"的江湖。这些"大佬"控制着大部分的传播节点并引导着大部分的舆论走向。一条微博经过潘石屹、姚晨这些大 V 转发后，原博主会立马增加好几千名的粉丝，而一条普通微博转发和粉丝量可能只有几百名。而且大家一定要注意，这些名人转发的每一条微博其实都有自己的理由。他们不会随随便便就转发微博，而是这条微博一定符合了他的某种契机。如果你是多账号的矩阵，或者你的微博有不同的话题方向，可以对大 V 们进行分组管理，每个账号或者话题小组都可以根据自己不同的定位、不同的属性来确定自己跟踪的人选，这是非常有价值的。

除了大 V 之外，就是媒体官方微博和其他信息灵通人士的微博。一旦把这些反应比较快、信息量特别大的账号监控住了，对于微博热点尤其是媒体类的热点基本上不会遗漏。热门微博基本上每天需要监控 2～3 次，才可以保证不会对热点有所遗漏。微博编辑到了晚上的时候，都需要看一下今天的百度搜索热词有哪些，自己心里要有一个底，今天哪些新闻跟漏了、哪些新闻把握住了等。长期培养出这种网感以后，会对接下来的工作有所提升。这个工作可以培养出耐心、细心和冷静的品质。

二、整合加工做出新意

只要细心、耐心，发现热点并不难，难的是如何把千篇一律的热点进行深度挖掘，成为自己的东西。我们经常会有这种感受，中央新闻一出来，国内各个媒体基本上都是转载再转载，即使有时候稍有改动也还是换汤不换药，读不出新意。这倒是节省了我们的注意力，随便看个台、网站就能了解最新新闻。但如果微博这么做就是死路一条，因为特色才是社会化媒体生命力。整合加工同样有法可寻。我们可以把杂乱无章的信息梳理成条理清晰的短微博，可以把一篇长文章浓缩成 140 字成为有爆破力的"微核弹"，也可以把一个复杂的事件通过微博画龙点睛，让人一眼看到背后的来龙去脉。

还是看案例去体会：

会议直播怎么做？我们经常会通过微博看各类大会的直播，但这些大会我们可能没有精力从始至终看完，但是微博更新非常及时，点评也非常精彩，所以通过关注微博，能很快掌握大会中的亮点。直播微博的要点就是：一要"快"，哪怕比别人快几分钟都好；二要"精"，切忌大而全，你只要抓住一个要点就能编辑成一篇很好的微博；三要"亮"，出彩的话不用你再加工，只要抓住发出来就好；四是适度点评，画龙点睛的评论会深化主题；五是尽可能@当事人一下，这样既是尊重又能引爆转发；六是少出错别字。

遇到复杂事件怎么做？假如你遇到了当年的"QQ大战360"事件，一团混战你该怎么办？有四点供你参考：一是大量收集资料，尽量全面；二是对资料信息进行过滤，列出来读者最关注的、最影响事件定性和发展趋势的要点，其中包括关键人物的活动和讲话，也包括网友的重要评论；三是以客观公正的立场将这些看法表达清楚；四是发布微博的同时，将信息通报给事件的双方或多方当事人，增强你对整个事件的影响力。通报当事人还能为进一步的追踪报道奠定基础，因为你有机会挖到最新的一手资料，当事人都愿意和客观的媒体进行沟通。

三、"原创"是微博的"核武器"

微博要有原创，原创是微博的"核武器"，如果没有原创作为支持，微博就很容易缺乏独特性。如果和拥有大量原创的微博PK（竞争），你的微博一定会输得很惨。那么如何进行原创呢？

除了应该具备比较扎实的文学功力、写作能力之外，还应该培养出一种心态和眼光——那就是会用与众不同的视角和心态去观察社会热点和事件。你可以结合热点，也可以不结合热点，但一定要有与众不同的思想和观点，哪怕是一点点，也要学会用说段子的方式表达你的内容。这确实不是一日之功，需要持之以恒地学习总结。

下面举例说明：

"凤凰网科技""乔布斯辞职苹果CEO后，微软CEO鲍尔默长吁一口气；谷歌CEO长吁一口气；Facebook CEO扎克伯格长吁一口气；惠普CEO李艾科长吁一口气；戴尔CEO迈克尔·戴尔长吁一口气；摩托罗拉CEO桑·杰贾长吁一口气；HTC董事长王雪红长吁一口气；联想董事长柳传志长吁一口气……"

当时乔布斯辞去苹果的CEO之后，"新浪科技"第一时间把乔布斯辞职的信息通过微博发了出来。其他微博也有跟进，但已经慢了。当"新浪科技"的微博可以转到好几千，那你的微博只能转到一两百，怎么办？"凤凰科技"就另辟蹊径，从另外一个角度找不同。它们在研究用户最关心什么、最想看什么。

乔布斯的影响力有多大？他的辞职可以让微软的CEO、谷歌的CEO、Facebook的CEO，这么多公司的CEO都长吁一口气。从这个角度编写一篇幽默的微博，既表明了乔布斯的地位和竞争关系，又反映了热点事件，轻松又别具一格，这样的内容比单纯的发布事件本身效果要好得多。结果也证明了这一点，这条微博被转发的数量达到了5万多次！除了发布的时机把握得不错（紧跟热点）之外，原创的轻松与幽默也为这条微博赢得了很高的形象分。

原创的原则是要符合大众口味，但要超越大众的思想，要有趣而不俗，这是相辅相成的。最起码要熟练使用修辞手法，比如排列、对比、拟人等，这样文笔会生动形象许多。最后要学会从网友的反馈中寻找灵感，这也是一个很巧妙的方法。

四、互动是微博信息的发射器

当一个微博编辑有了原创能力之后，是不是就成功了呢？不是的，你还要有和粉丝互动的能力，尤其是和大V互动的能力。为什么要提出和粉丝互动的能力？因为没有与粉丝的互动，好段子也容易被"雪藏"，互动

是迅速提高微博转发量的一个助力方法。微博的内容编辑完毕发出来后，可以和粉丝打一下招呼，尤其是你的核心粉丝，因为你的粉丝也是期望得到你的关注，这是一种归属感。如果这时有粉丝跟帖回复，也要积极回复一下；如果和某些大号、大V们建立了联系就可以@他们一下，让他们看到你的微博，一旦他们转发了，就会节省很多宣传的力气。据数据显示，新浪微博80%以上的话题都是经过大V参与才火起来的。

相较于和粉丝互动，想和大V互动就比较难一些。和大V互动首先要学会换位思考，将心比心，把大V当作生活中一个有血有肉的人，用平常心对待，你不用崇拜他，拿他当朋友就好。关键要明白每一个活跃在微博上的大V都有自己的需求，否则他就不会在微博上浪费时间。如果能通过观察了解大V们的心理需求，你就成功了一半，剩下的就是不断地去尝试。

感召粉丝，就要放下身段，展示你的热情、风度、学识、虚心和风趣幽默。你的粉丝被你感召到了，他们就会成为你微博的"发射器"和"动力加油站"，同时你也能从中收获成功和喜悦。

五、充分利用好渠道资源

上面说的基本上是微博的"内家功夫"，我们还要学会经营微博的"外家功夫"——整合渠道资源。做好了内容，和粉丝以及大V们有了良好的互动后，任务还没有彻底完成，还要打通其他的重要节点，充分利用好渠道资源。

微博运营不能只是盯住微博内容本身，还要放眼整个媒体圈，和圈子里的人交朋友，共享资源、相互支持、共同提高。你可以自己建立或者加入这样的微信群、QQ群，大家在上面聊聊工作、生活，探讨一下学术，分析一下行业思路等。时间长了大家可以凑个饭局，交流感情的同时也收获了工作经验。特别是大家都在做微博运营，可以互通有无，相互切磋。比如，甲的内容来源不错，乙的整合能力很好，就可以合作一个板块；丙有好的活动方案，丁有合适的团队人手，马上就可以联手搞一期活动等。特别是当某个活动推广需要引爆的时候，圈子里的人都可以帮忙顶一把，掀起一个转发推广热潮。

六、策划品牌推广能力

当有了内容，又掌控了传播节点的时候，就要知道这个微博账号的目的是什么？那就是品牌推广。推广自己的品牌，推广自己用户的品牌。

品牌怎么推广？这就需要策划，不仅仅是在线上推广，还要搞线下活动，这两者结合起来才能达到更好的效果。比如我们想推广周星驰新拍的某部电影，应该怎么做？你可以在线上围绕周星驰这个话题推出一系列的内容，比如大话西游精彩语录、无厘头精彩瞬间、星女郎等。你可以将话题设计成有奖竞猜形式，也可以做一系列卡通画，或者做成小视频，形式可以千变万化，只要有趣好玩粉丝就乐于参与。难度更高一点的话，可以请周星驰来露个面做一下线下的配合，给他拍个独家的宣传照，或者组织一次粉丝见面会，这样在做线上推广的时候就一定可以引爆话题，从而把品牌推广出去。

这里建议大家可以学习几个账号："小米公司""安卓论坛""互联网的那点事儿""搜狗浏览器""电脑报"，这五个账号做活动都是一把好手，可以细细地去看一下它们都策划了哪些活动、怎么具体实施的。"搜狗浏览器"只用一个200块钱的产品就获得了好几千甚至上万的转发，这是一个性价比非常高的做法。做品牌推广建议大家参考"创业家杂志"给爱黑马大赛的品牌推广，结合热点做得非常不错。

七、让人热血沸腾的引爆力

我们在之前做了那么多的铺垫和准备，目的就是等微博进行推广冲刺的时候，能够有一个让人热血沸腾的引爆效果，被转发到几千、几万甚至几十万，达成我们的宣传目标。

怎样才能形成引爆力？除了前期扎扎实实的基本功和准备，还有一些因素得把握好：首先是内容的独特性，别人根本就没有，当然这要是原创，

这样我们就具备了引爆的先决条件；其次是蕴含情绪力量，一定要是充满情绪的内容才能引起粉丝的强烈共鸣，才能引起转发和热评；最后是做好渠道配合，把自己所有的优势资源都聚集利用起来。

八、总结提升能力

这个能力是所有人都应该学习和具备的，不仅仅是做微博运营的人。我们给出的基本思路，就是定期回看自己每一天、每一周、每个月直至每一年的工作情况，及时总结工作中的得与失，不断调整自己的学习和前进方向。具体的方法都是相通的，这里不再赘言，只提两个小建议：一是建议写一写总结报告，或者去做演讲分享，自己定一个题目，然后在圈子里面演讲汇报一番。这会强迫你把感性认识上升到理性高度，这就是教学相长，既传播了知识，又提升了自己。二是制订好新的目标，让自己有一个不断提升的动力。相信你的企业会因为你的努力而不同，你也会为自己赢得满意的回报。

第二节 你了解微博的这些功能吗

微博除了发布消息还能做别的什么吗？其实，微博功能还是很多的。作为微博运营人员，你应该了解微博以下这些功能和用法。

一、介绍新产品

这恐怕是每个人都知道的。无论是图书、食品、新服务，还是新开张的市场，都可以通过微博来介绍他们的新产品和新服务。但用微博发布信息的时候，要尽量避免做"硬广"，不是不做，而是尽量少做。你的微博内容要尽量做到有用、有趣、有理，这个平台应该是一个学习知识和信息分享的平台，总发没营养的东西，大家就会远离你。即使没有取消关注，也会自动过滤你的广告内容，得不偿失。

如何做好新产品的介绍？送你三句话：一是标题引入。不夸张地说，一个好的标题就成功了一半，提炼出一个引起读者兴趣和注意力的标题无论如何都是必须的。二是图文并茂。现在都是读图时代了，有句话叫"一图胜千言"。好的图片不但能传递丰富的信息，节省了文字，还直接传递态度，表达情绪，从而才能感染读者。三是结尾邀约。在结尾的时候，不管用什么方式，都要记得号召消费者，引发他们的消费冲动。比如介绍一款商品，评论里可以跟个链接，如果已经引发了消费者的购买欲望，那么你的链接就是一个延伸的服务，这在营销中叫踢单。有时"临门一脚"会给企业带来意想不到的收益。

二、发布新消息

用微博发布新消息是非常方便的，这是微博的长处，"弱关系"的传播速度很快。用微博发布消息首先要注意发布的时间点，要根据你的读者、用户、粉丝们的阅读周期、注意力的变化来巧妙安排。在周日发好，还是在周二发好？是晚上 10 点，还是早上 6 点？这个要亲自摸索。有些微博研究数据所提供的微博流量图，上面的波峰波谷周期率不一定就是发信息时间的唯一依据。有时候在波谷发比在波峰发更能赢得粉丝的注意力，转发反而更多，因为在波峰时期大家都在发信息，所以你的微博又常常会被淹没。

用微博来发布信息、做品牌传播是很方便的，企业可以用最小的投入去打造企业品牌形象。即使不是微博大 V，也不用泄气，有很多方法一样能让中小企业的草根账号赢得一席之地。关键是一定要学会站在用户的角度去思考问题，就一定能赢得用户的青睐。

三、做客服

用微博做客服与企业的传统客服有很多相通之处。谦虚的态度、及时的响应、客观的立场等都很重要。下面结合微博的特点总结一下微博客服的要点，这里面有个性化的内容。

1. 要善于用微博做订单查询。只要是在微博上做销售接入的企业，你

的微博客服一定要做好订单查询，不但要注意到 @ 你的人，还要注意到没有 @ 你的人（他们没动作不代表没有问题），平时多看私信、看评论、看 @，还要主动去搜索问题，不要有遗漏的地方。

2. 要求企业全员微博办公，可以不发言，但要上来看，随时准备为用户做响应服务。用户有疑问，负责人马上就可以回答，不用切换信息环境，方便沟通。

3. 响应服务不能超过 5 分钟，用户的耐心是有限的。要解答用户的任何疑问，不能美化和撒谎，只有道歉是不够的，真实、坦诚才能赢得信任。要看清用户投诉背后的真实需求是什么，然后针对解决。

4. 不要轻视任何一个人的投诉，哪怕他只有几十个粉丝。处理好了可能会带来更多的订单；处理不好，一不小心就可能扩散成一个负面事件，对企业声誉产生影响。

5. 私信投诉，私信处理；公开投诉，公开处理。当公开讨论一件事情的时候，用私信或者电话跟他做了沟通，处理完了之后，还要用评论的形式，在他微博后面再说一遍，因为他的朋友也在看。如果他们发现企业没有处理，就会认为企业态度有问题，对企业的声誉产生负面影响。

6. 要注意说话的语气，多用陈述句，不要用反问句，不争执、不对抗，不能被用户的情绪带动，说话要客气而真诚。

7. 抓好外部用户监测的同时，更要注意内部员工监测。尤其是大型企业客服众多的时候，一定要知道你的员工们在微博上说了什么，防止破坏企业形象的声音出现。有条件的可以请第三方公司帮助做技术监测。

四、其他应用

除了上面的重要应用之外，微博还有很多其他用途。比如，可以通过微博来寻找供应商，这个现在也很普遍；通过微博来监控企业营销商品的价格，可以采取"价高您说话，调价送好礼"等方式面向用户和粉丝征询市场价格变化，用奖励的方式鼓励大家参与，互动效果就非常好；也可以通过微博和媒体进行互动，制造营销话题，建立友好合作关系等。市场永远在变化，微博的应用也一定会常用常新。

 # 第九章　掌握企业微博的写作规律

　　微博的写作有自己的特点，也有特殊的技巧。看似随手拈来，实则反复琢磨。往往一句话、一张图片就可能引发一场微博世界的山呼海啸。每个写手有各自的风格，每个账号也有各自的定位。这里只就微博写作的普遍规律进行探讨，也希望读者能举一反三，自悟其妙。

第一节　七种技巧玩转微博写作

　　微博写作有七大技巧可供揣摩：精、通、诚、乐、热、图、引。下面我们一一展开分析。

一、精——文字要精练

　　140 个字，包括标点符号，这本身就是一个苛刻的要求。很多高度精练的一句话微博，转发量很高，简单的一句话背后，给广大的粉丝留下了广阔的讨论空间。

　　也许 140 个字根本无法装下所有的思想和观点，但很多时候，读者可能连读一句话或者 140 个字的耐性都没有。特别是手机用户阅读的时候，因为手媒都是快速刷屏的，可能一瞬间新信息就被翻过去了。也就是说，你必须在一秒钟之内，或者说一句话之内，就要打动读者，这样才能吸引他们进行阅读。这就是碎片化时代的特点，人们的注意力高度匮乏，每个

人的心都漂浮着。如果你是郭敬明、韩寒、李宇春或者是马云、刘强东、李开复等名人，大家可能会时刻关注你的微博，问题是我们绝大部分人都是草根，企业也不是世界500强，所以微博就要尽量简练，甚至精练到一句话。

好多一句话微博写得非常好，转发率也非常高。例如，"得之坦然，失之淡然，争取必然，顺其自然"。这句话就非常有意境，当时的转发和阅读量就很高。记住，微博不是我们展示文采的地方，但微博一定是发起话题讨论的地方。

 朱老师语录

精练的文字，更需要反复琢磨。不要故作高深，更不要高高在上地讲大道理。以少胜多，是微博最突出的特色。

怎么去精练文字？可以向两个方面学习。

1. 向中国传统文化学习

中国传统文化博大精深，其语言更是言约旨远。平日多读读《道德经》《论语》《易经》乃至诸子百家的文章，或唐诗宋词，对语言表达力的提高都会有很大的帮助，不需要说话"之乎者也"，但每个字都要体现出自己的内涵，透出中华文化的底蕴。宋代著名的文学大家欧阳修在翰林院时，常常与翰林院的其他人出游。一次，他见有匹飞驰的马踩死了一只狗。欧阳修说："你们来描述一下。"一人说："有犬卧于通衢，逸马蹄而杀之。"另一人说："有马逸于街衢，卧犬遭之而毙。"欧阳修笑说："像你们这样修史，一万卷也写不完。"那二人说："那你说呢？"欧阳修道："逸马杀犬于道。"那二人脸红地笑了起来。

2．向网友学习

现在的网络流行语都是网友创造的，虽然大多都是昙花一现，但也同样具有穿透力。你可以在其中进行提炼，形成自己的风格，甚至一不小心，你的话便成了流行的"名句"。

二、通——语言要通俗

什么是通？就是语言风格一定要跟草根文化血脉相通，对微博热词烂熟于心，才能随俗入雅，和读者的阅读习惯无缝对接。尽量不用刻板的方式写东西，微博就要说接地气的"人话"。

上面说向网友学习，其实也就是要学习现在网络流行的语言风格，学会用最凝练的语言，甚至有新的创造。

一个时代有其标志性的语言风格和文化特色。现在微博的主体人群是"80后""90后"了，所以在语言风格上就应该通俗，用人家习惯用的、喜欢用的词语去表达、传递我们的话题和观点。微博运营也要尽量用些年轻人，因为他们平常就是这么说话的，所以做起来也会很自然。当然，有一点也得注意，作为官微还要保持整体风格上的一致，要有企业文化的内涵，与个人微博区别开来。

三、诚——情感要真诚

诚，就是真诚面对读者，动之以情，有血有肉地表达。微博基本上就是一个"透明体"。如果你是官微，那么你发布所有的信息，用户对你的回复、评价、投诉都会呈现在所有人面前，每个人都能了解你公司每个阶段的细微变化。如果你不真诚，别人马上就会知道你在玩"虚"的，你说得再好也不会有影响力。

记得姚晨曾在自己的微博上发了一段文字，说妈妈去探班了，没人给妈妈让位子，心里很难过，以后千万别怠慢了他人的父母。这条微博就被转发了两万次，不仅仅因为她是个大V，更主要的是因为母爱的代入感很强，这种真挚的内容就比较容易被大家转发。

我们应该勇敢表达出自己心中的真实想法和冲突，让大家去看、去讨论。生活中，我们太多的时候是在有意无意地包装自己，总想给别人留下一个好印象，结果让自己真实的一面被压抑了，这样的情感也无法赢得真诚的回应。所以做微博运营其实也是在做人，首先要学会真诚地对待自己。

四、乐——要有娱乐精神

乐，就是有智慧、有幽默，让人在轻松中受益，这是做微博的一个法宝。因为在微博上，遭到质疑和攻击是司空见惯的事情。这时候一定不要变本加厉地反击，要有宽阔的胸怀和娱乐精神，"哈哈"一笑或一句幽默的自嘲可能就将大量负面的信息化于无形了。

这是一个充满"误解"的时代，我们每个人都可能被别人"误读"。在网络上无缘无故被人"黑"一下太正常了。尤其是在微博这种开放的网络空间里，如果过于斤斤计较，非要以牙还牙，那就不用做微博了。情况往往是你越想澄清，问题越乱。无论作为普通人或企业，都应该对此有足够的思想准备。最明智的做法就是放下身段，用自嘲和娱乐精神去化解网友的情绪，也让自己轻松下来。据说最有娱乐精神的是潘石屹，他在自己的微博上主动给人送"潘币"。因为有人送他一个绰号叫"潘币"，所以他自己干脆就主动承认——你不就是说我"潘币"吗，我就做个"潘币"送大家好了。这一送，不但娱乐了一番，活跃了气氛，还很好地把自己营销了一把。

这种娱乐精神既是人格修养，也是写作技巧。建议大家多看看文学幽默作品、幽默漫画，网上的冷笑话之类的，多积累一些素材、题材，到用的时候，才会有源源不断的灵感迸发出来。

 朱老师语录

切记，不管有多委屈，不管事情的真相如何，你都有比"谩骂和攻击"更多的选择。任何网上的动粗，都必然以愚蠢开始，以后悔告终。

五、热——结合热点，引爆流行

热点集中是微博的一个特点。微博本身就是一个充斥热点的话题场，在微博上几乎每天都会有新的话题、热点、热词出现。我们的微博话题应该学会适度结合这些热点，那么就可以借助这些热点的传播，提高我们微博的曝光率和粉丝量。

现在微博上每天都会有这种热点和"微博体"出现，你可以时常去搜索一下，看看哪些热点和你企业的产品或者发展方向搭边儿，可以利用起来，这里面是很有技巧的，需要我们多多开动脑筋。

六、图——有图有真相

无论怎样，图片的表达力是非常强的。我们发现无论是草根大号还是名人大V，很多都是用图高手。微博内容一定要学会用图片说话，能做到图文并茂更好。甚至可以在图片上植入自己企业的品牌，这需要你有较好的Photoshop基本功和创意能力。这里我们就不多举例子了。

七、引——降低姿态，引而不发

微博的最大功能是什么？就是制造话题，并且让所有围观的群众都加入讨论，你就赢了。所以微博的最大价值不是你告诉了别人什么，而是让别人通过你的微博想到了什么。高明的博主都肯降低姿态，用草根心态去和自己的粉丝沟通。他们经常使用疑问句，把话题抛给读者，同时提问题的角度很"刁"，留给人很大的思考空间。无论是李开复还是潘石屹等都是提问的高手，这样做的好处就是把最大的空间留给了自己的粉丝，大家

怎么讨论都没有错。

除了提问和抛出问题，微博还可以向粉丝发出感召，比如有一条微博是这么写的："我有件事请求各位，外公重病，医生说时日不多。他没有去过很多地方，现在也来不及了。我给他画了这张肖像画，希望你能够把它打印出来，拿着它，在你所在的地方合影，然后发在微博上 @ 我。让我给外公看看这个世界，就如同他到那里去了一趟，拜托大家了。"

这是网友"Buddy"发出的微博。短短 3 天内，这个温情的"拜托"得到数万名网友的响应。在英国泰晤士河边，在美国约翰·霍普金斯医院的耶稣像前，在川藏线海拔 5008 米的东达山垭口，在塞舌尔动植物园内……网友们带着女孩外公的画像在世界各地留影。

第二节　微博营销就是要会讲故事

微博是社会化营销的一种方式。做社会化营销的成功法则是，首先让别人放松下来，快乐起来，然后在快乐中不知不觉植入你的营销内容，最后通过优质的服务为营销画上圆满的句号。

很多企业把营销方法和企业定位方法混为一谈。我们讲企业定位的时候，首先要弄清楚的是"我是谁，我的产品的价值是什么"。而我们在营销中则不能这样直接去讲，没有人会耐心去听，因为你是站在自己的角度上讲大道理，而没有站在读者（用户）的角度上去讲他们爱听的内容，去按照对方接受的思维方式沟通才有效果。实践证明，把微博营销的内容做成一个好听的故事、好玩的段子，其传播力就非常好，用户在想起这个故事、段子的时候，也往往会想起我们的产品。

做品牌，就是讲故事。成功的企业家都是讲故事的高手，通过讲故事，不但能讲出自己的事业、企业的目标，还能讲出企业的愿景、文化。马云就是一个会讲故事的高手。马云在创业之初，其实就是靠讲故事感召到了

自己的"十八罗汉"跟着自己打天下。马云在创建淘宝的时候，面临着两个挑战，第一是要找人来开店，第二是要让人来买东西。马云就通过 10 个故事，把全中国所有的卖家都圈到了淘宝里。

第一个故事：我是北京大学一名大三的学生，在学校时间多、精力多，就是钱不多。有一天我发现了淘宝，然后到动物园批发市场，买了一些东西放到淘宝上卖，没想到一个月赚了 4000 多元。我在大学从此过上了逍遥的生活，变成了同学中少有的富翁。

第二个故事：我在北京国贸的一家广告公司上班，下班以后的时间很闲，就开了一个淘宝店，每个月都有意想不到的收获……

诸如此类，马云通过讲 10 个营销故事，吸引了 10 个营销社群。

没有人关注的时候，你讲这样的故事，就是故事营销；有人关注了，传播成功的经验叫用户见证。这两者是水乳交融的关系。

大家知道，陌陌是一款崛起迅速的社交 App，以方便陌生人社交为发展定位。陌陌为了宣传其强大的交友功能，在微博策划案中写了这样一个很搞笑的故事：一个男生在机场厕所方便的时候发现没有手纸，掏出手机，用陌陌搜寻附近的人，发现离他 20 米之外有个陌陌用户，他发去信息询问能否帮个忙，不一会儿纸就从门缝里默默地塞了进来……就是陌陌这个 App 让生活处处充满惊喜！这条微博被转发了 19000 多次，1000 多个评论。由此可见，一个好的营销故事可以让品牌零成本地迅速传播。

企业一定要学会挖掘自身的故事。山东朱氏药业集团景天堂的经理讲过一个"大葱哥"的故事：他们部门的员工基本都是山东人，非常爱吃大葱，其中有一个员工因为工作原因需要到上海工作，他就告诉他的领导，如果领导来上海出差，请带些山东大葱。然后很多人在机场就看到了这么一幕：机场惊现"大葱哥"，穿着时尚，却带着一捆新鲜的大葱。于是人们就都知道在山东朱氏药业集团景天堂这家企业里面，领导对员工是非常关心的，这家企业充满了友爱。企业的形象在不知不觉中就传递了出去，企业品牌的知名度和美誉度得到了很大提升。

在微博上要学会对不同的人讲不同的故事。对谁讲、怎么讲、讲什么，都需要我们认真构思。所有故事的背后就是你的商业目的，但讲法是不同的。比如联邦快递公司的广告就把它的企业理念做成了男人必看的十部电影之一。影片沿袭了美国动作大片的风格，电影中的主角自然是一名快递员工。他需要把一个包裹送到上海，半路上飞机发生了故障，坠落在了一个荒岛上。他经历了各种难以想象的考验，没吃没喝，各种危险，但是这名员工都没有把包裹扔掉，也没有拆开包裹看看里面有没有吃的。最终这名员工完成了任务。故事结束时，人们已经忘记了这原本是一个广告，在享受精神大餐的过程中，人们记住了联邦快递公司这个品牌是如何负责与真诚。至此，联邦快递公司已经成功地完成了品牌的营销。

很多大公司其实都很重视自己的品牌营销，尽管它们不一定在微博上做传播。比如荷兰航空公司就一直做得非常好。很多人都知道的案例是关于公司的一个小故事：一位老奶奶的邻居在微博上说这位老奶奶感冒了，但是还要乘坐荷兰航空公司的飞机到南京。荷兰航空公司的员工发现了这条信息后，就通过各种渠道找到了这个老奶奶，给她送上了感冒药，让这位老奶奶非常惊喜。这个对公司来讲很平常的动作也给众多的网友创造了惊喜。结果这家公司的美誉度更加深入人心。

我们做微博营销就一定要懂得为用户创造惊喜这个营销真理。可以说，无惊喜，不微博。而这个惊喜就在于你怎么去创造，既要有实实在在超值的产品和服务，更要有剧情设计和导演能力，用最简练的文字再现最动人的故事画面。

 **朱老师语录**

　　要想让你的潜在用户成为你真正的用户，就要设计一个故事让你的潜在用户能将自己代入进去，让他们通过故事感受到你产品的价值，这样就打开了一扇通往成功的门。

第三篇

循序渐进三部曲，微信营销不再难

　　说到中小企业做微信公众号营销，许多人可能觉得很难，但是，我们相信，只要认真去做，便能做好它并从中获得较大的利益。如何才能真正做好微信公众号营销呢？下面就教你一个微信公众号营销三部曲，让你轻松学会微信公众号营销。

第十章　微信公众号的认识和设计

　　无论是谁，只要向微信公众平台进行申请，就可以获得专属的微信公众账号，然后进行群发消息。因为申请条件宽松，公众账号的持有人数已经超200万人。但是，并不是每一个公众账号都可以为人所知并让人喜爱的。所以，必须对公众账号进行经营才能达到预期效果。下面，我们就公众账号的一些基本经营策略进行分析。

第一节　初步了解微信公众号

一、提供最能体现商家价值的东西

　　自从"微信"出现，就迅速成为人们热捧的即时通信工具，拥有数以亿计的用户群体。对于商家来说，微信用户中有无数的潜在用户，他们急需找到一个平台作为自己和潜在用户交流沟通的渠道，在这种需求的促动之下，"微信公众平台"应运而生。微信公众平台曾有过很多名称："官号平台""媒体平台""微信公众号"，最终定位为"公众平台"，这样的名称变更，让越来越多的商人看到了其中的无限商机和发展空间。当你点击微信公众平台的主页时，会看到醒目的口号："再小的个体，也有自己的品牌"，这正是微信公众平台存在的主要价值。在公众平台上，不仅能够发布信息，还能够实现用户连接和用户管理的功能。通过公众平台，可以让商家与用户进行即时的一对一交流互动。当然这只是其中的一个功能，微信公众平台不仅为产品营销提供便利，更是商家展现企业价值、产品价值的舞台。那么，微信公众平台到底有哪些价值呢？

1. 为商家汇集粉丝型用户

众所周知，微信公众平台如果想要向用户推送消息，首先需要先被用户关注，也就是说，只有用户主动发起，才能够搭建起商家与用户之间的"关系"桥梁。这些主动关注且长期留存的用户，通常对于企业或是品牌有极高的忠诚度，同时保持了一定程度的活跃度，这一类型的用户，被称为"粉丝型用户"。在众多的关注用户中，很多都是忠实的"读者"，在众多的内容"读者"中，一部分随着关注的加深，变成忠实用户。这部分人，成为商家需要的高价值的用户。这就是微信公众平台对于商家来说最大的价值所在。

2. 为商家提供用户管理系统

随着不断更新，公众平台正在逐步成为一个开放型的 CRM（客户关系管理）管理系统。每一个在平台上进行点击订阅的用户都会自动形成一个数据库，这个独特的数据库会对用户的阅读习惯及关注的侧重点进行记录，并对用户基于平台之上的会话内容及交易历史进行记录。这些信息为企业了解分析用户的相关信息及购物习惯提供了依据。当然，微信公众平台现在仍在不断革新中，腾讯也在通过第三方公司进行后台开发，力求推出更多的功能，建立并完善以微信为平台的企业生态圈。

3. 为用户提供高价值信息

作为公众平台，如果不能够为用户传递有价值的信息，就没有办法延续存在。用户对于平台上公众号的关注，通常与平台能够提供信息的价值成正比。也就是说，用户关注商家的公众账号不是为了消遣，而是为了获取自己感兴趣的资讯和内容。想要让关注的用户成功留存，就需要为用户提供价值。用户的使用频率并不固定，也没有过多的规律可以依循，但无

论是一个月或是一年，只要用户有需求的时候，能够通过平台看到有价值的东西，就不会轻易"取消关注"。相反，如果商家在推送内容时"偷懒"，用户也会因为这种"不真诚"而默默离开。根据经验和数据统计，一个公众账号越频繁地发布"无价值"的内容，其流失用户的速度就越快。

4．为用户提供多向交流工具

公众平台能够增加企业与用户的交流，但不仅限于交流。商家不只能够通过公众平台向粉丝推送内容、展开互动，还可以利用微信二维码来进行自我推广。企业只需要将公众账号的二维码附在签名档中或是设置成微信、微博头像，又或进行打印张贴宣传。人们能够通过扫描进行关注，从而建立联系。微信公众平台类似于一个发射信号塔，能够向众多用户同时发送文字、语音、视频等内容，实现多向交流与互动。

5．为商家提供市场调查渠道

企业可以通过公众平台发起市场调研，根据调研结果分析、归类，完善、推出满足用户需求的服务及产品，更加有针对性地制订产品推广方案。通过个性化的产品及服务获得用户的青睐，促进其主动宣传产品及企业服务，以"口碑"推动产品销售、树立品牌文化、增强市场认知度，最终实现售卖产品及提供服务的目的。

二、互动沟通、用户管理和服务定制

微信公众平台主要有如下三个功能定位：一是"群发推送"，即公众账号主动向用户推送重要通知或趣味内容；二是"自动回复"，即用户根据指定关键字，主动向公众账号提取常规消息；三是"一对一交流"，即公众账号针对用户的特殊疑问，为用户提供一对一的对话解答服务。

在这三个功能定位的基础上，公众平台究竟能做些什么呢？公众平台能做的，其实就是三个方面：互动沟通、用户管理和服务定制。

互动沟通其实就是信息的发送与回复；用户管理是根据后台提供的素材分类、用户信息进行管理；服务定制指的是根据商家特点所进行的一系列的个性化服务，比如会员卡绑定、提供 CRM 等。

对于公众平台的前两个功能，之前也已经提到和解析过，比较容易理解，而且这两个功能也是一个公众平台存在的基础。第三个功能"服务定制"才是最需要重视和用心的。

说到服务定制，跳入脑海的第一个词可能就是"自定义菜单"。在自定义菜单的底部导航中，可以分别设置一级菜单和二级菜单，类似于网站的导航，无须在对话框输入，直接触摸点击即可直达，所有的底部菜单相关栏目都可以自己定制，按照需求来分配栏目布局。随着自定义菜单的逐步开放，提供个性化服务的商家公众平台越来越多。这样，通过自定义回复带动的个性化定制模板将成为新的趋势。所有的微信公众平台都是基于"HTML5"代码的，因此每一个微信公众账号都可以通过"HTML5"来构建属于自己的个性化模板。

比如淘宝卖家利用公众平台改变之前的沟通方式，可以直接在微信对话框与用户进行交流，不但可以打字还可以语音，用户只需要在卖家的公众账号对话页面输入相关的产品关键词，就可以获取这款产品的介绍和购买页。而提供定制商品的商家则可以通过微信公众账号让用户直接通过自定义菜单来明确自己的需求，或直接上传个性图案，完成定制和交易。微信通过二维码连接了线上和线下，完成了 O2O（线上到线下）的闭环连接，为商家提供了机会，商家可以通过定制化的模板完成交易，更好地为用户提供定制化服务。

定制化服务中很重要的一点是收集用户的需求，与用户进行充分互动，进而改进定制化服务。公众平台很好地满足了这一需求，只需在公众账号中设计好调查问卷和相关活动，便能吸引用户参加。这样可快速地收集到订阅用户的意见和观点，非常有利于后期定制化运营服务的改进，大大节省了常规线下调查问卷对人力和财力的投入。

三、微信公众账号的三种类型

微信公众账号分为服务号和订阅号两种类型，在注册的时候就需要选择是注册服务号还是订阅号。订阅号可以升级为服务号。服务号可以使用自定义菜单，订阅号认证后才能申请自定义菜单；服务号消息直接显示在消息列表中，订阅号消息一起收到订阅号文件夹内。服务号和订阅号根据自身的不同属性，分别提供不同的内容和服务。

除此之外，腾讯在 2014 年又推出了企业号，这是公众平台帮助企业实施 CRM 系统管理的一个重要探索，我们也在此一并介绍。

1. 服务号

顾名思义，微信公众平台服务号主要是为用户提供服务的，它能够为商家提供更强大的业务服务与用户管理能力，帮助商家快速、优质地服务用户。选择服务号的商家，多为服务类企业，比如银行、航空公司等。

服务号的主要功能和权限如下。

（1）一个月（30 天）内仅可以群发 4 条消息。

（2）发给订阅用户的消息会显示在对方的聊天列表中。

（3）在发送消息给用户时，用户将收到即时消息提醒。

（4）服务号会出现在订阅用户的通信录中。

（5）可直接使用自定义菜单。

2. 订阅号

公众平台订阅号主要是为用户提供信息和资讯，为媒体和个人提供一种新的信息传播方式，构建与读者之间更好的沟通与管理模式。

订阅号的主要功能和权限如下。

（1）每天（24 小时内）可以群发 1 条消息。

（2）发给订阅用户的消息会显示在对方的订阅号文件夹中。

（3）在发送消息给用户时，订阅用户不会收到即时消息提醒。

（4）在订阅用户的通信录中，订阅号将被放入订阅号文件夹中。

（5）认证后可使用自定义菜单。

3. 企业号

微信企业号，是微信公众平台继订阅号、服务号之后推出的第三种公众号形式。企业号适用于企业与员工或上下游供应链之间的沟通，旨在通过微信连接企业应用，为企业提供移动端办公入口。与订阅号和服务号不同的是，微信企业号只有企业通信录成员才能关注，同时一个微信企业号可配置多个类似服务号的应用，发送信息条数无限制，还能对消息进行安全设置，确保消息的安全性和私密性。并且，企业号结合微信已经开放的接口能力，还能使用微信原生的拍照、扫码、上传地理位置，开放平台的语音识别、图像识别的接口与服务，微信支付、企业红包等功能。

微信企业号主要有四大特点。

（1）关注更安全。企业管理员事先将成员导入通信录，对方需要验证身份才能关注企业号。

（2）应用可配置。每个企业号可自由配置多个"子号"，来对接企业的多种不同应用。每个子号的功能相当于一个服务号。

（3）消息无限制。可自由推送消息，并使用微信的原生能力，满足企业的各种应用场景。

（4）使用更便捷。企业号会出现在微信会话列表首层，在通信录中有单独的分类。

因为企业号主要关注的是企业内部及其上下游用户之间的管理和协作关系，不属于本文讨论范围，故在此不再赘述。

四、双号、多号及矩阵战略

1. 双号战略

双号战略是指商家既开通服务号，又开通订阅号。

订阅号每天都可以发1条消息，适合做新用户的开拓、培养；服务号每个月只能发4次消息，适合用来服务老用户，老用户已经体验过产品的

好处，只要做好服务，他们就会重复购买，不需要推送大量的促销信息给用户，一个月推送 4 次就足够了。

初期，商家需要一个订阅号来进行宣传，每天都可以推送 1 条信息，这对于发展新用户是非常有利的，因为潜在用户在最终购买产品之前，需要商家长期地跟他们进行沟通，并想办法让用户相信商家能够满足他们的需求，从而促成最终的购买。商家还可以尝试双号并用，订阅号负责宣传和挖掘新的用户，服务号负责维护老用户，并不时地宣传活动信息。这样既不影响推广，又可以很好地维护好现有用户的关系，提供优质的服务。

例如，山东玛尔思商学院官方微信最初为订阅号，后来将其升级为服务号，通过自定义菜单的一些更强大的功能为学员提供报名、签到、办理入学手续、现场互动等服务。升级为服务号后，山东玛尔思商学院又新增了一个订阅号，为用户推送一些文章、资讯等，进行信息传递。

2. 多号战略

多号战略是指商家不单开通服务号和订阅号，还开通个人微信账号。

这三类账号同时使用，互相补充，尽可能广泛地传播品牌价值。不过，需要提醒的是，采取多号战略也存在一定的问题，比如品牌的混淆、运营成本的增加、粉丝对官方账号的迷惑等，所以务必先把各个账号的定位搞清楚了，再考虑多号战略。

值得一提的是，对于中小企业而言，其实并不需要服务上百万、上千万的用户，而只需要服务一部分高质量的目标用户即可。这样的话，个人微信账号比起服务号、订阅号来说，更具优势。利用个人微信账号不但可以快速锁定顾客，还可以利用"附近的人"功能，做好本地 O2O 电商。所以，中小企业除了重视服务号与订阅号之外，也一定要重视个人微信号。

例如，"骆驼"是淘宝上著名的大卖家，目前开通了 4 个微信公众账号，分别是官网、女鞋、男鞋户外和服饰，每个账号都会向用户推送鞋子、服装或户外用品的养护技巧及使用常识等内容，并不定期举办限时竞答、抽奖等活动，让用户到淘宝店或官网上找答案。另外，在人员分配上，每个公众账号分别由不同部门负责经营，既负责内容编辑，又负责售后维护。推送频率几乎都是每个工作日一条。

然而，同时开通多号有两个缺点：一是加大了工作量，工作量加大了，势必导致内容无法精细；二是容易给用户造成"刷屏"的印象和感觉。目前，"骆驼"每个账号每天都有粉丝取消关注，但好在粉丝的增长比减少要多。

3. 矩阵战略

矩阵战略起源于管理学中的矩阵式管理，矩阵式管理是常见的组织结构形式之一，与直线式管理相对，以其"灵活、有效"的特点而被大多数组织所使用。借用到微信中来，就是按照一定的"关键点"进行网格化打造，同时运营多个微信账号，打造网格化覆盖。

例如，温州网官方微信定位于媒体订阅号，每天下午5点推送一次，为用户提供个性化、差异化的新闻产品，主要围绕本地新闻的趣味解读和编辑点评，推出《水煮新闻串》《网这儿说》《最新闻》《杉杉来侃》《温网小主播》等栏目。同时，为加强与用户的互动，又围绕温州城市生活推出《微竞猜》栏目，围绕温州本地方言的推广策划了《温州话密密讲》栏目。每天用户在收到温州网官方微信的推送内容后，都会积极进行互动。

为打造整体微信营销架构，温州网还积极打造微信矩阵，利用频道资源，策划推出温州育儿网、温州政务网、温州网旅游频道、温州财经网金字塔俱乐部、温州健康网、温州手机报、温州网络电视、温州网爱心屋等专业微信账号，努力为用户提供全方位的服务。

又如：ZAKER（扎客）拥有2500万的庞大用户基数，为了提升用户体验，ZAKER抢先布局自媒体，与上百家优质微信公众账号合作，推出"微信公众号"板块。目前，该板块已经涵盖科技、娱乐、财经、管理、时政、生活、美食、时尚、人文、体育等用户日常会关注的几乎所有领域。据ZAKER数据显示，ZAKER微信公众号板块近120个账号中，轻松段子、

心理情感、理财管理、生活知识、娱乐时尚、美食分享等方面的内容最受用户青睐。"今天就靠这个段子活了""每天学点小知识""头条娱乐""正常人办不出这种事""私生活""美丽女人帮""飞人篮球鞋网"等账号在板块浏览量中名列前茅；"爱美丽更爱健康""笨鸟文摘""男人女人情感心理学"等账号浏览量屡次创出新高。越来越多的用户选择在ZAKER上阅读公众号内容。

五、微信矩阵建立的规律与技巧

上文我们已经详细地分析了服务号与订阅号、双号多号和矩阵战略，企业可以根据自身的需求选择合适的公众账号及运营方式。

不过，对于大型企业来说，只用一个微信账号做宣传和营销的确是不够的，因为企业的微信公众账号承担着品牌宣传、用户管理等职能，这需要在每天推送的内容中加入企业新闻等信息，毫无疑问，这样就增加了信息的总量。如果减少即时信息会造成用户体验不好，但每日信息数量过多又会让一部分用户反感，而另一部分用户则不能尽可能多地获得他们想要的信息。所以，大型企业可以有限考虑建立合理的微信矩阵，这样不仅可以满足不同用户的需求，而且可以有效精准地辐射用户群体，扩大企业微信的影响。

但是，微信矩阵的建立并非随心所欲，而是要遵循一定的规律与技巧。一般可以从以下几个角度来考虑。

1. 主次关系（即按照品牌的母子主次关系决定矩阵）

现代企业的品牌本身都是在做矩阵规划，一个母品牌下面往往由多个子品牌按照产品结构或者其他品牌逻辑形成一个整体。这些品牌定位不同，满足用户的需求也不同，都是针对细分市场的精准宣传，彼此无法相互替代。在这种情况下，适合采用矩阵形式构建多平台运营。总平台对整体品牌进行宣传，各个子品牌则可以针对自己的品牌进行有效宣传，同时各个品牌之间可以有适度融合和彼此宣传上的帮衬，而母品牌的平台则对各个子平台进行信息梳理和推介。需要注意的是：同一品牌不同职能定位的子微信平台，应该尽量保持微信头像、昵称、设计风格一致，给用户一个统一的视觉识别，有利于企业品牌形象的建立；同时，微信内容主要是依据其功能或需求来制订的，所以微信内容应各有侧重和特色，面向不同的目标用户，彼此相关的微信内容可以适当地转发、互动，做好品牌之间的形象衔接。

2．空间关系（即按照品牌运营不同的空间区域划分矩阵）

企业运营存在着空间区域上的差距。大型企业的经销商、代理商或者分公司分布的地区不同，消费群体不同，更重要的是风俗习惯与消费意识也不同，所以企业在构建自己的平台矩阵时，必须考虑不同地区用户的消费心理和消费水平，尽量使微信平台矩阵有利于销售和品牌传播。在实践中，现在已有不少企业微信分别开通了不同城市的微信站点。有的大型企业则是给自己的总公司和下面的子公司（分公司）分别开设了微信账号，形成了自己的矩阵，效果也不错。

3．消费惯性（即按用户消费惯性的不同进行矩阵规划）

大家知道，消费习惯具有鲜明的群体性特点，不同消费群体的网络购买模式不一样。如果只建立一个微信公众账号，就不能很好地把不同消费群体区分开，会让传统购物思维的用户在这里止步，让希望有更多低价和折扣的用户感到无所适从，势必会造成混乱。因此，企业根据不同的业务开通不同的子微信，以实现在微信里游刃有余地展开营销活动。

4．沟通策略（即按照企业和用户沟通的方式来构建矩阵）

企业用什么样的方式和自己的用户沟通最便利，就采取什么样的方式。这是由沟通的目的决定的，只要能促进销售，提升品牌形象，企业大可以灵活构建自己的微信矩阵。比如现在很多企业，除了官方账号与子账号，同时往往开设一个小号。这个小号是指跟自己企业相关的匿名账号，比如海产品企业可以建立一个名为"大力水手""海鲜世界"或"海贝贝"之

类的账号，与粉丝分享海产品销售的资讯甚至海产品的各种加工烹饪方法。这个小号其实就是企业文化的拟人化，是一个游离于产品之外、又蕴含企业文化精神的"草根形象号"，最接消费者的地气，能引发企业和用户之间的互动和共鸣。

如果企业拥有过硬的产品和服务，就应该建立微信矩阵，通过布点、连线、成面、引爆、监测五步策略来不断优化，让企业在微信世界中有更多的曝光机会，形成自己的影响力。

企业建立微信矩阵比较常见的模式主要有以下几点。

（1）网络型。各个账号都代表一个子品牌，它们之间是平行链接关系。这种方式适合有多个子品牌的大企业。

（2）辐辏型。有一个核心账号统领各分属账号。信息由核心账号放射向分属账号，各个分属账号之间是平等关系，信息并不进行交互。这种方式适合总公司和其地方分公司。地方分公司可以利用子平台开展当地服务业务。

（3）太极型。企业有两个账号，一个服务号，一个订阅号，或者一个是老板个人号，一个是企业官微号，这两个号都有影响力，彼此不同，又相互支持呼应。

六、深挖自动回复功能

自动回复功能是平台的"半自动"客服功能。它能帮助用户了解关于平台的很多基本问题。利用好自动回复功能会提高用户的使用体验。目前公众平台后台可设置的自定义条目上限是200条，如果单纯地设置地点、简介等关键词就太平庸了，会让新粉丝感到无趣。要在此基础上动一下脑筋，继续深挖。例如，首先设置关注自动回复内容"很高兴关注我们×××，请回复数字1了解我们，2了解优惠，3了解礼品，4了解地点……"以此类推，这样引导新粉丝进行互动，当粉丝输入数字后，还可以设置下一条内容，一步一步让自定义回复更具趣味性。

【案例1】IT茶馆层层提问送惊喜

IT茶馆运用自定义回复功能为用户设定层层的问题，把正确答案设置为触发下一道题的关键词，用户回答正确就会进入下一题，回答错误就没有任何回复，还可以重新发送答案，借此开展了一场"开心茶馆"的活动。活动引发了粉丝的强烈关注。

接下来的核心就是如何设定有一定难度又比较有意思的问题了，这个环节大家可以自由发挥，根据不同的品牌或媒体特点设定与产品相关的问题，再结合一些脑筋急转弯、社会热点话题等。依靠这个模型完全可以一期一期地持续做下去，实现粉丝互动，而且效果比群发消息要好很多。

另外，当用户回复"茶馆惊喜"后，系统将自动回复优惠信息。

【案例2】佳美口腔：从用户角度出发

佳美口腔的官方微信是口腔医疗行业公众账号中设置较为完善的。该公众账号大大提高了客服的工作效率，也真正意义上地做到了为用户着想。微信本身就是一个方便用户沟通联系的平台，而公众账号也应从"便民"的大前提出发，而不是每天推送促销信息。一个公众账号受欢迎无非是因为它的内容及功能都是人们所需要的。我们可以来看看佳美口腔官方微信的设置是怎样"以人为本"的。

您的回复	给您的答复	主要内容
a	优惠活动	定期提供佳美口腔最新的优惠活动
b	网上团购	定期更新团购信息，更会附加链接
c	市场调研	可以为佳美口腔医院的服务以及微信内容信息打分
d	意见反馈	可以为佳美口腔医院的服务及官方微信提供建议
e	专家访谈	有医院推荐专家的专题性口腔健康知识培训，有图片和视频
f	案例查看	可以查阅医院为患者诊疗的成功案例，栏目中还有提示
g	佳美报道	报道佳美口腔的最新动态，配有图片
h	企业视频 TV	介绍医院概况、诊疗视频、明星代言以及活动花絮等视频信息

您的回复	给您的答复	主要内容
1	走进佳美	对佳美口腔医院的一个总体介绍
2	微信预约	可以后台直接挂号预约治疗，系统会有提示
3	在线就诊	可以线上咨询专家，了解自身病情
4	专家查询	给您专家的介绍信息，您亲自选择为您服务的专家
5	门诊查询	发送您的定位信息，为您找到距离您最近的佳美口腔医院
6	诊疗查询	介绍每个诊疗项目的病况形成、诊疗概况、护理信息等
7	优惠信息	推出医院最新的优惠信息、优惠惊喜
8	口腔百科	提供一些口腔健康知识，是您最贴心的口腔健康管家
9	游戏奖励	增加趣味游戏，佳美口腔一直在您的身边
0	更多帮助	给您更多的帮助

微信升级以后，佳美口腔还提供了"微信墙"让用户畅所欲言，其功能相当于一个简易的贴吧。所有用户都可以看到自己在墙上的信息，也可以看到别人的信息。过后，用户可以通过"小纸条"功能给墙上任何一位"趴墙"好友发送私信。

总之，自定义回复可以加强企业与用户间的互动。轻松、趣味性的内容可让用户自己"玩游戏"。此外，还可利用人工参与的方式，与用户进行实时互动，回答各类问题。当然，考虑到人力成本等问题，商家也应结合实际情况考虑。

七、巧妙利用微信开发接口的开放

自定义回复让公众账号能够为用户提供个性化服务，微信开发接口的开放更是让企业微信实现个性化的菜单定制，让微信的玩法多样化，让公众账号的功能也得到强化。当然不仅限于消息的推送与回复，同时还可以提供各类服务，比如查单词、查地铁、预约最近的商家门店，还可以发送指令获得商家提供的优惠券等。利用接口模式可以更好地完善官方微信的功能，实现趣味性、个性化、舒适化、方便化为一体的服务目标。在这里要强调一点，利用开发接口提供的功能要充分考虑目标人群的需求，然后尽力符合用户的需求，比如学校的公众账号可以设置资料查询功能、制造业的企业可以设置企业股票查询功能等。另外就是设置和企业自身息息相关的个性化功能，比如银行的余额查询功能、航空公司的办理登机牌功能等，这对于自身品牌的推广有着巨大的作用。

【案例】深圳天虹商场"微信逛街"抓人心

深圳宝安天虹商场推出了"微信逛街"功能，只要用户动下手指，就可以向实体的天虹商场预订商品、服务，或者直接微信购物。天虹与腾讯联手打造的微信百货行业旗舰版——天虹，通过"自定义菜单"展现出了相较于普通公众账号更加强大的功能。菜单是天虹根据用户购物的"痛点"而精心设计的。用户通过订阅能够随时接收自己感兴趣品牌的新品到店通

知、优惠商品信息等个性化资讯，享受无干扰的定制服务。同时，天虹的会员系统也和微信系统实现了无缝对接，即时消费可立即在本人微信用户端上收到信息，还能绑定实体店会员卡随时查询积分和消费情况，并实现"无卡购物"，利用手机上的"微信会员卡"即可打折积分。

第二节　企业公众号的"内容营销"

一、取名是一个必须重视的问题

随着微信公众平台数量的增加，企业公众账号如何脱颖而出，并牢牢地抓住用户成了很多公众平台的重要目标。有句话说：病毒营销的关键不在渠道，而在内容。因此，在公众平台盛行的时代，内容才是王道。因为每天推送一条信息，内容如果能做到性格鲜明、与众不同，必定会带给用户不一样的体验。这就是我们常说的"内容营销"。

在说内容选择之前，我们来谈谈企业公众账号名字的规划事宜。对于企业公众账号来说，取名更是一个需要重视的问题，因为它直接决定企业给用户的第一印象。

1. 企业微信账号越短越好

微信名可以重名，但微信账号却是唯一的，如果自己喜欢的号被别人抢注了，那就只能换别的了。企业微信账号通常以企业名称、企业品牌、企业网址等为首选，最少包含6个字符。企业微信账号越短越好，因为越短越直接，容易被记住。

2. 微信账号介绍易懂好记

企业微信账号的介绍，其实就是企业的自我介绍，是企业面对微信用户的第一张名片。所以，这个介绍的最终目的，就是让用户记住自己，才算成功。所以关于企业微信账号的介绍一定是基于企业可以给用户提供什么服务和带来什么价值的基础上，用最简单易懂的话，把这个服务和价值描述出来，这样才能更直接地吸引目标用户。在企业微信账号介绍里，也不要直接描述公司简介和主营业务，而是直接提供给用户他们关注的内容，比如活动、促销信息等。

3．官方认证加强权威性

官方认证可以带来四个好处：一是用户在搜索关键词时，经过认证的公众账号会排在靠前的位置；二是经过认证的公众账号会带给用户权威感，更值得人信赖；三是可以避免各种山寨版的企业公众账号，不少商家在进行公众账号认证之后，粉丝数量都极速上升；四是腾讯在开发功能上向认证版倾斜，一些对企业宣传很有利的功能是不对非认证用户开放的。如果想把企业微信平台做到一定高度，官方认证是必经之路。

二、企业微信内容的分步骤规划

在提到微信内容的规划与选择时，我们首先要弄清的问题是：用户关注微信账号的目的到底是什么？用户希望获取什么？只有了解清楚这些问题，我们才能更好地进行微信内容的规划与选择。

目前，中国微信用户关注微信公众账号的目的主要分为优惠信息、热点话题、娱乐、社交、其他五大类。大部分用户关注公众账号：第一需求是为了获取优惠信息或独家信息，第二需求是为了关注热点问题，第三需求则是为了娱乐或打发时间。

朱老师语录

对企业公众账号而言，当内容有实用性、贴近性、趣味性，并满足用户分享的满足感时，微信营销可以说就成功了一大半。具有上述特征的内容，用户会主动分享，从而辐射到用户强关系链上的好友，促发更多基于真实关系的传播。

而当企业微信中有过多垃圾信息、广告，或者信息不实用、没有新意、重要性不足、篇幅过长、时效性不强等问题时，用户大多会取消关注。用户看重公众账号提供的内容，所以企业进行微信内容策划时关键是要提供优质、可靠、新颖的信息，抓住用户所需，推送符合用户口味的信息。

对于企业来讲，企业公众账号发什么内容、什么时候发、要不要和用户互动、用什么措辞等都值得考虑。所以，在规划微信内容的过程中，对内容选取范围上的制订应当创新，这样后面运营的时候才能得心应手。

一般情况下，就企业微信而言，其内容规划大致可分四步。

1．内容定位

定位是公众平台内容规划时最先需要做的，没有定位就没有起点。在内容定位过程中，商家需要结合品牌定位总结出品牌的格调，也就是品牌定位下目标用户对品牌的看法或感觉。我们可以通过提炼关键词的方式提炼出我们平台内容的定位。比如山东朱氏药业集团有一款森顿前列腺磁热贴，其品牌定位是"舒筋活血、固精理气"，打造适合中国白领使用的健康养生贴膏。那么我们从中提炼出的关键词是什么？就是"传统中医文化、年轻、活力、养生、方便"等这些内容。那么我们在微信的外观设计和内容选择上，就应该以此为主题。在内容上就要选择和城市白领阶层生活接近、相关的部分，比如工作运筹、职场规划、生活美食、养生瑜伽、户外旅行等。其中针对青年白领养生方面就是关键内容。职场中的男人和女人，都会特别关心自己的身体健康，希望这个磁热贴能给自己的健康带来好处。这就是"需求点"，抓住了这个关键点，企业微信定位才算精准到位。

如果企业的品牌是单一的，也可以和市场中同类的产品，尤其是竞争对手的产品进行比较，从中找出自己的个性之处，作为实施差异化定位和品牌传播的基础。如果企业有多个品牌需要规划，那么可以把这些品牌进行横向对比分析，从品牌定位、品牌内容到品牌个性。这个过程也是对企业品牌理解不断加深的过程。

2．内容筛选

有了正确的定位，内容的筛选就是第二个关键环节。我们会发现很多内容都好像可以入选，而且还都觉得比较不错。还是接着前面举的"磁热贴"的例子说，在这个内容的选择上，中国贴膏贴剂文化太丰富了，职场工作的内容也太丰富了，是不是都可以入选其中呢？这里面有一个"量体裁衣"的问题，有些不符合平台定位的内容是不能用的，有些内容需要文字加工调整角度后才能用，这是有讲究的。我们可以从以下几个方面来考量。

（1）关联性

内容和企业所处的行业有一定关系，同时能和品牌产生关联性。比如我们说中医、膏药就和磁热贴本身有很强的关联性。我们也可以在其中植入企业的品牌因素。

（2）趣味性

人的本性是追求快乐的。有趣、好玩满足了人的天性，永远也不会过时。比如在养生茶的平台分享"狗皮膏药名称的由来"的故事就比简单讲膏药的好处更容易吸引眼球。

（3）实用性

用户读微信的主要目的，除了愉悦身心，还有就是获取资讯和帮助，比如信息服务、生活常识或者折扣信息等。如果我们在森顿前列腺磁热贴平台上发布了膏药优惠的信息、贴膏促销活动的信息，并讲述如何通过贴膏治疗身体的某些慢性病等，那么读者就很可能成为消费者或者实践者。

（4）独特性

平台没有个性，就没有了品牌的构成基础。比如，我们说这个前列腺磁热贴，就和别的膏药甚至别的前列腺磁热贴不同，无论工艺、外观还是药用价值都不同，给用户创造的消费体验也与众不同。在此基础上，我们就很容易做其品牌的宣传，内容的筛选也变得很容易。

（5）多媒体性

微信平台给内容表达提供了丰富的多媒体手段，如文字、语音、图片、微视频等。作为养生茶，除了用"文字＋图片"的方式阐述内容，也可以编成茶歌录制成音乐或者拍摄成MV都可以，甚至可以制作一个微电影插入文章里面播放。

（6）互动性

这是对所有平台的要求。只要是一个有生命力的平台，都要坚持长期不懈地和自己的用户互动，内容可长可短，态度亲切自然，交心就好。

（7）新闻性

不是所有的话题都要求有新闻性。但绝大部分资讯类话题对时效性是有较高要求的。尤其如果我们的内容巧妙地融入了本地或者当前社会的热点话题，那么就可能形成新的信息源，会吸引大量的粉丝关注和主动分享。这对企业的品牌传播是非常有利的。所以研究如何借热点事件进行品牌传播也是策划的重要内容之一。

内容的筛选对微信的互动起着重要的作用。只有内容体现出价值，才能引来更多用户的关注和热爱。除此以外，企业官方微信在筛选内容的过程中，应尽量避免一些有政治或者宗教倾向的内容，以及未经证实的内容和极具批判性的内容。官方微信同样也需要顾及企业的品牌形象，不可随意发布带有浓厚个人色彩的内容。

3．内容编制

做好内容定位，确立了内容筛选的范围后，接下来就需要对内容进行编制和管理了。其中，按照内容特点分类，我们可将微信内容分为下面几种类型。

（1）专业知识型

此类平台内容是有专业知识要求的，与生活常识有一定的距离，需要专门学习才能掌握。比如户外、母婴、电器、家居、保健、汽配等行业，读者自然会要求在内容编排上多分享一些专业知识类的内容，因为读者的学习目的很明确。这一类平台的难点在于，如何把很有技术含量甚至充满专业术语的问题用深入浅出的语言表达出来，让读者理解掌握。这不仅需要精通行业本身，同时还要有过硬的语言表达能力。

（2）娱乐搞笑型

这一类明显就是让人放松休闲的内容。无论是冷笑话还是各种流行段子，成人故事或者搞笑动漫，都是让人在愉悦中感受生活道理的作品形式。此类内容可以通用到几乎所有平台的内容组合中，起到"葱花调味"的作用，而且还可以和商品实现无缝对接，完成不错的结合。

（3）促销活动型

这是最常用的类型，比较适合代购类商品、日常必需商品、快销商品、标准化商品，一般无须太多技巧，直接推销的效果就不错，但也要及时调整内容长度和发送频率，避免引起用户反感从而取消关注。现今，朋友圈已经变成了"跳蚤市场"，人们对硬广告越来越反感，画龙点睛式的促销活动文案才更受欢迎。至于小众商品、外贸原单商品、高端价位商品，本来就属于小众消费，其平台文案则要更倾向于小资情调。这种促销充满了文艺情调，文字比较另类、独特，在平台上不多见，但一般都很耐看，转发和阅读率也并不低，营销效果也很不错。

（4）信息播报型

这个有点类似新闻传播的性质，但内容不局限于新闻本身，常用在商家上新、预售、抢购、拍卖等活动中，一般自身的亮点不太多。其编排的难点在于发送的信息是否切中了用户的需求。还有就是注意不要传播未经核实的小道消息，一般不要涉及宗教和政治敏感内容。

（5）关怀互动型

比较适合针对老用户，比如发货提醒、生日祝福、互动小游戏等内容，如果加上些优惠券什么的，都是不错的方法。此类内容的难点在于如何做

到关怀的"个性化"，平台需要掌握老用户的消费记录和个人基本信息及生活习惯等内容，在发送关怀信息时，做到有针对性、个性化，用户才会有更深切的关怀体验。

内容的产生，既来自平台的主动收集，也来自平台与用户的真实互动。这其中的工作量也是很大的。需要平台根据自身情况安排人力、物力给予保障，或者组建专门团队和项目外包。

4. 内容推送

公众账号的后台可以获取订阅用户的全部信息，并提供了强大的订阅用户分组功能，可以按地域、性别、喜好、需求等不同的类别分组，这为信息的分组精准推送提供了可实现的渠道。

分组推送即公众账号在群发消息时，可以选择性别、分组、用户所在地区等属性，或者根据消息的类型和地域进行有选择的定向投放，将消息发送给某一类用户。例如涉及某市的公共政策，其他地区的用户可能不太关注，就可以单独向当地的订阅用户推送。分组推送一旦实现，能够避免用户的信息过载，让各类信息资源发挥相应的最大价值。

三、企业公众账号平台的"眉眼"

栏目其实相当于平台的"眉眼"，给读者留下的第一印象非常重要。企业公众账号栏目的设置也是一个非常值得重视的问题，栏目的规划可以结合品牌特点以及品牌想传递的信息来分类。不光企业，任何想玩转公众平台的个人都要考虑"栏目"的问题，其实也就是考虑针对的目标人群希望看到什么，要便于用户阅读和选择，提升用户体验。

一般来说，产品、资质、奖项、联系方式等都是栏目设置的考虑因素，这是一般规律，企业都会有自己的考量。这里要强调的是怎么让这些栏目引起用户的重视，达到传播的目的。除了每天的群发推送之外，还要考虑用户如何能迅速看到这些栏目，并从栏目中得到自己想要的内容。这就得要做好关键词的设置，用户回复特定关键词，就能看到相关的内容。

比如说，法院往往给人以威严和神秘的感觉，很多人想多了解一些关于法院和法律的知识但又缺乏相应的渠道。现在，如果我们设计法院的微信公众平台，可以通过公众账号的推送功能发布法院的最新工作动态、重大案件的审判信息以及各项管理创新举措，还可以通过平台的栏目向粉丝介绍最新的法律法规，并精选出一些典型案例，编写成法制小故事，以"法官说法"的形式向广大网友普及法律知识，传播法治思想，让网友在轻松愉悦的心情中学习法律知识，提升法律文化素养。这些栏目的设计可以和微信底层菜单结合起来，让读者轻轻一按菜单便能阅读这些实用的信息内容。

四、微信运营过程中该"说什么"

很多企业在微信运营过程中都会为发布什么内容而发愁，不知道"说什么"，甚至有些企业会错误地认为，建个账号、发点新闻和搞笑段子，微信运营就"万事大吉"了。要知道，无价值的内容、单一的广告推送不但达不到预期效果，反而会引起用户的普遍反感。企业推送的信息应与用户想要的信息高度一致才行。内容本身也可不拘泥于传统的图文结合，还可借助语音、视频的形式，令用户产生更大的兴趣和新鲜感。

接下来我们就来谈谈企业公众平台的内容可以从哪些方面来选取。

1. 在解决用户问题的过程中获取有价值的内容

这是典型的问题导向型。不知道说什么，就先听听用户在说什么，通过搜索你自己的产品，或者竞争对手的产品，看看用户关注什么，有什么疑问。通过一段时间的跟踪总结，把这些用户关心的问题分门别类，然后针对这些问题设计内容。同时，还可以把企业客服部门遇到的问题都拿来分析，把用户问得最多、反馈最多的问题一一解决掉，再进行归类总结用户最喜欢的方案。用最短的时间，解决用户最迫切的问题，把自己变成用户最信赖的人。没有几个用户会真的认真阅读产品说明书，但几乎所有用户都希望在遇到问题的时候，能马上得到最简单、最明白的解决方案。这

就要求平台在整理和回答用户问题的时候要深入浅出、通俗易懂，最好有图片、有文字、有视频，还有客服电话。这样才能满足不同用户的沟通习惯。

2. 在段子中延伸产品教育和服务

品牌就是讲故事。用户不喜欢看干巴巴的产品介绍、说明书，而喜欢有趣味的资讯。如果用户来你的饭店吃涮羊肉，他们往往不一定爱听你讲羊肉是多么原生态、无污染，或者各项数据指标是怎样的，这些知识消费者即使听了也记不住，但是如果你给他们讲羊肉的故事，比如说当年成吉思汗是怎么发明涮羊肉的，用户一定会记得清清楚楚！你可以在故事中植入你的产品和品牌宣传。相信只要你去挖掘，就一定能发现除了单一的介绍之外，还有很多未开发的新内容。就像星巴克的公众账号不仅介绍了咖啡种类，还普及了咖啡文化等。在这里，商家应该关注自己的企业形象，不要给用户麻木和枯燥的感觉。人们在挑选内容时会有很多选择，他们会订阅那些使他们有情绪波动的账号。你可以讲段子，讲那些有正能量又很接地气的段子，让人们在一笑中放松下来，继而成为平台的粉丝，那么你的策略就成功了。

3. 在收集用户的评价中发掘闪光点

有一个营销手段叫"用户见证"，这是口碑传播的重要环节。我们知道，世界上没有完美的产品，很多用户通过微信抱怨你的产品，但也有很多用户通过微信赞美你。如果你的产品真的很好，总有很多用户愿意把他们感觉的"好"展示给更多人看，而你可以把这些"赞美"收集整理一番，通过平台发出去，不仅充实了公众平台内容，还能让更多用户看到真实反馈；如果还能转发抽奖送礼物，那么一定会不断有用户乐意帮你转发传播。这也叫"用户创造内容"，是平台运营到高级阶段的结果。现在很多电商网站，尤其是服装类的，都开设了"晒单""上传搭配"的一些活动或功能，让用户把"买家秀"发上来，这样不但可以持续收到用户自创的内容，还加强了与用户之间的互动，吸引潜在用户，而且对于用户的强关系也有一定的引导作用。

4．促销诱饵，围塘养鱼

有调查显示，有 34% 的用户都是冲着折扣信息才去关注一些品牌的。可见，折扣优惠是很重要的内容，但人们同时对折扣信息、优惠活动又有一种麻木和抵触心理，因为现在这个招数都被用烂了。过度的优惠折扣信息让人们降低了对这类活动的敏感度，同时也降低了产品自身的价值。最聪明的做法是在撒播诱饵的同时要筑起池塘来养鱼——不要指望把优惠送给所有人，让所有人都成为你的用户。你要把优惠活动进行包装，设计成给粉丝专享的精品折扣或者是专属优惠活动，这样一来其他人想获得这个优惠就必须先要有会员这个身份，也就是说，先要进入这个企业会员的"池塘"中来才能享有。这就巧妙地创造了一种身份上的归属感，用户和品牌之间的纽带被不断强化，用户对品牌的忠诚度越来越高，自然参加活动的积极性也会无比高涨，继而成为你品牌的狂热粉丝。

5．敞开胸怀把用户带入企业文化

人更喜欢和自己同频的人来往和打交道。企业只有把自己当成用户，才能和用户走得更近。企业最高明的策略就是敞开自己"非官方"的一面，通过微信平台把企业内部的一些情况介绍给用户，比如办公环境、团队活动，分享一些好玩有趣的事、有趣的员工、某款产品背后的故事等，统统要挖掘出来，让用户通过微信完整地了解企业，让信息更加透明化，这样才能让用户感觉到这个公众号不是一个冷冰冰的 ID，它的背后有这么一帮可爱的人。这样，企业的文化会在无形中传递给用户，使用户不断被同化；用户也会从更高的层面认可这个企业，并把这种喜欢转化成对企业品牌的热爱和忠诚。

6．用独特的思想连接世界

生命在本质上是独一无二的，生命的活动创造也具备这个特性。如果你能把自己独特的思想或者企业的独特文化个性表达出来，平台的读者很

可能会与你产生共鸣，并给予回音。独特的思想都是原创的"作品"，它对读者的吸引力是最大的。从组织内容的技巧上来说，你可以找到有趣的、不寻常的角度和事例，融入到你的文章内容中，让读者感觉到兴奋，那么大家回报你的将是热烈的掌声。

再比如，人们对每个行业的成功人士或者名人都有潜意识的关注和好奇。如果你能够发表关于他们独特的分析文章，将会吸引众多读者。这也是借名人效应的妙策。因为大家都希望通过对成功者的学习进而取得自己的成功，而你发布这样的内容，很可能就是他们所需要的那座桥梁。

7. 寻找社会热点和品牌之间的连接通道

这分两个层面，一是社会热点问题。你需要有驾驭"事件营销"的能力。你要学会如何借力社会热点问题，编排文案故事，让这个热点和自己的品牌或产品产生联系。这个时候如果编出了精品段子，那么你就找到了社会热点和品牌之间的通道。通过平台推送，你的内容很可能一夜之间红遍网络。二是及时摘录一些经典的文章进行分享。这个作为传播是没有问题的，可以很好地借他人之名宣传自己的品牌。但是切记应当尊重他人的劳动成果，使用时一定要注明作者或者出处。

8. 走进你的用户和市场

没有什么比走进自己的用户和市场更务实的了。你可以和你的用户来一场专题讨论：可以在一个专业社区讨论，也可以在一个论坛，甚至采用电话会议的方式，或者举办一次小型会面，在潜在用户中掀起一场对等的讨论。这样的讨论除了可以带来新内容外，还可以提升企业名誉；你可以对用户进行一期采访，与用户讨论其所面临的问题以及对整个市场的看法，然后根据采访写一篇两到三段的摘要，并附上采访的内容；也可以围绕行业趋势进行一次市场调查，调查一下潜在用户和现有用户对相关话题的看法，然后把你的结论写成概要，再加上创意，发在公众号上。这些方法都会给平台带来大量鲜活的内容和粉丝，因为这些内容都是基于用户心理需求而形成的。

五、微信发布时间的选择

除了内容的挑选方面，在发布时间上也有一些讲究。

一般而言，订阅号要关注一天当中人们的阅读规律，服务号更多地要关注一周内人们微信阅读和转发的周期率。一般订阅号可以根据内容选择在早晨 6 点至 7 点的时间，利用人们早晨如厕、盥洗、早餐过程中的碎片化时间；或者午饭后和晚上 8 点之后到 10 点之前人们准备休息前的自由活动时间推送。另外，发送信息的时候要建立用户分组，根据不同分组发送不同内容，这样信息的精准度也会相对较高。每个企业平台的内容不同，用户的阅读习惯也可能不同，那么推送时间也要灵活调整，争取达到最佳阅读率。

第三节　企业公众号的内容创作

一、做一个合格的"标题党"

时下网络上比较流行"标题党"。我们虽不赞成这种哗众取宠的做法，但这也从另一个角度说明微信文章的标题是十分重要的，因为这直接关系到用户是否有兴趣打开链接来阅读内容。如果不能第一时间引起用户的兴趣，那么就意味着这次发布的文章效果不尽如人意了。

对标题总体的要求是：简明扼要，朗朗上口，抓人眼球；标题文字不宜过长，一般以 7～15 个字为佳；标题的风格要与文章内容协调一致等。在标题的立意和修辞上，我们可以从以下几个技巧着手。

1. 打开天窗说亮话

这招可以理解为直奔主题，主要是让用户一目了然，比如"微信营销制胜的无限法门""和优秀的人在一起真的很重要""世界最全的咖啡知识"等。

2. 欲擒故纵

这招其实就是明知故问，主要形式有提问式、疑问式和反问式。提问就是提出问题，从而引起思考，引发关注，比如"微信营销企业该何去何从"；疑问式是常用的做法，会用"怎么样""有哪些""怎么办"这样的词作标题，比如"孩子学习成绩不好怎么办""微信营销赚钱可能吗"等；反问通常是只问不答，比如"微信营销到底是什么"。

3. 借风吹火

主要就是借助其他势力来宣传自己。一是紧抓热点和热门事件，借势撰写标题，比如"中国好声音"很火，我们可以据此写标题"让孩子陶醉的玩具好声音"；二是借力权威人物，借助权威部门发布的数据和权威人物的表态进行解析或表达观点；三是移花接木，通过抓取一些网络热门关键字进行改编，以达到热词效果，例如"旅游，没钱也照样这么任性"。

4. 锦囊妙计

这招可以理解为促膝谈心或者不吝赐教式，主要是从情感的角度出发，把用户当成好朋友，为他出出点子，提提建议，主要有五种方法：第一种是"如何"式标题，其实就是告诉你怎么办，比如"如何玩转微信""如何写好软文标题""微信交友，如何不上当""淘宝购物，如何防止上当受骗"；第二种是建议式标题，就是出点建设性的意见，比如"别让孩子输在起跑线上"；第三种是命令式标题，比如"公司员工必须要遵守公司规定"等；第四种是情感式标题，比如"老公，烟戒不了，洗洗肺吧""写给那些战'痘'的青春"；第五种则是诉求式标题，用劝勉、叮咛、希望等口吻来写，比如"用功读书时，请注意保护眼睛"。

5. 直击要害

这招可以迅速地贴合用户的需求，通常有几种做法：第一种是数字型，比如"改善性格少年发脾气的11种饮食方法""财务报表分析的八大误区"；第二种是夸张型，比如"史上最疯狂的手机甩卖，快来抢"；第三种是优惠型，标题可以用"免费""打折""跳楼价""惊爆""加量不加价"等词来凸显给用户的优惠，比如"12580请你看电影!微信订票买一送一！""100%中奖的奖品，你拿了吗"；第四种是诱惑型，比如"我是如何成百万富翁的""我是如何利用微信月赚十万的"；第五种是恐吓型，比如"读书的'危险性'""高血脂，瘫痪的前兆"；第六种是对比型，通常用对比让你选择，比如"黑色食品入肾，白色食品入肺"。

6. 悬念迭起

人人都有好奇心并且渴望知道答案，因此在取标题时可以巧妙地设置悬念，引起用户的求知欲，例如"你为什么做事坚持不下去""是什么让他的爱车走向了不归路""人类可以长生不老吗"。利用悬念通常用四种做法：一是反常造成悬念，例如"中国人90%'不会'喝茶"；二是变化造成悬念，例如"不玩微信你就过时了"；三是不可思议造成悬念，例如"武汉上演'蛇吞象'风波"；四是欲望造成悬念，例如"您不想让面容再白嫩些吗"。

7. 风口浪尖

这招主要是利用人们对新闻的关注及阅读习惯来策划标题，从大家感兴趣、想了解的入手。通常会在标题中把最主要的、最新鲜的事实点出来，常用的关键词有"首现""惊现""风生水起"等。

8. 幽默风趣

这招主要是让标题生动有趣、富有幽默感，或者来些爆炸性的东西。通常会用到各种修辞手法，或者借助网络流行词，比如"赶快下'斑'""不许'痘'留""三岁小孩能背史记的秘诀""张飞也怕上火"等。不少使用修辞手法的标题都让人眼前一亮，比喻的如"今年的'秋老虎'好温柔"，拟人的如"'微博'掉泪了"。还可以引用些诗词、成语典故、古汉语、谚语、歇后语、行业内专业术语、影视、戏曲、歌曲名等，比如"房价下跌百姓只问不买，中介只求'非诚勿扰'"等。

9. 一语双关

这招主要是用双关语进行策划，多采用双关语或者谐音。例如，"微信打火机火了"就是个同音双关，"道是无晴却有晴"是个谐音双关，还有"豆瓣商品：如何把商品豆瓣花"等。

10. 耐人寻味

这招主要就是卖个关子，调起用户的兴趣和胃口，让他去猜测，比如"微信赚钱，是真的吗"，常用的词有"防止""小心""别被"等。

把握好以上 10 个技巧，基本各类的标题都能完成策划了。但是在撰写标题时，同样要考虑到用户的需求，针对不同年龄段的用户，标题风格也要有所侧重。

二、锻炼好撰写内容的功夫

微信作为新的信息传播媒介，其营销价值是显而易见的，其传递的内容可以包罗万象，信息载体除了文学外还包括其他多种多媒体形式。而内容营销，自然以内容为王，所以内容的撰写是需要谋划的。内容策略从字面的意思来看，可以理解为指导内容该怎么写以及写什么。而实质上它也是指导商家如何通过发布合适的内容来实现营销目标。企业的微信定位和作用都不同于个人用户，事关企业的形象，所以发布的信息更需要经过认真思考和衡量，要从用户心理和企业目标出发，全方位考虑问题。为了吸引其他用户的注意，公众平台发布的信息必须遵循以下几个原则。

1. 内容有用处

有用处，意思是发布的信息具有实用性，能够向用户提供一定的帮助，既可以是提供信息服务、传授生活常识、利用视频课程帮助用户解决困难，也可以向用户提供商品的促销信息或者折扣凭证、发放奖品等。总之，要使用户能够从内容中获取某种形式的利益。这类信息属于功能性的内容，比如最新的新闻、有用的情报、好玩的消息、特殊的知识等。用户在分享这类内容时，资讯的价值（新、快、实用、特殊、好看、稀有性）会是影响分享意愿与散播效果的关键。

有用处的高级阶段就是"有料"。有料的内容能够帮用户得到阅读的快感,让他们在消遣娱乐的同时也能收获有价值的知识。所以,一定要找到用户最想看到的内容,如果能让大家看了为之一振,或拍手称快,那目的就达到了。

【案例1】 "微媒体"公众号利用关键词搜索提供个性化服务

"微媒体"的公众账号一直专注于新媒体营销思想、方案、案例、工具,传播微博营销知识,分享微博营销成功案例等。作为该账号的撒手锏,微媒体关键词搜索功能不得不提。用户通过订阅公众账号来获取信息知识,公众账号每天只能推送一条信息,但是一条信息不能满足所有人的需求,有的订阅用户希望看营销案例,而有的订阅用户只是想要了解新媒体现状,面对需求多样化的用户,微媒体给出的解决方案是"关键词搜索",即订阅用户通过发送自己关注话题的关键词,就可以接收到相关的推送信息。

【案例2】 "头条新闻"每天定时推送大事记

"头条新闻"最大的卖点是信息的即时推送。头条新闻在每天下午6点左右准时推送一天中最重大的新闻,订阅用户可以通过公众平台直接了解最近发生的大事,不需要在海量的信息中"淘宝"。另外,它的定时推送选择在下班时间,订阅用户结束一天的工作,在回家的路上看看当天的新闻也不失为一种调剂,既可以了解当下新闻,又可以充分利用时间。

2. 内容有趣味

有趣味,即内容要有足够的新意,有足够吸引人的地方。这需要花更多的时间来构思微信营销创意。当然,创意和新意总是有限的,但公众平台发布的内容至少要使得企业的微信页面不至于空洞无聊。趣味性的涵盖面其实非常广泛,可以包括任何感性层面的内容,比如令人感动、激动的文章,情节或效果引人入胜的影片等都可以归在这一类。

【案例】"欧派"电动车带你进入与车有关的丰富世界

作为电动车行业中的微信公众号先驱，欧派电动车一直保持着官方微信的高曝光率，内容也是吃喝玩乐无所不有，从热门小测试、轻松骑行游到"唱响幸福"活动。欧派电动车的官方微信以互动性强、参与形式丰富和高产品贴合度为特点，把所有用户都带入了一个与车相关的丰富世界。

3．内容有个性

个性是最难把握的一个原则，所以商家要注意，发布的微信内容要自成体系，在报道方式、内容倾向等方面要有特点并能长期保持这种个性，才会给用户一个系统和直观的整体感受，使企业微信账号比较容易被识别，与其他公众账号"划清界限"。内容雷同的公众账号就算具有一定价值，人们往往也只会选择某一个关注，毕竟个性意味着难以替代，个性化的微信可以增强用户的黏性，使用户长久关注。

4．内容故事化

人们往往不喜欢听人讲道理，更喜欢听人讲故事，讲故事也是品牌传播的重要手段。故事能够让企业更显人性化。众所周知，人们最相信口口相传，相比之下商家或品牌的直接宣传并不会产生最佳效果，人们更愿意接受自己喜欢和相信的人说的话。那么，商家该如何创造人为因素，让人们愿意相信你呢？答案就是：讲故事。

【案例】金六福：春节回家互助联盟

"金六福"基于微信的社交属性，将公益活动的模式植入到微信中，采取了有奖报名的模式，设置了官方微信拼车报名活动，借助春运的热潮和社会媒体的报道，实现了空前的社会效应和品牌效益。金六福公众账号借助开发自定义回复接口，与企业官网的报名系统打通，用户直接在里面输入"出发起点—出发终点"，就会自动弹出该路线春运拼车的信息以及人员。此活动的实现，将有效减少人力成本的投入，并增强微信粉丝的黏性及互动。

5．内容娱乐化

当前文化领域的娱乐化倾向依然很浓。娱乐性，依然是吸引用户眼球的一个重要因素，对内容来说也不例外，公众平台上可以考虑内容娱乐化。所谓内容娱乐化是指将内容转化为大众喜闻乐见的形式，让用户感受到娱乐价值，我们称之为"笑点"。通过制造笑点，能有效降低受众的戒备心理，让大家在享受娱乐内容的同时，不知不觉地接收品牌信息、感受品牌特质。企业能更加精准地与目标消费群体沟通，从而获得更好的品牌传播效果。

记住，笑点本身不是目的，我们要以娱乐的形式传播我们的品牌和资讯。所以，在进行内容娱乐化的时候，建议遵守以下原则。

第一个是内容。娱乐化的内容一定要与品牌或产品相关联，能够对品牌有促进作用，不能为了娱乐而娱乐，却忘记了最终的营销目标。

第二个是传播渠道。对舆论传播渠道的有效把握，可以使娱乐营销活动的效果事半功倍。

第三个是互动性。娱乐化传播与其他营销方式最大的不同在于强调营销过程中与消费者的互动，只有通过互动才能加深消费者对品牌和产品的了解。

总而言之，内容娱乐化在表现形式上要强调故事性、情节性。但最关键的是有"笑点"且"笑点"与品牌有关联性，只有这样才有吸引力。需要注意的是，娱乐不可流于粗俗，一定不要出现一些娱乐八卦或与商家无关的东西，这样会让用户感觉内容"驴唇不对马嘴"，从而对商家产生反感，这对品牌本身也会造成损害。

【案例】慕思"睡商大调查"多种手段齐上阵

"慕思"的公众账号主要围绕慕思的产品特点，从广大受众关心的健康睡眠角度搭建内容。借助公众账号，慕思举行了一场"睡商大调查"活动。活动主要是通过娱乐化的创意进行，例如，"曾经一场好觉摆在我的面前，我却没有珍惜，直到睡不着才后悔莫及，上天终于给我一个机会，让我重新修炼睡商，争取早日脱'困'。快来参与慕思'睡商大调查'！兰博基尼限量版奖品、iPad等你带回家！"这段营销词就借用了一部知名电影中的台词，一下就拉近了与用户的距离。慕思通过这个活动发起了需求调研活动，利用微信提供的"阅读原文"跳转链接，用户点击后会跳转到企业独立的微信官方网站，并依托于微信的庞大用户基数，完成需求调研，借助更丰富的页面展现产品，与用户互动，从而实现企业的销售目标并提高品牌的曝光度。

三、内容"活"起来才更容易"火"起来

让内容"活"起来才会"火"起来。内容上我们可以通过上面的五大技巧来提炼；在表现形式上，我们也需要下功夫。好在微信平台为我们提供了丰富的功能，可以发文字、图片、音频，甚至微视频。因此，借助公众平台，既能做到图文并茂，也能做到声情并茂，平台内容容易活起来，也更容易火起来。

 **朱老师语录**

现代生活节奏快，大家已经不再习惯阅读长篇的文字，而更喜欢阅读图片内容，有人称，我们已进入读图时代。因为通篇文字不仅枯燥、乏味，也容易引起视觉疲劳，而加入图片后，图文并茂的内容会让用户在视觉上产生更直观的体验，就算文字很一般，加上图片后，同样能抓人眼球，从而增加用户的黏性。所以，商家如果能更好地利用公众平台图文并茂的特点，顺应用户的阅读习惯，这对于企业品牌和产品的宣传会起到很好的作用。

实验表明，人类获取的信息83％来自视觉，11％来自听觉，两者加起来高达94％。所以，如果在公众平台可以发布音频、视频信息，会比图文信息更具有冲击力。商家可以充分利用这点，让音频、视频、图片、动画

等直观、立体、形象的综合形式在内容中发挥作用，让信息技术的交互性、智能性、网络化等方面的强大功能在内容中得到应用。

具体如何去做呢？可以从四个方面入手。

1. 善用图片

要尽量制作精美的图片，除了图片需要精心挑选之外，对于选定的图片，需要做一些后期的处理，让人看着它就感觉赏心悦目；此外，还可以添加商家的标志，也是一个宣传；对于选定的图片要巧用，尽量做到图片与内容有机结合，相得益彰；图片不宜过多，制作尺寸也不宜过大，一般以不超过 300K 为宜，能保证用户顺畅打开（人们的等待耐心通常只有 3 秒）；背景色不宜太重，空白处可以用浅绿、浅黄等颜色做背景色，既可以丰富画面色彩，又可以消除视觉疲劳。

2. 精美文字

文字内容要精当，尽量是千字文，言之有物，形象生动；内容摘要更是要简洁明了，抓人眼球；字体大小要适中，方便手机用户阅读；段落尽量简短，避免大段文字的出现，让用户阅读起来更轻松和舒服，如果段落文字过多，很容易出现眼花的情况；每篇文章末尾附上版权信息，会有效增加自己平台的曝光率，也为用户增加一个入口。

【案例】"阿卡 Artka"主推唯美图文打造优雅范儿

"阿卡 Artka"是淘宝上著名的原创复古女装设计品牌，也开通了公众账号。最开始，它推送的内容都是促销信息，图文信息做得很精细。后来，它的内容慢慢地演变成文艺范儿十足的风格，主要推送唯美图文信息，比如以"生为行走，遇见另一个世界"为主题发布的设计师旅游摄影图集和心情文字；以"我们都是梦想家"为主题介绍公司的办公环境；以"你，是我内心的女子"为主题分析女人不同的类型，并在末尾邀请用户根据不同类型回复来获取为不同类型女子定制的服装款式；以"4 月理想目的地——Artka"为主题的设计师招聘广告，等等。文字非常优美，极其适合

女孩子阅读。作为淘宝资深卖家，阿卡 Artka 对文字编辑和植入式营销操作得非常熟练。以内容为核心来聚拢粉丝，并且在内容中融入品牌故事，不知不觉牢牢抓住了粉丝的心。目前，阿卡 Artka 的公众账号后台每天都能收到海量的留言。

3. 声乐传情

发送普通语音没有太多感染力，我们可以用朗诵的形式来发布语音信息。朗诵可以激起用户的情感活动，带给大家快乐。朗诵的时候，尽量发音标准，注意节奏和感情，以带给用户美感。同时，我们还可以给朗诵配上背景音乐，甚至直接使用背景音乐，为读者制造一个情感阅读场。音乐是世界通用的语言，所以内容配上旋律悠扬、节奏舒展的音乐，会带给用户别样的体验。

4. 声画叠加

如果精美的图片配上动人的声乐，会营造出生动、活泼的阅读享受，比起成篇的文字符号、空洞的说教、抽象的分析，各种媒体手段齐上更能激发用户的阅读兴趣；微视频的导入会让你的微信页面呈现一种类似电视台的播出效果，尤其是随着互联网光纤的提速和公共区域WiFi的广泛使用，视频卡机现象越来越少，效果也越来越好。当然，我们在制作和使用的过程中还是要注意文件要尽量短小精悍，保证各种环境下都能正常播放，否则效果会大打折扣。还有就是这些音频的内容要量少而精，免得过犹不及。

四、软文广告

众所周知，公众平台强推广告会引起用户不满，可是，公众平台如果放弃广告机会，又太过可惜。其实，如果掌握好"巧"和"妙"的技巧，微信软文广告的效果会比硬广要好很多。微信软文广告成本低，回报率高；受干扰度低，到达率高；营销模式灵活，代入感强；受众数量庞大，接触率高。植入式的营销方式，可以将广告融入一个故事、场景或情节中，让人在阅读文章的过程中不知不觉地接受产品信息。

朱老师语录

软文其实可以理解为一个善于传播的导购，它可以把商家想对用户说的话用软文的形式表现出来，将宣传内容与文章内容巧妙结合，然后形成口碑效应，进而吸引粉丝，增加企业品牌知名度。

那么如何写软文广告呢？

1. 讲故事

人们最不缺的是道理，最想听的是故事。尤其是企业，你的道理再高深也只是道理而已，给读者的感觉还是抽象的，无法形成深刻感受。故事则不同，你可以通过故事调动起人所有的情感和想象力，在不知不觉中将读者带入到你的文化情境中，形成同频共振，那么读者会自然而然地接受企业传达的信息和故事，包括故事中所传递的产品和品牌的信息，爱屋及乌就是这个道理。

2. 通过舆论热点植入

舆论热点也是每个人天然的神经兴奋点。每天都会有网络舆论热点人物或者事件，商家可以针对这些热点事件或人物设计广告，悄无声息地进行植入。当然，利用热点的前提是必须学会敏锐、及时地捕捉舆论热点，并恰到好处地利用它，一旦时间过去了，人们关注的焦点转移了，也就没有利用价值了。所以，抓焦点、热点要快而准。

3. 通过用户见证植入

用户见证，就是让第三方用户来"讲故事"，这是口碑传播的重要方式。我们知道，微信用户都会在朋友圈里记录自己的生活经验和感受，这些内容当中一定有相当的比例会涉及自己使用的产品，而这些体验则会在朋友圈构成口碑效应。如果商家发起活动，让用户主动讲述产品的使用体验并给予奖励，那么就可以激发用户的兴趣进而在朋友圈中传播这个品牌。当

然，寻找更多的意见领袖来进行体验和分享，会吸引更多的人来参加，从而达到植入广告的目的。

4. 通过讲段子植入

好玩、有趣、人生感悟或者笑话类的段子总会令人受益匪浅，感悟颇深，因此，商家如果把品牌植入到那些最受欢迎的段子当中，用户一定会赞叹创意的精妙。这个当然需要高水平的写手来参与创作，平台经营者也要对流行的段子和时事新闻始终保持关注，学会用"段子思维"来观察企业活动和周边现象，这样时间长了，就很可能写出风行一时的好段子或者将自己的品牌糅进现成的段子中，形成新的段子版本流传开来。

5. 通过图片植入

商家可以在内容中插入企业 LOGO 或者产品 LOGO，只要美观，就会产生自然的植入效果。好的图片可以吸引有相同爱好的用户，赋予品牌人情味，使广告植入得更自然，把品牌与用户兴趣牢牢地结合在一起。这个可以用在文章开头和结尾，图片加上企业信息后也可以插入到文章里面。无论如何，植入广告都要做到自然和谐才好。

6. 通过多媒体植入

除了上面说的图文形式，还可以在内容中加入一段商家视频或者语音。这个也有技巧，最好邀请明星来录制视频或者语音，甚至也可以请企业的董事长或者总经理，总之要邀请一些在用户心目中有一定影响力的人来录制，效果才会比较好。

7. 通过硬广告植入

在文章的结尾处附上企业的简介、LOGO、二维码等信息，强制性推送给用户。这种方式一般也能给读者留下印象，但因为关联度不是很高，容易被读者"忽略"。所以在设计这种硬广告的时候也要讲究一些技巧，切忌满篇都是硬广告，文字要简洁，LOGO 要突出醒目，就能达到以少胜多的效果。

总之，广告植入无处不在，但是企业在植入广告的同时，一定要注重用户体验，为用户提供丰富精彩的内容才是王道，满足用户需求，赢得用户口碑和好感才是广告营销的起点。在植入广告过程中，注意植入式广告要符合企业整体形象，必须带来正面积极的效果；同时广告内容要与目标受众的身份相符合，目标受众也要精准才有效；植入广告的数量必须适度，方式巧妙，避免过犹不及。

　　微信平台是个好东西。企业和商家都可以通过微信平台打造企业和商家自己独特的品牌形象和产品魅力。作为自媒体，微信平台将成为企业在互联网时代进行品牌传播的重量级法宝。掌握好微信平台内容的创作规律，对于提升整个平台经营水平同样也起着至关重要的作用。希望大家都能找到适合自己的方法，做出更好的微信平台。

 **第十一章　左手服务号，右手订阅号**

很多企业和商家在申请微信公众号的时候没有对微信公众号进行明确定位，也没有了解微信公众号的种类。实际上，微信公众号可分成订阅公众号和服务公众号两种类型，申请注册微信公众号时，服务号和订阅号选择一经申请就不可更改，因此，企业首先应该明确微信公众号的定位，慎重选择。

第一节　服务号：体现企业的服务形象

一、服务号的价值究竟在哪里

企业的生存和发展离不开用户，所以，商家必须不断了解用户的需求、满足用户的需求，做到令用户满意，才能转化并保持用户忠诚度，最终赢得更多的用户。随着微信的迅猛发展，微信客服作为一种全新的用户服务方式，具有巨大的优势，商家一定要好好利用。那么，服务号的价值究竟在哪里？

1. 低成本客服，高价值服务

企业服务号的本质就是企业为用户提供服务的轻型平台。企业通过微信平台能以最小的成本接近自己的用户，同时为用户提供符合他们沟通习惯的资讯和服务。相较于企业网站客服、电话客服以及其他形式的客服，这是简单方便而成本又低的一种客服方式。用户打开手机微信用户端通过关注企业微信公众号可以在任何场合都能随时和企业进行有效沟通，这本身就是非常有价值的互动方式。

2. 情报收集器，市场晴雨表

微信服务号可以通过后台对用户行为进行数据分析，将用户点击查看的企业产品和服务以及咨询客服的记录进行汇总，从而发现用户对企业产品或服务的真实评价，也能对企业未来的市场走向进行评估。尤其是平台客服在处理用户抱怨、投诉等事件时，能及时收集产品的市场反馈，使企业能迅速发现问题，制订改进方案。

3. 最轻型、开放的 CRM 系统

微信平台通过开放多重数据端口，允许企业通过第三方技术服务公司的支持建立起适合自己的 CRM 系统。这个系统对于企业来讲是非常重要的，因为它能实时收集用户的反馈信息，经过数据分析后，使企业对市场做出快速反应。这与传统的 CRM 系统是截然不同的，这是真正以互联网为平台基础的用户关系管理系统，不但建设成本很低，而且对市场信息的收集是全方位的、自动化的，因此对企业最有帮助。

4. 品牌传播的"梦工厂"

企业一切传播的目的都是为了宣传自己的品牌。微信服务号在企业的品牌传播中扮演了重要的角色。因为微信服务号最贴近消费者，能提供时时刻刻都在线的移动服务，消费者（用户）能非常方便地接收企业传播的产品资讯，并对产品和服务进行咨询和反馈，所以企业就能利用这个通道进行企业品牌的传播。企业可以通过策划一系列的创意营销活动，引导消费者进入自己的品牌领域，通过持续的互动，不断强化与消费者的关系，使之成为忠实的粉丝用户。所以，微信服务号就是企业品牌的"梦工厂"。

二、服务号的应用

企业服务号相当于一个企业的服务中心，这个服务中心跟传统服务中心的区别就是它一对一地连接着用户。服务号可以帮助商家建立能够与传统大型客服中心媲美的客服系统，可以大大缩短用户等待时间，并在应答用户的过程中有对用户分组、对话分组统计等功能，实现社会化CRM。基于一对一的对话和交互菜单，微信在用户服务方面有自己独特的优势。

 **朱老师语录**

企业服务号最大的价值就在于提供在线服务，将线下的日常服务搬到线上，节省线下服务成本，提升服务效率，进行在线活动推广，提升用户转化率。

下面，我们就来剖析一下服务号有哪些应用。

1. 提供公共客服

公共客服是指通过微信的关键词回复以及自定义菜单两个功能，用户可以自助实现商户公共信息的查阅，比如查询产品价格、账单等，得到一些常用服务的指引。公共客服可以有效降低用户常规问题咨询带来的服务成本，提升客服人员的工作效率。

商家可以把用户的服务需求点罗列出来，然后设定相对应的自动回复内容。这其中又可以分为主动和被动两种。主动需求主要是一些查询需求，包括退换货等服务，被动需求包括账单提醒等。主动需求是用户主动选择，因此不存在被骚扰的现象，商家可以好好利用，将服务做到极致。被动需求则要注意不要对用户过度推送信息，商家需要掌握好分寸。

2. 提供受理类服务

传统用户服务中大多服务的对象都是企业的存量用户，或者是直接拨打企业客服电话的潜在用户。微信用户服务也一样，都是针对已经是关注企业公众号的消费者，这里可能部分是存量用户，部分是潜在用户。对于存量用户，微信客服可以提供最基本的受理类业务，比如投诉及建议、产品维修等。

3. 提供用户自助服务

用户可以绑定会员号，通过微信查询自己的刷卡消费记录、查询积分等。随着微信支付功能的开通而户还可以自助预订、预购商户服务，可以充值、买电影票等。借助自定义菜单和关键词回复功能，服务号可以实现智能交互，从而让用户通过微信实现更多的自助服务，比如自主下单、交付和预约等业务。

4. 打造活动互动平台

这里的活动包括两种，一是微信会员的专属活动，二是常规的活动推广。公众平台的一个重要任务就是拓展有效的用户数量，通过增加关注人数，进而促成交易，因此，商家可以借助公众平台来策划活动，用一些趣味性强的互动，比如问卷调查、小游戏等，再结合优惠券、积分兑换等，来提高用户的积极性，有效抓住潜在用户。

5. 提供增值类业务

微信的语音功能不同于电话的同步语音，而是异步语音，这也就意味着，微信客服有充足的时间进行语音录制，或者与业务情景相结合的交互菜单。在此基础上，微信客服可以实现的增值类业务有人工语音的自助服务、拓展的信息服务、转语音心想服务、城市秘书台等。而且还可以开通特色的人工服务，比如设定不同风格的人工语音等。

6. 开展市场调研及关怀

微信实现了商家与用户一对一的互动和连接，这个交互是私密的、双向的，私密性确保了信息不被泄露，双向性避免了单向的无效推送，更好地体现了商家与用户之间的平等交流，因此，微信客服可以借助这个优势开展用户市场调研、用户满意度调查、回访、节假日关怀等业务，不但能

让用户感受到被重视，也为商家收集了真实有效的信息。

7．实现用户服务与企业同步

服务号可以接入 CRM 系统、业务信息接入接口，保持向用户提供最新、最准确的业务信息，并有效跟踪用户服务过程，提供个性化的服务，提升用户体验。公众平台后台可以进行好友分组，商家可以基于不同分组进行差异化的主动服务，针对不同用户群体提供业务提醒、产品调查、生日关怀等。

三、服务号的独具特色服务方式

微信可以提供一种更便捷的方式，让任何人、任何商家都能轻易地通过微信来提供服务。不管是否成功地利用服务号提供过服务，大部分商家对服务号的态度却是一致的：公众平台提供的是服务，而不是营销。用户在公众平台既能获得价值、服务、效率和创新的体验，也能享受公众平台带来的一种全新的、更便捷和更有质量的生活。在此基础上，商家和用户可以实现共赢。

微信本身就是一个非常好的服务平台和渠道，所以，服务号不可能脱离其服务属性，归根结底需要回归到一个纯粹的服务渠道的定位上来。在客服方面，微信"一对一"私密互动性具有绝对的优势，一方面能够安全高效地满足用户大多数业务办理需求，另一方面让用户能感知到自己互动的对象是实实在在的人，而不仅仅是一台机器或一款软件。

这样的例子比比皆是。比如泰康人寿推出理赔微信服务号，该平台不仅方便了用户，提升了理赔效率，也开辟了一个全新的理赔服务渠道，成为首家用微信理赔的寿险公司。用户关注泰康人寿公众号后，就可一键登录泰康理赔专区，在系统的指引下独立完成理赔报案等理赔服务，同时，还会收到来自泰康人寿的慰问，这是一种高科技带来的人性化理赔服务的享受。泰康人寿理赔服务号使用起来非常方便，其充分借助微信即时消息交流平台的便捷性，帮助用户随时随地实现理赔相关信息查询，或者进行理赔，为用户开启了一种"方便生活，快捷理赔"的服务模式。

再比如中国电信推出的首个全国微信客服官方平台。用户在关注中国·电信服务号之后，除了可以通过该服务号了解中国电信热点活动信息、常见问题解答和在线帮助外，还可以通过微信登录中国电信掌上营业厅进行手机业务办理。

除了这些超越形式的最本质的服务以外，服务号作为微信公共平台也有其鲜明的服务特点，形成了自己独具特色的服务方式。下面我们逐一介绍。

1. 别具匠心的售前服务

一提到服务，大部分人都会想到售后服务，但是微信的出现，让以前不可能实现的服务也得到了实现，这其中就有售前服务。在出售产品前，先让用户得到体验，这样促成交易的概率大大地提升了。

【案例】吉利汽车微信提供上门试车

要买一辆称心如意的车，总想亲身体验一下，然而受到各种条件所限，到4S店试车往往只能是象征性的。为了方便用户了解目标车型的性能，方便用户试驾，吉利汽车通过微信服务，与用户约定上门时间，进行上门试车服务。吉利的工作人员会将车开到用户所在的小区，在试驾前为用户详细讲解车型功能和一些试驾注意事项，然后陪用户上路试驾。这样的服务，让用户感觉到前所未有的贴心。吉利所提供的所有服务，全部通过公众平台来进行，让用户可以随时随地参与，并进行一对一的服务。它打破了汽车营销惯有的降价、送礼等方式，为用户提供了一个更便利、更舒心的了解产品及其性能的渠道，做了一次非常好的互动营销。

2. 全新的售后服务模式

在移动互联网时代，创新就显得越发重要，客服行业也不例外。微信的出现，恰好为客服行业的变革提供了契机。微信早已不仅仅是一个人与人交流的平台，更是在用户与商家之间架起的一座桥梁，为传统的客服行

业提供了一条新出路。微信的出现，为传统行业解决了售后的难题，给用户带来了更多的便捷服务，达到了最佳用户黏性度和最好的用户体验。服务号更广阔的市场空间就是在行业解决方案领域，与商家的核心业务紧密相连，能够有效支持企业的其他团队，如销售团队、现场工作团队、售后服务团队等，大幅提高生产和工作效率。

【案例1】联想服务号为用户售后送便捷

联想服务的官方微信客服中心系统正式上线后，成为继呼叫中心系统之后又一个全新的客服中心系统。与传统售后服务模式相比，联想官方微信的聊天模式更新颖，使用更方便。用户可以自由选择文字、语音、视频等多种聊天方式进行沟通，还可以发送表情、图片、视频等信息，让沟通更自由。电话咨询时，用户还会碰到表述不清楚问题的情况，但是通过微信咨询，只要直接发送图片或视频，就能第一时间准确地进行求助和咨询。而且也不会因为电话占线而迟迟不能获得帮助，只要打开微信，就能随时随地进行售后沟通。

联想将自己的公众平台定位为多功能微信客服中心系统，只要收到用户的数字回复就可进行相应的服务，非常便捷。通过联想服务号的自助服务选项，用户可以随时进行服务网点查询、电脑保修、配置查询、网上报修等操作。当无法通过自助服务解决问题时，用户还可以通过"问题咨询"向在线工程师寻求帮助，并且寻求帮助的形式非常多样，文字、语音均可。联想服务号为移动互联网时代的客服行业开了先河，也为联想的用户带来了便捷。

【案例2】便捷服务从"用友服务顾问"开始

现场服务中间管理是服务质量最难控制的环节，用友微信却充分利用了微信的特点，对现场服务中间管理做到了很好的控制。用友服务顾问到达用户服务现场时必须签到，严格遵守服务相应的时间要求，而在完成服务后，必须微信签离，确认服务交付完成。服务完成后，用户会收到用友微信的满意度评价提示，然后对服务进行评价。通过将到达服务现场签到、离开现场签离、满意度提交和支付动作融入到公众平台，用友实现了服务交付方移动化、集中化、实时协同。用户还可以通过微信对现场服务的服务机构、服务顾问身份和级别进行"防伪校验"，享受更有保障的服务。

用友微信先让用户从获得服务开始，用户可通过微信直接选择自己的问题进行提交预约，然后用友服务调度中心会根据用户所属服务商将服务请求通过微信协同到服务顾问处，服务顾问通过微信和用户约定上门服务时间和服务内容，然后上门服务。用户还可以通过微信获得用友的一些咨询，并进行交流互动。像朋友一样服务用户一直是用友追求的服务目标，而这一目标已经在微信上实现了。

3. 便利的自助服务

关于服务号的自助服务在前面已经提到了很多，这里我们就举例说明便可。

【案例】东航自助服务为乘客出行创造方便

东方航空的微信自助服务主要有三个功能，一是航班动态查询，二是机票验真，三是城市天气查询。用户只需发送关键字就可以获得服务主菜单，然后根据菜单提示自主进行操作。而且，东航服务号还将服务与销售有机结合，会点对点对用户推送产品促销、机场天气情况等信息，用户可以足不出户轻松办理登机手续，而无须到机场排队等候，为出行带来了便利。

4. 人机对话的智能服务

微信的"扫一扫"对于客服的作用非常大，通过扫描产品条码和维修保证书，实现售后服务的信息验证、维修保养索赔等业务，通过对近距离无线通信技术的支持，与智能家电、物联网等的对接，实现了智能的人机对话。

【案例1】百世汇通：智能微信快递第一家

百世汇通微信服务平台的亮点在于利用先进的技术为用户提供良好的

用户体验。传统的运单查询需要输入长串的运单号码，极易发生错输和漏输现象，而运用百世汇通官方微信查询运单，只需上传运单条形码照片就可以轻松查到，为用户省去了输入长串数字的麻烦。而在用户进行首次查询后，每当运单情况发生变化，百世汇通都会用微信发送更新信息，告知用户快件的最新状态，免去用户反复登录的麻烦。用户通过百世汇通的微信平台获得了更加便捷、高效的服务，无论是运单查询还是网点搜索，只需动动手指，就能随时随地获取所需信息。

【案例2】平安信用卡用微信轻松享受持卡生活

平安银行信用卡官方微信平台正式上线后，成为了平安信用卡用户服务渠道的有益补充，向用户提供了更加快捷、便利的服务。在不到一个月的时间里，粉丝人数就突破了26万，每天有数以万计的用户通过这个公众平台查询优惠活动、积分、额度，并收取消费提醒。平安信用卡服务号为用户全天候获取服务提供了方便。

平安银行信用卡公众平台可充分满足用户在使用平安信用卡过程中的"省时""省钱""省心"的需求。平安银行信用卡公众平台在对信用卡用户历史数据分析的基础上，使得用户通过微信平台，就能第一时间享受到快捷全面的信息咨询服务，无须致电客服热线，也不受时间和地点的限制，为用户节省了时间。平安银行信用卡公众平台以"不让用户错过任何一个能够享受到的优惠"为目标，用户只需根据自己所在的城市和想要查询的优惠种类简单筛选，就可轻松获得特惠商户的地址、联系方式和优惠内容等信息来轻松省钱。此外，平安银行信用卡公众平台为用户的用卡安全又增加了一道动态防线，它提供全方位的账单提醒、消费实时提醒等功能，帮助用户实时掌握用卡情况，省心又省力。

平安银行信用卡正是看好了微信公众平台在移动互联网时代会成为用户交易支付的生活平台，所以还会进一步强化微信服务的运营，推出一系列有针对性的营销活动，让用户可以借助这一平台充分享受平安信用卡带来的优惠和乐趣。

5. 自定义接口的定制服务

公众平台的自定义接口可以接入任何企业的 CRM 系统，很多使用公众平台的商家都能够使用自定义接口向用户提供订酒店、订餐、订电影票等个性化定制服务。如果自定义接口功能推广开来，微信必将成为一个综合型的服务平台。

【案例】平安车险支持车主微信报险

平安直销车险推出微信服务平台，集理赔查询、保单服务、车险购买等全流程功能于一体，可在线享受便捷的车险服务。另外，通过此公众平台还可以购买平安的多种意外险及家财险，让用户体验到更加便捷全面的金融生活服务。目前，平安直销车险服务号可以直接进行车险报价、投保及续保。老车主需要续保，新车主询问报价及投保，都可以在微信上享受到相应服务。

6. 花样百出的增值服务

做用户服务，如果能做到用户想不到的东西，这个服务带来的体验就一定会与其他商家区别开来。

【案例 1】华夏基金：微信综合金融服务提供商

华夏基金在其公众平台推出了基金账户查询的微信理财服务，用户可

用微信随时随地查询自己的账户信息。在关注华夏基金服务号之后，提交身份证号和账户查询密码即可绑定自己的基金账户，之后就可以随时查询了。华夏基金服务号此次推出账户查询服务，不仅丰富了与用户接触的媒介，将来还会根据用户个性化的需求，为每个用户提供针对性更强的内容与服务。此外，华夏基金服务号还新增了三项功能，除了活期通存取交易外，用户还可以查询全行业所有基金产品的基金净值。从这些服务来看，华夏基金越来越像一家微信综合金融服务提供商。而且，华夏基金还尝试在公众平台中提供一些社交互动功能，从而提高用户活跃度。华夏基金希望能够借助服务号，通过后台的数据挖掘，整合线上线下的数据来分析用户特性，从而提供更有针对性的服务，给用户一种个性化、专享的感受。

【案例2】中信证券提供关键点用户服务

中信证券在云南省内率先推出微信服务，只要用户关注其服务号，就可以及时了解个股最新报价、个股分析等。在服务号推出以前，如果中信证券有什么消息要发布，都必须通过总部发消息到人工平台，再由工作人员以短信或电话的形式一一告知用户，这样不但耗费财力，也耗费人力。而有了公众账号之后，用户可以自主获取服务。另外，该服务号还可以让用户免费获得符合自己需求的产品，查询自己的股票信息、K线图等，省去了传统炒股软件所需要的烦琐步骤。在做客服时，中信证券有一个概念叫"Moment of Truth（关键时刻）"，就是在关键用户的关键服务时刻，让用户享受到服务，比如在股票暴涨暴跌、用户的资金进出或者股票有分红派息等这些关键时刻，通过微信给用户推送相关服务。

7. 感受独特的视觉搜索服务

与PC端的搜索行为不同，移动搜索与生活场景的结合更加紧密，这要求场景输入的一切信息，包括文字、声音、位置、关系、图像等都可以成为搜索关键词。

【案例】"图答应"依靠视觉搜索服务企业

"图答应"是基于微信的视觉搜索提供服务商，为公众账号提供图片识别和搜索服务。用户可以通过拍照或上传本地图片，获取与图片内容相关的反馈。比如，逛书店时如果想要了解某本书的详细信息，可以把图书封面直接拍下发给"图答应"或其合作账号，系统就会将评论页面或网购入口集中返回，这样为用户节省了不少时间，而无须像在传统网站上那样点开层层页面。

8. 生动有趣的语音服务

微信互动的形式多样，这也为服务号的服务形式创造了新花样，比如用语音互动。

【案例1】南方基金首推微信语音理财

继"微信理财中心"后，南方基金又推出微信"语音理财"新功能，在南方基金公众账号中，用户只需要使用对讲功能说出"我要理财""货币基金"等词语，南方基金就会通过专门针对微信平台研发的自动处理引擎，对语音指令作出快速反应，并予以回复。这样的服务不仅便捷，而且新颖。

【案例2】中信银行信用卡"包打听"服务体贴入微

2013年，中信银行信用卡服务号"包打听"正式上线，中信银行信用卡中心推出的官方微信已实现为用户提供便捷的账单查询、在线办卡、促销活动及特惠商户查询等多项金融服务功能，同时，该服务号还为用户定制了亲友附属卡推荐办理等专属服务，已经通过微信为用户提供了体贴入微的体验。而"包打听"的上线，支持视频通话，给客服带来了更广阔的发展空间。

9. 全媒互动的整合型服务

随着微信公众平台功能的不断更新，基于微信公众平台的服务必将更充满魅力，将会涵盖方方面面的业务，提供全流程服务。此外，结合了"二

维码＋微信＋富媒体＋业务系统＋IM（即时通信）系统＋CRM"的整体移动
互联网平台更能对用户进行分群、分级管理，开展精准的"端到端"的整
合型营销与服务。

【案例】广东联通微信服务全方位涵盖

广东联通官方微信平台实现多项创新，用户在关注公众账号后就可享
受智能便捷、内容丰富的多媒体在线服务，可以在手机上查询业务套餐使
用情况、咨询业务信息、参与优惠活动办理等。该服务号一经亮相就引来
各方关注，粉丝数猛涨。该服务号的集成业务系统，可满足查、交、办、咨、
投、辅六大用户需求，并按用户习惯规划服务架构，
自定义菜单引导服务，对话框进行互动问答，同时，
在线客服嵌入智能机器人，与人工服务平滑过渡，
在交互中进行知识库自学习。

机器人在线咨询的使用十分方便、简单，用户
遇到任何疑问它都能解决。并且，与人工服务混合
提供服务，对用户以拟人化方式进行实时互动，既
响应了用户专属需求、优化了服务体验，又能和用
户建立一对多的智能互动关系，有效减少了传统人
工的服务量，提高了工作效率。该服务号会第一时
间分享最新活动消息，提供优质服务。

10．O2O（线上到线下）型的会员服务

将线下会员卡与微信线上会员卡结合，为微信用户创造微生活环境，
这是服务号的一大创新，也是以微信平台为基础的O2O营销着力打造的
系统服务概念。在这一思路的指导下，企业将建立自己的数据处理中心，
打通线上和线下的连接通道，让用户体验"一站购物、全程服务"的消费
体验。

【案例】康佳电视线上线下联动打造会员微生活

自从微信营销兴起后,康佳电视一直走在彩电行业的前沿,不断在微信营销上发掘新的形式,给用户带来惊喜。在将公众平台升级为微生活平台后,康佳电视更是打破了原本单一的传播形式,展现了一个企业与消费者之间全新的、丰富的、便捷的沟通平台。2013年,康佳电视官方微信就宣布正式推出首批线下微生活会员优惠,其中包括两部分内容:一是购买康佳新品可享受9.5折优惠;二是赠送3张100元现金券用于购买康佳产品,只要关注其公众账号,均可获得该优惠,这对于用户来说是一件喜事。同时,康佳电视还开启了"夜宴清凉购 欢乐0元游"活动,在发布会举行之时,其微生活平台还同步推出"夏季欢乐0元游"晒单送礼活动,凡是关注官方微信的用户,只要晒出7月1日至7月31日的康佳电视购买凭证,就有机会获得全国欢乐谷免费双人游。这个活动仅开展一天,便有超过千人晒单,咨询者更是络绎不绝。康佳电视这种"服务+咨询"的模式赢得了众多用户的青睐。

四、规划好服务号的流程设计

为了成功实施服务战略,有效开展服务营销活动,给用户提供优质的服务,对于服务号的流程也应该进行规划,对所有的客服活动进行全面系统的安排和有效的管理。我们可以从以下几方面着手。

1.学会换位思考,把握用户核心需求

企业往往很容易从自身的需求出发,来思考如何把产品和服务卖给自己的目标用户。这样的企业对消费者的感知是迟钝的,是无法把握消费者的核心需求的。有远见的企业总是善于换位思考,首先考虑的是用户究竟需要的是什么、能否满足、如何满足。有人说售后才是服务的开始,体验才是产品的价值。那我们怎么理解?用户究竟买的是什么?这些问题都是值得企业经营者深入思考的。充分的市场调研和彻底的换位思考,有助于将这个问题不断清晰化。把非核心需求从众多需求中剥离出来,把核心需

求提炼出来，然后集中企业的全部力量，聚焦用户核心需求，超越用户需求值，为用户创造惊喜，乃是服务的真谛，也是打造好服务号的起点。

2. 以用户体验为中心，精心设计服务流程

就本质而言，产品只是一个"道具"，用户需要的价值是使用产品或者享受服务的体验过程。服务号提供的服务，也是企业整个产品或服务的一部分，是由一个个细小的"服务节点"构成，这些节点都是用户的体验点。一个好的服务流程，一定会是以用户的体验为中心进行设计的。一个一个的点，都会让用户兴奋，都会让用户感到满意，这些点的汇集，最终成为用户对你整个产品的印象。如果用户在你服务中始终是满意的，那么你的产品一定会是成功的。

那么如何才能设计出一个好的流程呢？我们可以借助流程图工具，对产品的每个环节进行勾勒，画出它的轮廓和每一个节点。然后，我们针对每个节点进行研究，一是研究各个节点之间的"串接方式"是否达到了最优化；二是研究每个节点满足了用户的哪一部分要求，我们又能调动哪些资源来支持完成这个服务节点。如果我们现有的资源无法完成支持，就需要重新考虑整合新资源或者改变节点方向。最终，我们将得出一份服务流程的"线路图"，所有的体验环节都是清晰的、严谨的，并且能引发用户的强烈共鸣。这样，一个好的服务流程才算完成。

3. 以用户投诉为检视点，不断优化服务流程

每个重视服务的商家都愿意为用户满意而努力，但对于任何一个商家来说，完美无缺的服务是一种理想境界，几乎不可能达到。数据表明，约有25％的用户会产生不同程度的不满，这时商家应该鼓励不满的用户积极投诉，然后进行服务补救，最终将不满变为满意。如果用户不满，却没有途径告诉商家，或是不告诉商家，他们就可能直接转向竞争对手，并传播对商家不利的消息，严重影响商家的形象和口碑。

因此，商家一定要积极采取措施，扫除用户投诉的障碍。处理好用户

投诉：一是要鼓励用户投诉，通过用户可以接触的各种渠道明确告诉用户如何投诉及可能获得的结果；二是要方便用户投诉，建立方便、省时、省力的信息接收渠道，使用户投诉变得容易；三是迅速处理用户投诉，要高效。商家如果能形成完整专业的处理用户投诉的工作流程，会让用户很快疏解内心的不满，从而提高对商家的信任。

从另一个角度来讲，用户投诉是企业检视自身服务流程和服务质量的机会。企业要积极鼓励用户投诉和建议。企业将这些信息收集整理，通过系统分析排查，找出自身存在的问题，能把原来没有发现的问题找出来，如此一来，企业的产品和服务质量一定会有显著提升。

4．以用户满意度调查为契机，不断完善服务体系

用户满意度调查用来测量用户对所购买产品的期望值，通过它可以找出与用户满意或不满意直接有关的关键因素。对商家而言，用户满意度调查的关键是要让用户提出真实意见，这样商家才知道在哪些方面需要提升，使失望的用户满意起来。引起用户不满的原因通常是两种，要么是因为商家提供的产品价值低于用户的期望，要么是因为用户对商家提供的产品价值认识不足。商家可以通过自己或委托专业的调查咨询公司进行用户满意度调查。调查时要注意：一是根据企业自身的特殊性建立合适的调查指标体系；二是尽量随机取样，选取广泛而有代表性的对象；三是要对调查结果进行重点研究和分析。用户通常并不会因为一次不满而马上离开，商家应该抓住这个机会，进行产品改进、服务改进、修复用户感受来创造转机。

五、把握好服务号的营销策略

企业服务号在确定服务流程之后，面对消费者时还要确定自己的服务策略，就是如何服务才能满足用户需求。服务即是营销，服务的过程就是营销的过程。在营销服务中，我们应该重点把握好以下几个策略。

1．服务中心策略

服务号的目的是什么？就是给企业用户提供好服务，这是服务号的基

本战略定位，也是整个服务号的建设中心，所以服务号的一切活动都应该围绕这个中心进行。通过服务号的沟通机制，用户可以随时了解企业产品和服务的变化，可以就任何问题进行咨询，对产品和服务的不满意进行投诉和反馈，同时提出自己的意见和建议。如果这些方面服务号都能很好地完成，就是一个合格的服务号。

服务号在服务过程中，还能通过产品和服务展示，积极有效的用户沟通，自然而然地引发用户的购买和体验需求，形成新的市场需求。这也是服务号作为媒体服务平台对整个企业的贡献，是服务于用户的成果展现。

2．反馈调整策略

服务号的一个重要功能就是收集用户的反馈信息，帮助企业预测并把握市场发展趋势。服务号通过前台客服和后台数据分析，将用户投诉和建议进行数据化整理，提交给企业市场部门，市场部门根据这些数据变化，分析产品和服务的市场效果和改进思路。服务号在其中扮演着沟通渠道的作用。经营服务号就要始终坚持反馈调整策略，一方面是给企业市场决策提供依据，另一方面是为不断改善自己的服务流程，提升服务标准，形成一个良性的循环。

3．强化品牌策略

服务号要坚持走品牌化的道路。服务号的品牌化和企业的品牌化是一致的。服务号是在企业产品和服务品牌化基础上的进一步提升，是为企业品牌服务的。坚持平台品牌化，首先就要求建立与企业品牌相一致的文化理念，一切以满足用户需求、树立企业形象为指针。其次是不断创造差异化优势。没有差异化，就无法让自己的品牌形成个性，就无法在众多产品中脱颖而出。差异化要求企业服务号对服务的每一个细节都认真研究，和竞争对手走一条不同的路，独辟蹊径，更上一层楼，最终形成自己的品牌优势。最后是丰富服务手段，让服务触手可及。现在微信平台本身就提供了企业和用户互动的多媒体手段，无论是文字、图片、语音还是视频都已经畅通无阻，用户可以通过手机随时随地和企业客服进行"一对一"的实时沟通。这会大大缩小用户和企业之间的心理距离。

有以上三点，我们的微信服务号就能走出一条品牌化的成功之路。

六、抓住服务号运营的核心内容

服务号是移动互联网时代企业进行服务营销的重要依托。如何才能运营好企业的服务号？这是一个仁者见仁、智者见智的问题。不同的企业有不同的做法，不同的运营团队也有不同的实践经验。运营服务号固然有许多可行的策略，但有两点是必不可少的核心内容，一个是精准，另一个就是互动。

1. 精准

精准就要求服务号对用户的服务一定是"一对一"的，一定是能满足其个性化需求的。因为所有的企业服务都是以用户需求为导向的，用户有什么样的问题，企业就需要解决什么样的问题。但不同的企业解决问题的水平是不同的，有的企业满足于为用户解决一般性的问题，卓越的企业则会帮助用户解决核心问题，给予用户一步到位的解决方案。这就需要对用户需求的精准把握和强大的聚焦能力。

目前有不少小而美的服务号，因其提供丰富、快捷的生活信息垂直查询功能，一经推出就快速获得了众多微信用户的青睐。而且，不难发现，紧跟用户需求，提供有趣、实用、互动、便利的服务，是这些小而美的服务号赢得用户口碑的共同点。

【案例】"出门问问"个性化服务折射微信价值

"中关村边上有麦当劳吗？""深圳科技园附近有哪些快捷酒店？""上海最近天气怎么样？"这些看似简单的问题，在搜索引擎中查找时，得到的答案却往往是模糊的，最终还需要进一步搜索，或者通过更多的筛选和判断，才能找到真正符合需要的信息。"出门问问"则让筛选和判断的过程变得简单。

比如，对"出门问问"公众号语音输入"我在杭州南站下车，请问在什么地方住比较方便一些，预算为100元左右的标准间"，识别问题后，"出门问问"将自动根据商区、价格、房间类型为用户精准搜索出所需信息。除了查询酒店信息外，"出门问问"的服务范围还囊括了旅游、周边信息、交通、优惠券、快递查询、手机归属地等全面的生活信息，根据用户多方面需求，提供精准服务。用户只需要简单的语音输入，就能获得相关信息，与日常生活息息相关的问题全都可以轻松解决。

公众平台有三大优势：一是天然的语音入口，二是搜索产品特征，三是社交网络为个性化搜索提供基础。目前，"出门问问"已经成为手机上的生活服务搜索引擎，利用微信的智能语音搜索功能，一切生活服务都可以"听"得懂、"查"得到。而且，"出门问问"并不骚扰用户，产品不追求过分娱乐化，而是追求高质量的自然语言查询。

2. 互动

互动则是企业和用户进行信息沟通的重要形式。在互动过程中，企业明晰了用户的问题，并帮助用户解决。在互动过程中，企业和用户加深了彼此的了解，建立起了密切的伙伴关系，那么用户就成为了企业品牌的粉丝，口碑传播自然产生。良好的互动要求企业要经常考虑怎么将产品和微信功能深度结合，给用户有趣、实用的体验，让用户参与传播。

公众号要珍惜做互动活动的机会，好好策划，与用户建立更多的连接。在做互动活动之前，需要有充足的准备，避免导致活动达不到预期的效果。互动活动大体可以分为定位构思、多媒体引导、活动推送、后台记录四步。

第一是定位构思。做好活动定位和构思，深入了解关注用户的属性，比如这次活动面向哪些人群、他们有什么爱好、如何调动用户积极性、设置什么奖品、优惠券等。

第二是多媒体引导。互动活动要进行全方位预热推广，利用多媒体提高宣传度，在微博、线下、广告、官网等多方面宣传活动。对于有线下店铺的商家来说，可以利用的资源更多，比如餐厅，可以利用店铺门口的易拉宝，店铺里的桌角、纸巾盒、餐盘单等来全方位进行宣传。

第三是活动推送。互动活动现在有多种参与方式，比如疯狂猜图、刮刮卡、问卷调查等，提高活动的灵活性。

第四是后台记录。后台做好数据统计，记录好活动的参与人数、中奖信息等，方便之后奖品的兑换与消费的验证。活动进行中，如遇到大量的客服咨询，也要备有人工微信客服随时解答用户的疑问，引导用户积极参加活动。人工微信客服可打破公众平台回复的限制，应对大量咨询，实现一对多回复，便捷高效，完善服务，提升用户体验。

【案例1】"NIKE运动汇"微信互动活动助推"由此上阵"

2013年8月，NIKE在上海体育馆迎来了主题为"由此上阵"的第二届盛大运动派对——"NIKE运动汇"。与第一届运动汇不同的是，第二届运动汇采用了微信互动活动，利用二维码技术和收集徽章游戏提升了整个运动嘉年华的参与度。

"由此上阵"是NIKE掀起的一波营销战，NIKE还推出了革新面世的数字运动产品"NIKE+"系列。NIKE为此还推出了一个名叫"由此上阵"的游戏平台，并创造出适用于篮球、跑步和训练爱好者们的各类"挑战"，在这个平台上，用户既可以用"NIKE+"产品同步数据，也可以在绑定的社交平台上发布跑、跳、练时的照片来参与挑战。

【案例2】长虹微信机器人互动拉近与用户距离

在微信互动方面，做得非常出色的当属长虹公司的微信机器人，它们将一对一沟通的方式发挥到了极致。在大量品牌官方账号仍以推送优惠、促销活动等信息为主时，长虹的微信机器人则通过普通朋友之间的聊天方式拉近了与用户之间的距离。

为了满足与用户对话的需要，长虹官方微信设置了大量关键词来辅助交流，这些关键词不仅包含长虹公司的产品，更涵盖了生活中的方方面面，

如不同的心情、随性的话题、当下的热门事件等。因为信息的即时性和互动性，这甚至比一些语音助手还要更加智能和体贴。另外，在对话过程中，微信机器人可以扮演不同的角色来完成回答，这样的角色既结合了长虹产品的特质，同时也让用户可以得到更生动有趣的体验。

第二节　订阅号：提供海量信息和资讯

一、订阅号可以帮助企业解决的问题

订阅号现已经被统一放入了二级页面，那么，用户为什么要到众多订阅号中去寻找你的公众账号点开阅读呢？如果只是天天发广告、促销信息，用户是不会花时间去阅读那些没有价值的内容的。所以，订阅号必须走精品路线。

如今，微信的订阅者相比过去有线电视和电子杂志的订阅者有了很大的变化，微信订阅者希望有更广泛的选择，特别是如果在一系列产品中有最适合自己的，他们就会非常愿意订阅。同时，CRM 系统又使得商家可以更精确地将用户想要的东西送上。从用户过去的购买记录中发现机会，已经成为了微信时代新的市场准则。

订阅号在消费者和企业之间搭起了一个沟通的桥梁。企业则期望通过订阅号帮助自己解决三个问题。

1．沟通成本

在传统营销模式下，企业和用户之间的沟通成本是呈现居高不下之势，这是由于企业间同质化竞争造成的。企业非常期望通过订阅号解决这个问题。

2．用户流失

其实这个问题也是由于市场同质化竞争造成的。因为企业产品之间的差距越来越小，替代产品的种类越来越多。企业期望订阅号能为自己创造差异化的用户体验，从而留住用户。

3．用户需求

在互联网时代，用户的行为越来越难以预测，碎片化特征越来越明显。企业当下的最大困惑就是不知道用户究竟在想什么、用户到底哪里去了。企业期望通过订阅号的有效沟通，了解用户的真实需求和消费采购模式。

还有一个重要问题是，企业订阅号和服务号是有明显区别的。企业的服务号更像企业的官方服务平台，就像企业的前台；订阅号则更像一个代表企业的"文化人"——有血有肉，每天都可以说话互动的"人"。订阅号相比服务号更具有天然的亲和力，其文化传播能力和沟通互动能力是服务号不能相比的。这也是企业寄期望于订阅号的重要原因，希望订阅号能补充服务号的不足，成为企业实现互联网转型的左膀右臂。

二、订阅号提供的主要服务模式

订阅号可以为用户提供一站式、简便、个性化的针对性增值服务。订阅号在服务中也形成了自己的特色和模式。下面是几种主要的服务模式。

1．信息集成模式

消费者想购买某项产品或者服务的时候，首先会收集产品或服务的信息，以做出自己的消费采购决策。这些信息是从哪里来的呢？一部分来自周边朋友的口头传播，更多的则是来自互联网。在互联网上，搜索引擎"霸占"了消费者的大部分注意力，对消费者的认知和需求起着很大的导向作用。而订阅号出现后，企业会用它来为目标消费者提供关于企业产品的丰富信息和相关知识，这是企业在移动互联网端的一个信息源，也是一个品牌传播的阵地。消费者通过订阅号对企业产品和相关知识进行了了解，则很可能购买这个企业的产品，拉动销售。同时，企业通过对用户阅读行为数据的收集和分析，能帮助企业全面了解用户内在需求和产品的市场反应，从而调整企业市场策略。也就是说，订阅号在消费者和企业之间扮演了一个信息集成和中转的角色，是一个免费的中介平台。

2. 社区服务模式

移动互联网的出现，使虚拟移动社区成为可能。一个服务功能强大的订阅号能扮演一个社区核心的角色。现在一些地方的小区物业已经开始使用订阅号为业主提供小区的一揽子服务，比如缴水电费、物业费，通知送暖、供水、供电等服务信息，组织开展小区互助活动等，订阅号的社区服务功能发挥得淋漓尽致。社区服务可以是免费的，也可以是收费的，这与服务的质量和不可代替的独特性有关，如果你的订阅号提供的服务无可替代，则有可能建立收费服务模式，不过目前主流模式依然是免费模式。当然，订阅号还可以通过挂接企业广告或者产品销售来实现自己的运营收入。目前，社区服务将是订阅号运营的重要方向。

3. 厂商直销模式

这个模式最能体现互联网力量的强大，它使生产商能够直接接触消费者，因此压缩了分销渠道，省去了批发商和零售商，是最能体现互联网扁平化发展特点的营销工具之一。但如何让消费者关注到你的订阅号，这仍然是一个很现实的问题。还是回到问题的原点——只有把服务的内容做好，让消费者从订阅号中得到阅读价值，用户关注并认同了你的订阅号，才有可能产生交易。所以说，厂商的销售模式是建立在基本订阅功能过硬的基础之上的。这一点，企业一定要注意，否则展示多少产品也一样无济于事。

4. 收费订阅模式

即允许订阅用户购买一定量的内容访问权，比如页面访问数量等。大家知道，免费是互联网的一大特色。尤其在中国，绝大部分的用户都不会为内容付费的，因为在用户的内容消费中，必须要付费才能看到内容的情况并不多见。而且很多时候，用户根本不会在意自己看到的内容来自哪里，所以要想说服他们固定为某一公众平台付费是很难的。在互联网上，免费的内容足够多。而如果要付费的话，效果最好的是垂直领域的深度内容，这些内容的可替代性弱，所以更容易吸引用户。未来，收费订阅模式会有一定的发展空间，但不一定会成为主流模式，它似乎更适合小众内容的传播。

三、订阅号提供的个性化服务

所谓微信订阅模式，其实可以理解为利用订阅号为粉丝提供内容输出，通过用户关系的维持进行销售。粉丝会定期收到来自订阅号的内容，包括产品、服务及各种信息。订阅销售模式目前已被应用于多个不同行业，都取得了成功。

订阅号的服务优势就在于：首先，通过订阅号与用户一对一的交流，降低了用户的消费风险，激发了消费者尝试性的购买欲望，在最低成本的基础上吸引用户的同时还锁定了消费心理。其次，粉丝一旦关注了订阅号，就代表他有了解商家的倾向，这样，用户一旦养成某种消费习惯，就会反复购买，对商家来说，就与消费者形成了黏性互动，从而促进销售。最后，商家根据订阅用户的个人资料定期向用户推送各种商品或促销信息，商家由此渗入用户的人际关系网络。由此可见，订阅号开创了商家订阅的新局面，并以共赢的局面发展壮大。

正基于此，订阅号能为用户提供以下个性化服务。

1. 亲情式服务

亲情式服务最容易使企业和消费者建立感情连接。亲情式服务通常是秉承"真诚、周到、朴实、自然、亲切"的原则，让用户对产品和客服人员产生情感共鸣。订阅号要实现这些相当容易，可以通过语音或视频，对用户表达节日祝福。随着都市人生活节奏的加快，在一定程度上都忽略了亲情，商家利用订阅号提供亲情式服务必定会受到用户的好评。如果企业能掌握用户的生日、结婚纪念日等个人信息，则可以在这些重要时刻到来时给用户发送祝福信息，用户一定会非常感动。

2. 管家式服务

订阅号可以为用户提供管家式服务。提供这类服务的订阅号主要适用于一些规律性的消费品类，比如内衣裤、纸尿裤等。对于合适的品类，这

种服务最有效，用户通过微信直接购买这类商品不仅可以获得折扣，而且配送速度又快。如果订阅号的这个功能一旦和企业大数据平台结合起来，就能为用户提供真正到位的管家式服务。

3．响应式服务

就是用户无论通过何种互联网方式发布自己的需求信息，服务商（企业）都会根据平台收集到的需求时间、地点、内容来响应用户的需求，主动为用户提供个性化服务。举个例子：如果你的车今天不幸在路上抛锚了，只要给微信订阅号平台发求助信息，维修工可能在十几分钟之内就赶到了你那里。这就是响应式服务。

4．顾问式服务

顾问式服务不是一股脑地将自己的产品推销给用户，而是站在用户的角度，针对用户的实际问题为用户提供方案，以中立的站位和专业的知识成为用户的智囊团。对于商家来说，顾问式服务是指商家通过与用户的沟通，给予有效的解决方案。

顾问式服务尤其适合产品专业性较高的微信平台使用。不少商品专业性很强，用户对产品的了解不一定全面，这时就需要首先为消费者提供专业知识的传递。以杜蕾斯为例，其公众号每周发布一次粉丝问题解答集锦，这些内容都非常优质，具有很高的浏览价值，用户自然不会反感。很多品牌商品的意义并不在于商品本身，而是给用户带来什么样的价值感受。那么顾问式服务就是在此基础上帮助企业明晰用户真正的需求点是什么，从而增强用户对品牌的信赖感和认同感。

5．促销式服务

商家可以把订阅号作为一个促销优惠工具使用。根据产品销售策略和时间节奏制订平台促销方案，并通过微信订阅号传递给消费者。这是成本最低而送达率和响应率很高的传播方式。利用这一方式时需注意两点：一是要突出订阅者的身份价值，只有订阅者才知道这个优惠信息，才有资格以这个价格拿到产品和服务；二是促销要有节奏感，不能成天搞促销，要有特定的季节性，力度大一些、间隔长一些，效果才会更好。

四、订阅号如何创造更多的增值服务

订阅号的运营核心就是提供更多的增值服务。订阅号只有在为用户创造更多增值服务方面下足功夫，才能留住更多的忠实用户。那么，该如何为用户创造更多的增值服务呢？我们在这里谈谈订阅号的运营心法。

1. 学会用心聆听用户需求

一个营销高手一定是一个善于聆听对方心声的人。很多销售人员或者客服只向用户不断力推自己的产品和服务，却没有静下心来分析一下用户的真正需求是什么。经常会有商家在收到某个产品不好卖的信息时，第一反应就是该产品的价格是不是比竞争对手高，或者自己的促销费用是不是比竞争对手少等，但或许实际情况是该产品的包装问题等原因。聆听是发现用户需求的法宝。在聆听的过程中，也要学会发问，进一步明晰用户的问题和需求。然后将解决用户的问题作为自己的工作重点，在最短时间内帮助用户解决。

2. 关注用户体验的每一个细节

我们知道，一个良好的用户体验是由若干流程环节和服务细节组成。一个优秀的平台客服就要关注为用户服务的每一个细节，争取都做到最好，这样才能打造良好的用户体验。比如用户总是希望能够通过最简单的方式解决最复杂的问题，尤其反感繁复的服务环节和长时间的等候，所以在流程设计上一定要最大程度降低用户的操作难度，缩短服务响应时间，回答用户的问题一定要简明扼要，让用户在轻松愉悦的心态下轻松解决他们面临的问题。

3. 及时做好信息反馈

每一次服务后，都要及时征询用户的感受和意见，虚心听取他们的建议。尤其对于用户投诉更应该高度重视，不要因为交易大小而区别对待。用户

的每一条意见和建议都是公司的财富。未来的企业在产品开发上都会走向"智慧众筹"模式，小米手机的成功，就在于吸引粉丝深度参与手机的设计研发环节，不但汲取了众多粉丝的智慧，而且同时完成了市场调研和强大的口碑传播。订阅号也要注意在这个方向上下功夫，一定会有令人惊喜的收获。

4. 向朋友一样问候你的用户

一句问候、一个微笑、为用户办一件力所能及的事，都是订阅号增值服务的重要组成部分。如果你想让用户成为你的铁杆粉丝，一个非常重要的细节就是像老邻居一样经常和你的用户打招呼，让用户感受到热情和归属感。所以，经营订阅号一定要学会和用户打成一片的方法，让问候用户成为一种习惯。

第十二章　微信公众号经营全攻略

在前面，我们比较全面地介绍了微信公众账号运营的基础知识。下面我们就如何经营粉丝经济、如何凸现微信平台核心价值等经营层面的问题进行探讨。

第一节　微信粉丝，威力无边

一、掌握发展粉丝的营销策略

公众平台成功与否的关键因素是什么？答案毋庸置疑，是粉丝！"粉丝经济"泛指架构在粉丝和被关注者关系之上的经营性创收行为，被关注者多为明星、偶像和行业名人等。由这个概念可以看出，粉丝的多少决定着公众平台的价值。那么，如何经营粉丝经济呢？

首先，如何获取粉丝是微信营销中最重要的工作之一。想快速获取大量粉丝就必须首先掌握正确的发展粉丝的营销策略。这不是简单通过掌握一些方法就能解决的。我认为，比较实用的有以下三大营销策略值得企业学习。

1. 穿好衣——做好形象包装

微信公众平台的形象包装非常重要。这一点，我们在前面的章节中已经重点讲过。这里需要强调的有两点。

（1）取一个好记、好看、好输入的账号名称

在微信营销中，账号名称是非常重要的，很多人喜欢设置域名的时候有"-"之类的特殊符号，虽然看起来比较好看，但是不便于记忆，更不便于粉丝和目标用户的输入和搜索。所以，给公众平台取名的时候一定要从用户的心理角度出发，公众账号域名要好记、好看，更要好输入，才便于传播。

（2）做一个好看的二维码

二维码是微信营销的重要环节，尤其是在线下推广方面。所以，应该力求做到自己的二维码要好看、有个性，要能吸引人们有拿出手机去扫一扫的欲望。

2. 站好位——占领推广宣传的好位置

很多商家已经开始越来越重视微信营销了，他们在传统的报纸、电视、公交站牌等广告位上都放上了自己的微信二维码和微信账号名称，起到了非常好的宣传效果。随着微信营销闭环的完成，商家也已经意识到，微信上可以完成从市场调研、品牌传播、用户维护、客服咨询、销售、售后跟踪等所有工作，宣传自身的公众账号，把目标用户吸引到企业的公众平台上来对企业的运营意义重大。

企业也要在线上做好微信平台的推广，在企业的官方网站、官方微博、论坛、博客等所有媒体资源上尽量都放上自己的微信二维码。因为就趋势而言，"未来企业的广告宣传端口，一定都会把自己的微信公众平台放到最显要的位置"。

3. 唱好戏——做好活动策划推广

从 O2O 的思维角度来看，只有单一的线上宣传和活动是解决不了企业"吸粉""聚粉"的问题的，必须线上线下同时互动，形成一个闭环，才能达到源源不断地吸引和转化粉丝的目的。线下活动需要好的策划和执行，中间要植入对微信账号的宣传。企业可以策划各种促销会、联谊会、新闻发布会、嘉年华等，营造粉丝氛围，使线上平台和线下活动有机结合，相互转化。

二、快速增加微信粉丝的窍门

社交网络让优质的商品传播得更快，商家要想通过微信得到更多的营销机会，必须把好产品或服务的质量关。我们知道，有效的粉丝是商家进行微信营销的核心武器，那么，如何快速增涨自己的微信粉丝呢？我们下面讲一些行之有效的小方法供大家在实践中参考。

1．设置签名，搜索附近的人

微信个人签名数有限，只能输入 29 个字符，因此要简单说明自己经营的内容，充分利用好这块广告位，通过每 15 分钟刷新一次"附近的人"或使用"摇一摇"功能，让其他用户看到你的签名。

2．漂流瓶吸引

同时操作多个小号，每天丢漂流瓶，越多越好，然后写一些诱导性的留言，让陌生人主动加你。这种如同大海捞针的方法也不失为一种找到潜在用户的技巧，但盲目性较高。

3．摇一摇推广

"摇一摇"目标是让用户看到自己的签名进而添加我们。这个方法的好处是可以突破地域限制。"摇一摇"功能按照最近的同时摇手机的用户配对，如果附近没有，那么就会给你配对其他相对应较近的用户。如果你不嫌手酸，可以尽量多摇，但这个方式发展粉丝的速度也有限。

4．微信互推

这是微信快速增长粉丝的方法，以大号带小号，通常的做法是先做到 1000 名左右的粉丝后，开始找人合作互推，效果好的话一次就会获得上百的粉丝。所以，微信合作也很重要。需要注意的是，合作方的粉丝未必是你的目标用户，也未必会心甘情愿地成为你的粉丝。

5. 微博、QQ、网站推广

利用官方微博原有的受众基数，更新微博头像进行二维码推广，并发布全新的关于微信公众账号推广的新内容，为微信带来粉丝；或者申请一个QQ号，充分利用QQ群、QQ邮箱等资源，每天发有用的资讯，吸引人们注意；在网站上开辟广告专栏推广自己的微信平台，放上平台简介和二维码。

6. 话题和内容吸引

只要发布人们感兴趣的话题，人们也会主动来关注你。在这个时代，人们缺少的并不是资讯，而是对他们有用的资讯，所以在发布微信内容时，千万不要一厢情愿地发各种广告，变成垃圾制造者。每写完一篇文章，可以在文章的最后附上微信公众账号的二维码，文章一旦发布出去，必定会有人来关注你。发布文章的平台越高，粉丝会增加得越多。论坛、博客、微博、贴吧等都是很好的平台。在各大社区处处留"情"，增加曝光率，这样也会给你带来很多粉丝。

7. 第三方应用吸引

要想让你的微信公众号变得独特，就必须丰富你的应用，只需要将应用加载进微信，就能利用丰富的使用体验吸引更多的粉丝。

8. 活动推广＋扫一扫＋微信签到

活动推广的重要性前面已经讲了。这里再次提出活动推广，是强调在活动推广的过程中，无论是线上活动还是线下活动，都可以灵活运用二维码的"扫一扫"功能和微信签到功能来增加粉丝。不少商家会在每个可以宣传的地方，如户外广告、电梯广告、宣传彩页、易拉宝等位置上放置二维码，但是这样做还不够，还要给别人一个扫你的理由——通过"扫一扫"能获得更优惠的服务！商家也可以举办一场别开生面的活动或新品发布会，让用户通过微信签到来增加粉丝。

9. 意见领袖推介

成功企业家、企业高管、社会名流、学者、艺术家等往往也是意见领袖，他们的观点具有相当强的渗透力，在各自领域对大众也有着比较广泛的影响力，能潜移默化地改变人们的消费观念，影响人们的消费行为。微信平台可以通过人脉关系找到这些意见领袖，让他们有偿推荐你的微信公众平台，就很容易吸引到大批的粉丝。

10．社交工具推广

这里指利用社交应用来推广，比如在流量高的网站上放置你的二维码，或者利用图片和视频进行推广。

 朱老师语录

用来增加粉丝的方法如此之多，需要说明的是，对于不同类型的账号，适合的推广方法都不太一样，关键是多去研究，找到一些适合自己的推广方法。要想增加粉丝，商家首先要与目标用户进行互动或者对话，然后从中寻找到有效的粉丝，同时还要善于借助各种技术，将企业产品、服务信息传送到潜在用户的大脑中，为企业赢得竞争优势，为打造出优质品牌做基础。

三、发掘粉丝用户的战略途径

这里我们把粉丝和用户并列放在了一起，给予了同等重要的地位。其实，吸引粉丝的过程也是开发用户的过程。我们在上面罗列了增加粉丝的10 种方法，这些方法实施难易程度不同，效果也各不相同。下面，我们结合实践重点探讨发掘粉丝的几个战略途径。

1．利用 QQ 来挖掘粉丝用户

如何把 QQ 里面的用户资源变成你微信平台的用户资源，这是一个比较重要的课题。因为很多企业经营者在自己公司的 QQ 中都沉淀了不少用户

资源，激活这些资源，将其转化为微信平台资源很有现实意义。

QQ账号与微信的打通，大大提高了用户转化的便捷度。通过QQ邮件、好友邀请等方式都能实现批量QQ用户的导入。收集相关QQ群，越多越好，商家如果能找到和自己相关的QQ群并完成转化，让目标用户成为自己微信公众号的粉丝，那么对营销来说将是一件非常有益的事情。

QQ群推广方法说得通俗点就是做广告，把自己的产品、技术、服务等通过媒体广告的形式让更多的人和组织机构了解、接受，从而达到宣传、普及的目的。在加QQ群之前首先要明确你推广的产品和服务是什么，目标用户是哪些阶层，然后再去申请加入群账号。QQ名字要起与自己产品和服务相关的。最后将目标用户导入到微信账号中。

发掘转化QQ资源的具体步骤如下。

（1）寻找目标QQ群。在QQ群中搜索与自己企业相关的群，目标应是对你的企业及内容感兴趣的群。这里切记不要乱加群，胡乱撒网收效甚微。只有找到对你感兴趣的目标用户，才能真正成功。

（2）加入目标QQ群。申请加入目标QQ群时最好多看看群的名字和资料，入群申请理由最好和群名有关，让群主一看，第一印象不会认为是来发广告的，这样比较容易得到批准。

（3）对加入的群进行分类和备注。每成功加入一个QQ群，就要对其备注进行编号，以方便管理。对于最相关的QQ群要重点照顾。这里要注意一点，加进去之后要礼貌对待用户，否则容易被"踢"出去，从而损失掉用户资源。另外，在加群过程中，最好建立一个文档对相关群进行资料整理，写明是已加入或是被拒绝等，以免丢失掉没有成功加入的QQ群。

（4）利用群图片上传微信二维码。可以把自己要推广的产品或服务整合成一张图片，在QQ群里发布，并在图片下方附上自己的微信二维码，方便别人看到并扫描。

（5）群发邮件。邮件标题要设置得吸引人。另外有一点要注意，就是一定要利用好 QQ 群的邮件弹窗功能，如果这点没利用好，群邮件的转化率会很差。弹窗显示的是邮件的标题，标题不能过长，过长就会显示不全，合理字数在 13 字以内。

（6）利用 QQ 群聊。商家可以把各种好玩的图片、表情包等收集起来，加上自己的微信公众账号发到群里。

（7）利用群空间。在群空间发了帖会有即时消息提示，不要发广告，以防止被"踢出去"，可以发跟企业有关的文章，网址可以在签名里显示。

（8）利用群活动。可以发起一些有趣的、吸引人的活动，那么肯定会有人参加的，宣传的效果会不错，最重要的是能提升大家对企业品牌的认知度。

（9）利用 QQ 个人空间。QQ 空间比较适合微信公众号推广和服务支持，QQ 空间的开通率在 80％以上，这个用户基数相当庞大。商家要善用员工的 QQ 空间来推广企业的微信。可以多发一些转载的文章，并在后面附上企业的微信公众账号。这样，通过文章的更新宣传自己的微信公众号，只要内容有足够吸引力，导入量就不会太低。

（10）善用群附加功能。除了传统的在群内发广告外，其实现在 QQ 群的很多附加功能都具有非常好的推广效果，甚至超过了在群内发广告的效果。要善用群名和群公告，这两处都是群成员进群后最先看到的地方。不过，这个只有群主或是管理员才能利用，所以建议自己多多建群，多多担任各群管理员。其他功能，比如群自带的论坛、群内分享等，这都是推广的绝佳地点。

总之，QQ 群营销的好处就是精准、效率高、持续性长、成本低，非常适合一些小型商家做营销推广。如果利用好 QQ 群营销，并将之转化为企业的微信粉丝，推广效果将是惊人的。

2. 利用二维码吸引粉丝用户

二维码已经是商家进行营销推广的重要方式。用户利用手机二维码功

能对商品或服务进行搜索和浏览，通过扫码还可以查询打折，进行网络购物和网上支付。二维码主要有五个作用：打折、比价、支付、查询和体验式购物。

二维码凭借其一键连接线上线下的功能，大大提高了营销活动的趣味性和参与的便捷性。用户通过手机扫描二维码即可快速便捷地浏览官方微信号，下载音乐、视频，获取优惠券、参与抽奖、了解商家产品信息等，省去了烦琐地搜索输入，实现了一键式浏览。条码识别应用也为平面媒体、增值服务商和企业提供了一个与用户随时随地沟通的方式。就是这些有趣、便利的特性吸引了众多消费者参与到品牌的营销活动中，并在互动中建立密切关系，成为企业品牌的粉丝。

随着微信平台使用范围的不断扩大，越来越多的企业将二维码作为企业的"第二张身份证"来使用。"手机＋二维码＋微信平台"将成为人们未来获取丰富生活资讯的最佳通道。同时，作为使用二维码的企业，结合微信平台的后台管理功能，可以有效检测分析用户来源和渠道、需求和行为习惯，有效分析各种宣传媒体的投放价值和功效，为进一步实现精准营销和媒体传播提供决策依据。二维码已经成为企业实现O2O营销的关键环节。

那么，实施二维码营销有哪些基本步骤呢？

（1）搭建以微信平台为核心的多媒体宣传平台。PC端网站、手机网站、社区及论坛、微博、QQ以及App等，这些都是企业可以选择的宣传平台。

（2）企业将这些平台组成以微信公众号为核心的宣传矩阵。通过二维码串联所有平台，实现前后台打通。前台打通，就是用户可以很方便地从一个平台转移到另一个平台。尤其是从其他平台汇集到微信公众平台，最终在微信公众平台达成交易；后台的打通，就是实现数据汇聚共享，所有其他平台的用户数据都汇集到微信公众平台的数据中心，实现统一的信息处理，最终成为有价值的用户数据。

（3）企业通过线上和线下协作开展营销活动，大力推广企业二维码，加大"吸粉"力度和速度。企业可以在活动现场张贴带有二维码的海报、派发带有二维码的宣传单、在名片等平面介质上放置二维码，将用户导向企业网站或产品促销信息页，甚至可以利用二维码的扫描支付功能进行打折促销活动，以此达到"吸粉"目的。

3. 利用微信会员卡留住粉丝用户

现在是一个会员卡泛滥的时代。但过多的会员卡降低了会员的身份价值，不但携带不方便，而且对用户消费决策形成了干扰。微信平台已经开发出了微信会员卡功能，企业可以利用其会员卡功能为用户打造更舒爽的消费体验：用户关注微信公众平台获得会员身份或者通过和原有会员卡进行捆绑而获得双重身份认证。拥有微信会员卡的用户可以通过阅读平台推送的优惠促销信息获得专属优惠，到达线下体验店后，只需要用手机扫一下店内的二维码便能完成身份认证和消费支付，这是多么有趣而又有效率的消费过程！再也不用掏出一大摞会员卡去认证身份了，一部手机就可以完全搞定。

对于商家而言，发行微信会员卡的三个步骤为用户导入、使用会员卡和商家营销。商家可以用文本、图片、音乐、语音、视频等多媒体形式营销，给用户传达需要的信息，加强用户的忠诚度。事实上，微信会员便捷的开卡模式、方便的优惠途径确实受到了用户的欢迎。用户不用下载安装会员软件、不用制卡成本、不用填写、不用留存任何纸张、不用服务员引导，只要拿出手机就可以，非常方便。

微信会员卡通过微信内植入会员卡，基于全国6亿多微信用户，帮助商家建立集品牌推广、会员管理、营销活动、统计报表于一体的微信会员管理平台。清晰记录商家会员的消费行为并进行数据分析，还可根据用户特征进行分类，从而实现各种模式的精准营销。

4．善用朋友圈发展粉丝用户

朋友圈是一个熟人圈。每个人都可以利用朋友圈发照片、写感想。作为营销手段，你也可以把你的产品宣传单页拍下来发到上面，附带自己的一句话介绍，图文并茂，让大家一目了然，从而产生浓厚的兴趣。目前朋友圈倒是有成为"跳蚤市场"的趋势——很多人都利用朋友圈开始卖东西了。作为发展粉丝的方法之一，你可以在朋友圈里面介绍自己的企业和产品的特点，讲一讲自己的品牌故事，总之形象生动有趣才能够吸引关注。写完发表之前别忘在后面添加你的公众平台号或者二维码，以方便别人关注。你甚至可以直接转载自己微信平台上面发表的文章、推送的促销活动方案。只要有价值，你都可以分享给你的朋友，那么获得关注则是很自然的事情，把朋友发展成为粉丝也只是时间问题了。

5．通过话题寻找粉丝用户

微群是由有共同话题的用户组成的群体。如果他们讨论的刚好与你的产品和服务相关，那么这些用户就是潜在用户。你可以加入其中参与讨论，并不失时机地把企业的二维码推荐给大家。因此，多加入各种话题圈子对发掘粉丝很有帮助。另外，你还可以在微博上通过搜索话题名称的形式，找到参与这个话题讨论的人群，进而发现自己的目标用户，当然你也可以通过标签寻找到用户。发现这些用户后再想办法将他们导入到你的微信平台上来。

四、提高活跃度是粉丝经营之道

粉丝数量多，并不代表什么，只有活跃的粉丝数量多，才真的意味着公众平台有价值。作为企业，我们发展粉丝的目的是什么？绝对不是为了热闹好玩儿，而是为了实现企业品牌的口碑传播，为了拉动销售业绩。所以，单单是粉丝数量多并不代表你的能量级别就高，也不意味着丰厚的回报。现在市场上有"买粉"的现象，大都是"僵尸粉"——大多是机器人背后自动化程序添加，根本不互动，也不会给你做口碑，只是充充门面而已。

这样的粉丝是没有任何价值的。增加活跃粉丝，激活休眠粉丝，才是粉丝经营之道。

 朱老师语录

提高用户的活跃度是公众平台一定要重视的事，用户的活跃度代表了公众平台能带给用户带来多少价值并决定了一个公众平台的价值，所以我们不能忽视用户，要做好服务，让用户忠诚于我们。

五、想办法充分挖掘粉丝的价值

获得粉丝关注后，还要想办法充分挖掘粉丝的价值，才能真正创造和挖掘公众平台的价值。下面我们推荐三种方法供大家参考。

1. 引爆粉丝的"核能"

粉丝的力量是巨大的。要想发挥出粉丝的力量，就要学会引爆粉丝的"核能"，把粉丝群变成"核反应堆"，让粉丝们发生"核反应"，最终形成"粉丝核风暴"，在网络上形成强大的品牌传播威力。这其中有以下三个要点。

（1）最大限度地兜售"参与感"

换句话说，你一定要让粉丝们参与到产品的策划和营销的各个环节中来，让粉丝们明白他们自己才是产品的主人，他们的意见很重要，也决定着产品的未来，在这一点上，小米手机就是这么做的。把粉丝们代入企业，他们就会把产品当作自己的"孩子"，为自己的"孩子"加油呐喊。

（2）让粉丝产生粉丝

这是提升核反应"当量"的重要环节，就像核裂变一样，让粉丝产生粉丝。如果我们成功地兜售给粉丝们"参与感"，那么粉丝们自己就会去"拉队

伍"，我们要做的就是在平台的栏目、内容、功能多个方面做好设计和配合，为粉丝队伍摇旗呐喊，提供更多更好的服务体验。

（3）制造引爆点

核反应是需要引爆点的。我们的引爆点是什么？就是活动，有深度引爆能力的品牌活动，能线上线下配合起来最好。这个活动中，我们要策划高潮点，把参与和主导权更多地给粉丝团，平台只是在幕后策划和提供物资支持。这需要很强的策划能力，最好能结合企业的市场战略节奏和社会热点事件，找到最佳的时间点和话题内容，再配合系统的宣传造势，这样就很容易形成引爆点。引爆之后，在短时间内，粉丝团就可能会成几何级增长，关于企业品牌的话题可能在网络上迅速传播，产品销量也很可能疯狂增长。

2. 提升老用户的"感情能级"

大家都知道，商家维护老用户的成本要远远小于开发一个新用户。老用户是一个企业的市场基石，也是一个企业的信心和底气所在，失去老用户的支持，企业可能会陷入岌岌可危的地步。商家都会比较注重产品和品牌的宣传，比如不断开发新的产品，研究下一步的营销战略等，从而获得更多的收益。但是在用户维护方面，获得新用户固然可喜，而老用户的忠诚才能让企业声名远播。

人的感情是有能级的，就像人和人之间是有亲疏远近一样。作为微信营销平台，它的最大优势就是既能用来开发新用户，又能维护老用户。在维护老用户上，主要的任务就是不断提升老用户的"感情能级"，不断加深和巩固企业与老用户的关系。那么如何做到这一点呢？

其实从商业的角度来看微信，它本身就是一个实时开放的互联网型的CRM系统，从数据收集渠道到数据加工处理都基于强大的互联网，是维护用户关系的法宝级工具。

维护老用户就是要通过用户关怀不断强化用户对平台的依赖感和信任

感。在这方面我们大有可为，我们可以给予老用户 VIP 身份，以及更多的优惠服务，邀请老用户参加企业新产品发布会，让老用户为企业的发展做见证等。老用户的感情能级提升后，就会成为企业网络中的核能节点，不断帮助企业吸引更多的粉丝，形成更强大的粉丝军团。到了这一步，企业想不赢都难！

3. 实施粉丝"智慧众筹"

众筹模式是当下比较流行的一种新的项目合作模式。简单地说，就是由项目发起人发起招募，组织一群合作伙伴以类似"团购"的形式共同投资完成整个项目的建设，并按投资比例获得项目回报。这里只是借用了众筹这个概念，我们要说的是企业可以通过吸引粉丝参与企业产品的设计和营销，借助粉丝的力量完成市场调研信息的收集和设计方案的筛选、完善，依靠粉丝的口碑传播实施企业的市场营销活动，并承诺给予粉丝以物质上的回报（免费赠送产品、超优惠购买产品等）。这是向粉丝融智的一个过程，筹集的不是粉丝的资金而是智慧，这同样也是巨大的财富，而且对企业来说，这种市场调研才是最直接有效的，也是成本最低的和最有保障的营销手段。

六、粉丝与用户之间的相互转化

转化有两个层面，一个是将用户转化为粉丝，另一个是将粉丝转化为用户，最终实现粉丝和用户身份的叠加和统一。在这个过程中，我们实现了将潜在用户变成成交用户，把产品购买者变成品牌传播者的营销目标。那么，如何实现粉丝与用户之间的这些重要转化呢？我们的内在逻辑是：带给用户价值，用户就会转化；带给粉丝惊喜，粉丝就会爆发。所以转化的过程就是一个给用户（粉丝）创造让渡价值的过程。我们这里只是给大家一些建议，更多的方法需要大家去摸索和创造。

1. 借力意见领袖

意见领袖是有效的意见传播者，是会给商家提供决策的参谋。商家要

提供足够丰富的信息给意见领袖，让他们对企业有准确的认识，而不是曲解，必要时还可以结合一些公关活动，将他们组织起来，正面传播自己的产品或服务。

2. 赠送惊喜小礼品

可以赠送与产品相关的副产品，或者是印有公司标志的小产品，甚至一些消费者喜欢的小产品。产品上一定要记得放置微信二维码。

3. 定期举办活动

每一年都要定期进行促销类的酬宾活动，比如在节假日或在企业的年度庆典，这些活动能够让消费者感受到你在关注他们，一定要在酬宾时让消费者真的收到实惠的产品。

4. 升级用户身份

每个消费者都希望自己能够成为商家的贵宾，对于商家来说，给用户打折卡、贵宾卡，为他们提供一些有特色的服务，会让用户与企业的关系更加细水长流。

5. 提供消费指南

消费者都希望有专业的消费指导，因此，商家推出新的产品或者服务的时候，一定要给消费者提供一些消费指南，或是体验活动，要让他们能够直接感受到你的产品的价值和服务的特色。

6. 收集用户建议

当一些用户对商家提出建议的时候，不要告诉对方这些都办不到，而是要将他们的意见收集起来，或者在适当的时候告诉用户自己采取了什么措施，用户都希望他们的意见能够给商家指导，并对他们表示感谢。

7. 帮助用户决策

当遇到犹豫不决的用户时，可以先例举成功案例，再刺激下单。尤其是当用户对价格有疑虑的时候，要从自己的产品成本出发，算账给用户听，以取得用户对产品价格的认可。

第二节　微信营销的战术总结

一、微信营销从目标到落地的环节

下面我们把微信平台从目标定位到成果落地的整个过程分为 10 个环节，做一个宏观的梳理，这将有助于读者形成一个整体的运营概念。

1．明确微信营销目标

这是一个已经探讨过的话题。这里之所以再次拿出来强调，就是因为它特别重要，以致决定着整个平台经营的成败。明确平台经营目标也是给微信公众平台进行战略定位。这个和公司的品牌战略定位是密切相关又相似的。如果往战略高度上讲，我们开发使用微信公众平台的目标，就是要帮助企业实现从传统企业向互联网企业的转型，建立真正基于"以用户为中心"的互联网思维和运营机制，最终形成富有独特个性和精神的企业文化。如果往具体运营层面来讲，那么开发使用微信公众平台的目标，就是建立企业和用户沟通畅通互动的信息渠道，通过与用户（粉丝）的积极互动和精准的用户营销与管理，实现企业品牌的快速低成本传播，推动企业营销业绩的不断提升。如果说得再浅显一点，就是利用微信公众平台迅速获取大量优质粉丝用户，提升市场营销业绩和企业市场竞争力。

这个定位之所以重要，是因为在明确定位之后，我们就不会受那些与目标无关因素的干扰，从而更好地完成微信营销的使命。比如，我们微信平台的重要任务是发展粉丝，将优质粉丝转化为用户，再将用户培养成自己的忠实粉丝。那么在经营中，就会时刻以粉丝满意度作为衡量我们营销活动成败的标准，就不会脱离粉丝需求而发无效文章，也不会组织不接地气的促销活动。所以，我们还是把明确微信运营的目标作为整体微信运营

的第一个步骤。

2. 组建平台运营团队

微信平台运营需要一个高素质的团队，因为这是企业的一个战略级的系统工程，包含整合了企业的产品研发、市场调研、用户营销、服务体验、品牌传播、客服咨询、用户数据分析与管理维护等一系列活动。没有一个好的团队，功能再强大的平台也发挥不出应有的作用。在这个问题上，很多企业是有误解的。有的企业很大，随便在市场部、人力资源部、营销部等部门抽调一些人手组建了一个松散的团队，但这样的团队是没有战斗力的。有的企业人手少，就在办公室指派一两个员工编辑发送一下信息就完事了。这些做法都无法保证企业微信营销的落地。

一个有远见的企业，应该单独成立微信运营部门，明确其战略目标和工作职责、流程，协调好本部门和企业市场营销与产品研发各部门之间的关系，使之成为企业的又一个运营中心。微信运营的问题可能需要召开多部门的联席会议进行集中讨论，不是简单发个信息就能解决的。没有战略上的高度重视，就没有战术上的落地成果。即使是小企业人手少，也要做好相应的职能设计，企业一把手要把平台运营作为中心工作进行关注和指导。

3. 细化内部营销流程

企业组建好运营团队后，就要细化内部营销运作的流程。也就是说，一定要围绕微信平台的运营做好分工。有人负责技术平台搭建，有人负责活动内容的策划，有人负责活动落地执行，有人负责转化粉丝，有人负责客服互动，等等。每一个岗位都有固定的人手，都有明确的岗位要求。人不多的可以一人多岗，跑步上岗；多人一岗的，就要细分职责流程，做到分工明确，相互配合支撑。建立头脑风暴和会议检视制度，让讨论结果有记录，工作部署有检查，成果好坏有激励，令行禁止有纪律。

有了一个严谨的内部流程，就不会出现工作断档，能有效保证平台的持续运营。

4．搭建平台功能模块

不同的企业其业务内容不同，工作系统不同，对微信平台的要求也往往各不相同。有了战略目标和运营团队，就要根据企业的内在需求搭建平台的功能模块。例如，如果你是一个五金工具的生产厂家，你的微信公众平台面对的可能更多的是经销商、代理商，只有一部分是五金工具的直接用户，那么你在设计公司微信平台的时候，就要考虑对经销商和代理商的服务需求。经销商和代理商关心什么，那么你的平台上面就应该出现相应内容，比如五金工具的产品进出口形势、技术研发动态、市场价格波动以及各地展会信息等。你的微信版面要方便用户输入查询这些信息，或者设计好丰富细致的关键词，或者干脆设计到面板菜单栏中，方便用户一键查询。如果是一个美容美发店，那么你的微信平台上就要展示用户关心的发型设计潮流、美容美发产品和技术、服务价格等。在微信平台上，你就要承担起形象顾问的角色，为用户提供专业级的咨询服务。同时，你还要设计用户的体验留言功能，方便后台进行数据收集分析，最终为用户提供一对一的个性化精准服务。

不同的企业都需要满足不同的用户需求，最终形成不同的平台功能模块。只有适合自己企业情况和用户需求的平台方案才是最好的。

5．装扮美化平台形象

微信平台的形象是需要精心设计的。这个形象应该和企业的品牌形象保持一致。从微信平台的 LOGO 设计、二维码造型，到界面文字、图形、色彩都要精心考虑，搭配和谐一致才能给用户一个美好的印象。好的形象既能突出企业的个性，又能展现企业的行业属性。能让用户在众多的微信平台中迅速识别出来，这样的企业平台形象才是成功的设计。

6．策划平台活动内容

有了好的平台形象之后，就要开始设计平台的内容。平台内容大体分

为两种，一种是传播企业产品信息、行业知识、企业文化等内容，这部分主要集中于线上，是企业常规的资讯宣传；另一种就是企业的各种线下活动，比如店庆、重大节日促销、新产品发布会等。这两种活动往往是结合在一起的，线下的活动与线上的宣传配合在一起做，才能收到好的效果。

如何策划出好的平台内容呢？这是一个核心问题。我们的经验是：找到用户最关心的问题，找到用户最渴望被满足的核心需求，然后以用户喜闻乐见的形式推送给用户。这个内容要有价值，这个形式要有趣味。企业的广告也最好植入到活动中，在无形中对用户造成影响。

团队还要策划出高质量的营销文案和活动方案。活动不一定要费钱，但一定要为用户创造惊喜。所以创意设计就特别考验策划团队的策划水平。

7. 开拓平台引流通道

要想吸引到源源不断的粉丝，就要在有了好的内容后，尽量打通所有的引流渠道。哪些渠道可以为平台带来粉丝呢？我们经常用的通道方式有以下几种。

（1）用户资源导入

我们可以把企业原有用户资源直接转化为粉丝资源。首先要找企业的用户名单，通过添加手机通讯录或者直接邀请的方式，把企业现有的用户发展成为平台的粉丝。我们也可以把自己通讯录、QQ好友、邮箱好友及其他社交软件中的好友通过导入的方式转化为我们平台的重要粉丝。从企业角度讲，还可以动员员工把自己的好朋友通过推荐的方式发展成为平台的粉丝。这些人基本都是基于熟人关系发展过来的，所以在将来会起到核心粉丝的作用。

（2）通过工具添加陌生人

也就是利用搜索工具添加粉丝，比如可以利用附近的人、摇一摇、漂流瓶等。现在市场上据说有自动打招呼添加粉丝的软件，利用实时定位功能对附近的人进行搜索和打招呼，添加粉丝的效果也不错。

（3）通过活动直接发展粉丝

一场火爆的线下促销活动往往会吸引大量的热情参与者。这些人有很多是企业的用户，也有很多是企业的潜在用户，还有不少是因为活动的吸引而走近了企业。我们可以通过巧妙设计"嘉宾扫码签到""扫码有奖""幸运大转盘""砸金蛋"等活动，吸引现场观众用手机扫描二维码对企业平台加关注。这样往往也能收获大量的活跃粉丝。

通过打通这些媒体通道，平台就形成了自己强大的"吸粉"能力。

8. 引爆粉丝口碑传播

记住，企业发展粉丝的目的是要做口碑营销。引爆粉丝的口碑传播是企业营销的重要环节。如何引爆粉丝口碑传播？说起来很简单，就是用粉丝喜欢的形式给予超越其期望值的价值。而在实际操作中则有着无数的可能性：这个价值可能是一篇撩拨粉丝心弦的企业品牌故事，可能是一份出乎意料的小礼品，可能是一场让粉丝疯狂的新品发布会，可能是一场让粉丝忘乎所以的情景游戏……没有做不到的，只有想不到的。一旦引发了粉丝传播分享的欲望，企业的品牌就会伴随着粉丝们的体验和评价，通过各种媒体向社会各个层面进行传播，企业的营销业绩自然会水涨船高。我们要做的就是掌握好节奏，把活动的每一个细节都做得扎扎实实，不断地让传播热潮一浪接着一浪地持续下去。

9. 扩大粉丝转化成果

吸引和服务于粉丝是微信平台的重要任务。说扩大粉丝转化成果，就是要把企业的潜在用户转化为公司的成交用户，把企业的用户都转化为粉丝型用户。其中，作为微信平台要做的一项重要工作就是要让粉丝去发展粉丝，也就是说，要让口碑传播与聚合新粉丝成为互相推动的两个因素，要让它们形成一个滚雪球式的发展方式，在不断的滚动增量中实现对企业

销售和服务的支持。

10．分析平台营销数据

微信平台的营销效果是可以通过数据精准分析和评估的，这也是微信平台自带的技术优势。我们通过后台数据收集和分析，会掌握每一次信息推送的实际阅读量和转发率，分析出读者的阅读周期和地理空间分布，也可统计出每一场落地活动的粉丝增长数量和具体销售成果。有了这些数据分析，我们就能快速调整企业产品的研发方向和生产节奏，调整微信平台的传播内容和服务方式等，使微信平台始终保持稳健的发展方向。

二、提升营销水平的技巧和心法

1．基本方法

所谓基本方法，就是平台本身最常见的营销技巧，这也是经营微信平台的基本套路。这些内容部分已经在前文中有过介绍。为了梳理整个微信营销的脉络，我们还是粗略地介绍一下具体使用方式。

（1）LBS（基于位置）式营销

签名栏是微信的一大特色，用户可以随时在签名栏更新自己的状态。有许多人利用签名植入广告，也有一定用户可以看到。但是这种单调的硬性广告，只有用户的联系人或者好友才能看到，那么有什么方式可以让更多陌生人看到呢？那就是使用"附近的人"功能。通过查找附近的人，可以找到周围的微信用户。这个方式我们在前文中已经介绍过。

在这些附近的微信用户中，也有许多用户利用这个免费的广告位为自己的产品打广告。试想，如果雇用一批人在后台 24 小时运行微信，在人流量最密集的地方查看"附近的人"，那么这个广告效果并不会比部分地区的户外广告弱，可能这个简单的签名栏就会变成移动的"黄金广告位"。

（2）趣味活动营销

漂流瓶是商家看重的一个微信活动应用。漂流瓶是移植自 QQ 邮箱的一款趣味性应用，该应用在电脑上广受好评，许多用户都喜欢这种和陌生人的简单互动方式。移植到微信上后，漂流瓶的功能基本保留了原版简单易上手的特点。用户可以选择"扔一个"或"捡一个"。

关于这个应用，最有名的就是招商银行的"爱心漂流瓶"用户互动活动。通过参与这个活动，用户只需简单互动，就能奉献自己的一份爱心，相信不少人会愿意参与其中。美中不足的是，这种频繁却缺乏一定活性的活动，容易让用户产生参与疲劳，如果用户每次捡到漂流瓶后会有不同的活动或者有一些小小的游戏，或许会提高用户参与互动的积极性。

还有手机的"摇一摇"功能，也是一种趣味型的营销方式。用户通过摇晃手机便随机地和同时摇晃手机的陌生人建立连接，从而形成信息交流和互动。这个活动充满了未知和新鲜感，很受年轻人欢迎。微信平台也可以利用这个功能，通过组织"摇一摇"的活动，让更多的陌生人关注到微信平台，这需要进行活动方案的巧妙设计，并可能会涉及一些功能端口的二次开发。

（3）二维码营销

二维码发展至今，其商业用途越来越广，所以微信也就顺应潮流结合O2O展开商业活动。将二维码图案置于取景框内，微信会帮用户找到好友企业的二维码，然后获得会员折扣和企业优惠，这个方式已经被广泛地应用在微信的推广和传播中。现在二维码扫描付费功能也已经被广泛使用，所以二维码在未来会是一个重要的营销工具。

（4）互动式营销

这里说的互动式营销，主要指微信公众平台通过和用户的互动沟通，回答用户提出的各种问题，帮助用户解决使用产品和接受服务中出现的不满，了解用户对平台的意见和建议等，吸引更多的用户成为企业品牌的粉丝，进而购买企业产品、体验企业服务。

（5）社交式营销

社交式营销也可以叫"分享式营销"。微信本来就是以社交为基础的

商业应用，因此，社交自然会对微信营销有着巨大的推动作用。其中最为人们熟悉的就是"朋友圈"，微信用户可以将手机应用、PC用户端、网站中的精彩内容快速分享到朋友圈中。朋友圈是微信最炙手可热的功能之一，它也给了商家一个进行精准营销的新选择。微信平台正好可以利用朋友圈进行营销和推广：一是把平台的信息通过朋友圈推送分享；二是通过朋友圈直接售卖公司产品和服务，在微支付的支持下，形成快速的"微销售"。

2．实用技巧

以下分享的是企业在实践中行之有效的一些营销技巧，也是提升营销水平的重要参考。大家可以仔细体会，举一反三。

（1）大号与小号互助推广

以前，很多商家做微信营销用的都是小号，用广告语做签名，靠查找"附近的人"来进行推广。这种方式在一定时期内是有用的，而商家用公众平台可以打造自己的品牌和CRM，在粉丝达到500名之后申请认证就更有利于企业品牌的建设，也方便商家推送信息和解答消费者的疑问。比如餐饮企业，可以借此免费搭建一个订餐平台。小号主动配合大号，通过主动查找"附近的人"来推送公众平台信息吸引粉丝；大号则在平台信息中积极推介小号，利用小号的灵活性加强和潜在用户的沟通。如此，大号和小号默契配合，大大加快了聚合粉丝的速度。

（2）网店和实体店同步营销

网店是微信平台的增值服务功能，企业微信平台经过认证后就可以开通网店功能，为关注用户提供直接的销售服务。网店能充分发挥微信平台的人脉资源优势，形成覆盖移动终端的销售通道。实体店也是充分发挥微信营销优势的重要场地，它可以配合网店，成为网店的落地体验店，形成对空中网店的"地面支持"。这两者可以形成完美的优势互补。

基本做法：在微信平台上，采用会员制或者优惠促销方式，鼓励关注用户（微信会员）网上下单支付、线下消费体验，到实体店完成消费体验过程；用户若先到实体店，则可以用手机扫描平台二维码，通过加关注获得会员身份或优惠信息，完成网络支付后实现商品交易或享受服务体验。这样一来，实体店可以通过平台的宣传推介和网店订单移送大量的准用户资源；网店则在享受地面实体店的销售支持的同时，会收获大量的用户及粉丝，影响力在无形中会不断提升。实体店和网店都属于同一个企业，可能分属不同部门管理。那么在内部考核上，可以将营销业绩进行合理分割，共享劳动成果。

像伊利、蒙牛等全国级连锁销售或者实行分级代理的企业，也开始实行网络平台和实体店同步营销的方式。据说伊利的做法是：实行线上线下同价销售。用户通过平台下单购买奶粉后，平台后台会根据用户的实时定位信息，自动将用户订单分配给距离用户最近的经销商或者专卖店的终端信息库中，当地经销商或者专卖店在规定时间内完成给用户的送货服务并享受订单的利润分成。这样地面实体店在独立完成自身营销工作的同时，会因为微信平台的订单分配获得额外利益。网店不但不会侵蚀其区域内的用户资源，反而会为实体店吸引用户成交；网店则因为实体店的送货支持，保证了服务的响应时间。为了保证服务质量，形成良性竞争机制，伊利总部的系统还规定，如果接受网络转来订单的实体店在 10 分钟之内没有对该订单做出响应，那么该订单将自动转给第二家距离用户比较近的实体店，并对这些结果进行记录，留作年终考核依据。用户如果先到实体店，店里面的服务人员则会邀请用户用手机关注伊利的官方微信公众号，以更方便地享受企业给予的各种优惠和服务。

3. 营销心法

所谓心法，是指需要内心来把握的比较微妙的道理，有点儿只可意会、不可言传的味道，只有经过实践的人才能体味出其中的微妙之处。我们这里提出的若干"心法"，也是对营销技巧的一个升华。有了这个理性的升华，

经营者就可以举一反三，创造出更多适合自己企业实际的营销方式，这才是最有价值的东西。

（1）以诚挚沟通攻心

不管用什么技术来营销，其实都是"术"这个层面的东西。我们讲心法，首先就要超越这个"术"的研究而尽量从"道"的层面来领悟。古人讲，唯"诚"可以"感人"，我们对用户是否真诚，用户是有感觉的，我不必用语言表达，更无法用语言掩盖。所以想赢得用户的真心，想"占领"用户的心智，就要首先敞开心扉，始终全心全意为用户服务，把为用户创造价值的目标落实到服务的每一个细节当中。用户能从我们服务的细节中感受到我们的诚挚，也就自然会把心交给我们，接下来的关注和支持便都是小事一桩。

（2）以激励分享聚人气

互联网的核心价值之一就是分享，微信平台的重要功能之一也是和用户分享：分享我们的产品知识，分享我们的企业精神，分享我们使用产品和享受服务的体验，分享我们内心的喜悦和激情。总之，微信平台的传播就是一个信息分享的过程。我们要做的，除了向用户推送分享，也要鼓励用户主动分享自己的体验——尤其是购买产品的体验和对服务的感受。鼓励用户通过其朋友圈分享转发这些信息，这是用户对企业品牌的传播和见证。通过分享，企业能吸引更多的潜在用户成为自己的粉丝，进而达成交易，成为自己的活跃用户。这个分享的过程恰恰是企业微信平台聚集人脉和人气的过程。要想迅速壮大粉丝团，激励分享是秘籍。

（3）以个性服务出色

没有个性就没有品牌，品牌是企业优质个性的集中体现。微信公众平台要想在众多平台中脱颖而出，成为消费者的不二之选，就必须靠企业塑造出自己的个性。这与企业的品牌相关，与企业文化相关，这个问题需要企业在战略定位时就要做出审慎的回答，并坚持不懈地去做。如何成就自己的个性？这就需要系统的方法。以我们的经验看来，作为企业微信公众平台，要打造自己的个性化服务，就要在四个方面下功夫：一是洞悉用户底层需求，这是一个层层剥笋的过程。我们通过对用户消费行为和生活习惯的大数据分析，能够发现用户的潜在需求。如果我们能通过自己创造性的服务予以满足，那么就为用户创造了超出其心理预期的价值。二是做好服务细节。有人说细节决定成败，企业之间的品质差距，其实往往隐藏在产品和服务的细节之中，能把服务的每一个细节做足做好，你就能赢得用户的信任和尊重。三是始终站在用户的立场上思考问题，就是学会彻底的换位思考。只有这样才能真正地理解用户所思所想，对用户有更深刻的理解和更大的包容心，才能和用户进行最有效的互动式沟通。四是有所为有所不为。不要企图完美解决所有的问题。互联网时代，"木桶理论"已经失效，"长矛理论"已经展露锋芒，把你最具优势的部分做到极致，你就是赢家。出色的个性就是这么炼成的。

（4）以超值优惠"迷魂"

优惠促销，这是千百年来市场上最常见的营销手段。虽然老套，但常用常新。对于经营者的最大考验不在于你舍不舍得"出血"，为用户大笔花钱促销，而是在这个同质化竞争异常残酷，到处是红海的市场中，你以怎样的"温度"来促销，才既能让用户感受到温暖，又不至于烧光自己手里的"木柴"。这是个问题，怎么解决？我们的经验是：摸准用户的期望值，把优惠做到刚好能超越用户的期望值！在用户期望之内，用户的感受最多只是满意；超越用户的期望，用户得到的却是惊喜。这是两种截然不同的体验，如同 100℃是开水而 99℃是温水一样。我们进行优惠促销活动的目标就是要给用户创造惊喜。用户有了惊喜，才能"迷魂"——让用户为我们的产品和服务而"神魂颠倒"。

（5）以全媒推广"围网"

"围网"就是一网打尽的意思。我们想把目标用户"一网打尽"，就要充分利用全媒体工具，打通和用户的连接通道。我们一直比较看重"全

媒体"的概念，那么什么是全媒体？全媒体就是传统媒体（广播＋电视＋报纸＋杂志＋户外广告＋N）和现代互联网媒体（网站＋论坛＋社区＋手机用户端＋微信＋微博＋N）的总和。我们说的全媒体不是以上媒体的简单相加，而是围绕企业营销目标的多媒体组合，是类似量体裁衣式的媒体资源整合。在全媒体系统推广的概念下，企业能用最合适的媒体渠道、最小的成本支出（时间、人财物）完成最佳效果的传播推广活动。

我们再来聚焦微信平台的营销。为了最大限度地吸引用户，我们以微信公众平台为依托，利用微博、微社区、QQ、社会化媒体等多种媒体工具去转发平台信息，让更多的人关注到微信平台，并通过和平台的互动分享成为平台的活跃粉丝，最终成为企业的忠实用户。这个过程就是一个"围网"的过程。做微信营销一定要有一个全媒体的概念，因为每个人获取信息的方式各不相同，只有充分利用多种媒体才能更好地架起企业和用户之间的信息通道。

（6）以名人效应立信

让名人、明星代言品牌一直是传统广告业的推广思路。在微信公众平台的推广和营销中，我们依旧可以利用这种方式来为企业做"信用背书"。商家可以运用微信公众账号发布明星代言视频或是访谈视频等，并以"抽奖幸运账号"进行营销宣传，让粉丝体验与明星的零距离接触。实践证明，这种方法效果同样非常好。因为几乎所有的人都会潜意识接受名人的引导和暗示，从而形成自己的消费理念。

（7）以有求必应传名

大家知道，口碑的力量是巨大的。粉丝是互联网口碑传播的主力军。如何才能形成良好的口碑？我们的经验是，不断提升企业的服务水平，争取做到有求必应。有求必应有两层意思：一是只要用户提出的要求就要尽全力帮助用户解决；二是即使个别的问题无法解决，也要在第一时间对用户做出响应，解决不了也坦诚地做好解释工作。有求必应，反映了企业以用户为中心的经营理念，它能最大限度地满足用户的归属感和期望被尊重的情感需要，所以特别容易形成粉丝的口碑传播。比如"海底捞"，就是以有求必应、超出期望的服务赢得用户的良好口碑的。网上传播的"海底捞"体验，就是用户口碑传播的有力见证。有了这么好的服务态度，想不出名都难。

（8）以趣味挑战吸引

几乎所有的人都喜欢那些既有趣味又有一定挑战的游戏。微信平台恰好可以利用这一点来增强对粉丝的吸引力。企业可以在微信平台中植入游戏的应用程序，用挑战和完成任务时的奖励来调动用户的积极性，同时还能够生成有价值的消费者数据。在文化营销中植入娱乐内容将是今后的一大趋势，特别是手机作为与用户接触最为密切的移动媒体，其到达率比较高，互动也会更好。微信平台因为其移动随身的特性，趣味游戏的用户黏度会更高，吸引力更强。

三、如何解决"三率"和"三度"的问题

微信营销说到底，还是要回到发展粉丝用户这个原点话题上来。发展粉丝贯穿整个营销活动的始终。这里我们从检验发展粉丝成果的角度，探讨一下衡量粉丝成果的指标——"三率"和"三度"。所谓"三率"是指阅读率、互动率、转发率；"三度"是指关注度、活跃度、忠诚度。作为微信营销的进阶，这里进一步探讨企业微信营销如何解决"三率"和"三度"的问题。这些方法其实也不系统，因为微信平台的功能都在随时变化，营销手段也会随之变化。

1. 如何增加阅读率

所谓阅读率，可以简单地理解为微信号的访问量或者浏览量。一般而言，微信号的阅读量越高，说明用户的黏性越强，微信号的价值也就越高。那么，如何提高微信号的浏览量呢？以下做法可供参考。

（1）解决需求

要为用户提供有价值的信息。所谓价值，就是解决用户当下的需求。企业微信内容为王，内容越专业和全面，就越能吸引用户点击查看，提高浏览量。如果只是照搬别人的信息，时间久了，看的人就会因为厌倦而离开。这是个老生常谈的话题，但也是很多人在实践中把握不好的问题。因为很多人是站在自己的基点上思考用户需要什么，而没有真正换位思考。这需要经营者有跳出局外的能力。企业必要的时候可以邀请用户做"客卿""智囊团"来做企业的镜子，帮助企业微信平台找到答案。

（2）激励用户

这里主要是指通过激励的手段让用户去评论或者分享。当然，如果有人帮忙免费转发更好。除此之外，还要记得邀请好友，根据邀请的情况进行适当激励。同时，最好来一点内容互通，通过一些技巧吸引用户参与评论，或是用其他方式来让用户阅读和分享微信内容。看微信内容的人越多，受众群体就越大，更主要的是会带来很多新粉丝。

激励用户是几乎所有经营者都必须做的事。很多人在进行激励的时候做得比较呆板，给用户的参与感和惊喜感不够，往往高估了自己的吸引力，而没有给用户足够的参与评论和分享内容的理由。单纯地增加奖励额度似乎不是很好的办法，企业不可能天天"大放血"。你要激活的恰恰是读者内心的高层次需求，按照马斯洛的观点，用户的归属需求、被尊重的需求乃至自我实现的需求自下而上成金字塔状，都是我们需要研究的内容。很多时候，用户分享和转发的内容，是因为内容中的思想触动了他。举个例子：如果直接说山东朱氏药业集团用某平台做个活动，转发者可得到一盒治疗骨质增生的远红外理疗贴，可能有很多人觉得自己没有时间就一笑而过了。但如果你说"母亲节马上就到了，你平日那么忙，很久没有去看父母了吧！今天我们为你准备了一份送给父母的礼物——一盒治疗骨质增生的远红外理疗贴。无论你再忙，也请你过来，把礼物带回家送给咱们亲爱的爸爸妈妈", 结果怎么样? 很可能会感动了那些热爱父母的孩子们, 你击中了他们心中的"痛点"。这样的信息, 想不被阅读和转发都难!

（3）解答问题

平台在读者心中不应只是发送信息的机器, 而应该是他生活中的朋友。如果你能理解这句话的含义, 就应该做好准备, 随时回答用户提出的各种问题。当然这些问题多与你的品牌相关。在你回答问题的过程中, 你和用户的关系在升华, 用户在不知不觉中会成为你的粉丝, 因为你也成为了用户生活中的一部分, 成为用户的知己, 这就是最有价值的互动。

（4）自动回复

我们知道, 任何一个平台都很难做到 24 小时全天候人工客服, 实践中一般也没有必要。但是用户解决问题的需求是没有时间界定的。所以, 商家要根据关注用户回复的指定关键字, 进行内容的规划, 这样才能"想用户之所想, 急用户之所急"。另外, 可以根据自己的实际需要来进行功能开发, 如自动应答菜单、关键字快捷回复、发送优惠券等都是微信运营方面的重要功能, 对提升用户体验、增强用户黏性有很好的作用。自动回复不是万能的机器人, 而是人工客服的必要补充, 只要做精做细, 自有效果。

（5）突出重点

突出重点的目的不仅是让用户最先看到你的文章, 也是为用户节约时间。因为大家的时间都是碎片化的, 如果这个时候用户没有看到你的这条信息, 可能就永远地错过了, 因为没有人有更多的耐心一点点地查看历史消息。据统计, 人们停留在一条或一组推送消息上的时间也就是 3～5 秒, 如果不能当下引起读者的兴趣, 他很可能就会马上选择离开。所以, 突出重点也就等于是提高了用户浏览率。你还可以在自己的文章里嵌入链接, 指向自己的其他文章。另外, 就是重点显示相关的文章, 比如在文章结尾处加入一些相关的文章链接等。

突出重点的最后一个要求就是做好细节服务。比如申请好记的微信账

号，让人过目不忘；学会邮件提醒，每一次有好东西记得分享给用户，让他们持续关注你的微信；还有一点就是摘要要足够吸引人，能有效引导用户去阅读完整的文章等。

（6）持续更新

人总是会有喜新厌旧的倾向。尤其在互联网上，人们对同一事物的关注热情会被更新的事物和热点所吸引和取代。因此，一个好的账号和平台要想持续吸引用户的关注，最好的方法是在保持文章内容质量的前提下，始终保持内容的定期更新。常看常新，人们才不会忘记你的存在。这一点对平台运营也提出了一个韧性的要求。

总之，提高微信浏览率需要掌握核心的两点是：一是要有推广价值的文章，即用户感兴趣或者需要的文章；二是页面要美观，赏心悦目。

2.如何增加互动率

商家的产品信息通过微信公众平台可以准确传递给目标受众，这只是微信营销的第一步。如果商家可以在此基础上加强互动，才能把用户发展成活跃的粉丝，形成有效的口碑传播，真正拉动企业的终端销售，提升运营业绩。那么，如何增加微信的互动呢？注意考虑以下的方法。

（1）收集意见

搜集粉丝反馈意见，罗列选项，让用户选择，并做好分类，按照不同的组别发送不同内容。这是引发用户思考和互动的重要方法。

（2）趣味测试

来点有趣的测试，在这里切记要在用户提交选项后的自动回复信息末尾附上店里的促销信息。最近我们发现在微信的信息推送中出现了一种以猜谜、破案为内容的趣味测试。读者若想查看这个谜语的谜底或者破案的结论就需要首先对平台加以关注，然后回复特定的关键词；还有一种是一条比较神秘或爆料性质的文章，只给标题，如果想看全文则必须在朋友圈分享才能看到。这些方式也是引起用户关注和分享的新鲜做法，对增加粉丝和提高转发率很有帮助，互动性也有所提高。

（3）有奖问答

搞有奖问答或者竞猜活动，就是把谜底作为下一道标题题目的关键词，而用户要回答标题题目，就要到官网了解信息，以此加深粉丝对品牌的了解。同时还要鼓励拿到奖品后晒单。在设计有奖问答的时候，要注意内容与品牌的相关性和问题的难度，问题太难或者太容易，都会让读者失去参与的兴趣。同时在奖品的设置上要动脑筋，奖品一定要新颖。公司可以定制一些个性化的礼品，既与企业品牌相关，又让获奖用户感到有创意、好玩，不一定花费多少钱，但要达到口碑传播的效果。

（4）微信导购

这个是比较实用的功能设计。用户真的想购买时，千万注意不要让用户像下跳棋一样在不同的平台上转来转去，最好一键直达，并根据用户的不同需求进行内容的推送。

（5）随时分享

微信传播的是信任，朋友之间的推荐可信度高。这里一定要将好的理念及产品传递给朋友，然后进行分享，从而影响周边的人。要想增加互动率，就要注意分享要随时，掌握好时间节奏，尤其是热点事件和重大新闻，如果分享不及时就会失去互动的机会。

（6）设计话题

成功的话题本身就能很好地引发用户的互动。话题在设计上是很需要下功夫的。你设计的话题最好结合时事热点，和企业品牌相关，最好用中性的疑问句来引发用户回答。这个话题的答案本身不重要，重要的是把用户代入到话题中，让用户参与其中，成为话题中的一分子，那么用户就会自己进行"内容创造"，并主动分享和转发了，因为他们有表达自己的观点的内心需求。

总之，商家要想提高互动率，一定要学会策划和组织一些有意思的互

动活动。互动形式必须简洁，用户参与门槛要低，太过复杂只会让人失去参与热情。

3．如何提高转发率

微信要想做好推广，内容的转发率是一个很重要的因素。因为别人只有看得到你，才有可能关注你。公众平台可以将内容快速无误地发送到用户微信上，到达率几乎是百分之百。但信息到达率和转发率完全是两码事，形不成二次转发，信息的传播价值就会大幅缩水。那么如何增加转发率呢？除了做好内容的价值之外，也可以尝试下面的做法。

（1）首先让人看见你

这是指信息尽量要实现全媒体传播和全方位覆盖，最大限度地让人了解你。通常的做法是在各种论坛、QQ 群、贴吧等进行推广，或者利用平面媒体、邮件、网站、网店或者其他一切可以推广的方式进行推广。这是一切传播的起点，起点越高，传播效果越好。

（2）让人知道转发的价值

如果用户知道通过他的转发会让他的亲朋好友乃至更多的人受益，而这个利益又是看得见摸得着、当下又很需要的，那么这样的信息被重复转发的概率就特别高。例如，现在网上我们经常见到的一些被转发的公益信息："冬天了，山里的孩子们还有好多没有棉衣穿，你可以把自己孩子过时的、穿不着的衣服拿出来几件送到附近 ×× 公益服务站……"这样质朴而温暖的信息往往能打动我们心中柔软的部分，促使我们自觉转发。还有一些比如分享如何治疗高血压、如何预防心脏病突发等医疗保健必备知识的文章，这类文章的转发率也特别高，因为平台告诉大家：可能就因为你的一次转发而挽救了一个人的生命！这就为用户分享、转发提供了最充足的理由。

在实践中，人们也特别喜欢分享转发一些有趣、好玩的图文或者微视频信息。这也是分享喜悦的心理需求所致。

（3）借力热点事件

这是新闻营销的拿手好戏。这要求我们对时事新闻和热点事件保持敏感，能够很好地捕捉有价值的热点事件。不是所有的热点事件都有新闻价值，但我们可以通过创意让新闻热点事件与你的企业品牌或者产品发生联系，从而实现"搭车宣传"，这需要较高的策划水平。一个比较取巧的办法就是多多关注网上对热点事件的各种说法，从中去找灵感。比如，你可以经常去关注微博大号们的话题，从中就很容易学习和借鉴他们看问题的方法和表达观点的技巧。很多时候我们可以移花接木，将话题巧妙调整一下为己所用。

4．如何增加关注度

增加关注度其实就是设法吸引人眼球，引起别人对你的兴趣，进而促进别人关注你。不少人问微信引起别人关注度的好处是什么，答案很简单，就是如果引起了大家的关注，那么就会很快被大家所熟悉，跟你探讨问题的人也会越来越多，这样人脉必将越来越广，生意自然就好了。

那么，如何增加关注度呢？

（1）内容要有趣

只有很棒的内容才能吸引目标受众聚集，如果没有让人感兴趣的内容，再怎么推广也不会有用。

（2）内容要短小精悍

用户现在都是在碎片化时间中完成手机阅读，如蹲厕所时、等车中、就餐前、睡觉前、睡醒后等，这些时间短则几分钟，长也不过十几分钟，可供浏览的内容又特别多，让用户只对你"情有独钟"可能吗？只有短小精悍的内容，才能让用户觉得阅读超值。商家要让自己的微信号在用户的印象中由"焦点"变为"记忆点"，进而产生"卖点"

（3）善用免费资源

免费资源到处有，学会利用免费资源不但节省了金钱，也节省了宝贵

的时间。比如通过 QQ 空间、微博等进行推广后，你的平台被关注的概率就会大大增加。

（4）利用关注对等

要想引起别人的关注，有一种做法很有效果，那就是首先自己去关注你感兴趣的话题和人，再配合一下高质量的互动，就能很容易引起别人的关注。因为大家都在内心渴望被别人关注，你关注了他也就等于尊重了他、满足了他。投桃报李，他也会关注你。

当然了，那些微信大号们可能真的没有时间和你互动，也很难关注到你。要想拿下他们，就要费些心思。在关注了解他们的基础上，抛个有高度、能调动其兴趣的话题给他们，通过请教式、切磋式的方法和他们建立互动连接，只要你能和他们同频了，他们能视你为"对手"了，也就很容易和他们成为微信平台上的好友。这样精力投入可能大了些，但回报也是巨大的，如果你在你的行业领域有几个这样的重量级朋友，他们就很可能成为你的免费代言人，成为你品牌口碑的引爆者。

（5）利用热点话题

根据大家关注的热点话题进行创意型的内容策划并发布，同时在线下发起活动。这个问题，我们只想提示一点：热点是人家的，创意是自己的。要想让大家在热点中关注你，你就得有自己的独到之处——你得有价值，否则就和这个热点没有一点儿关系。

5. 如何增加活跃度

所谓微信活跃度，其实就是参与度，只有参与度高才有活跃度，才能够提高微信的重复打开率，从而让用户再次关注你。那么如何增加活跃度呢？

（1）深挖洞，广积粮

如果粉丝很少的话，要赶紧先积累粉丝数量。把自己亲朋好友、公司同事、用户、好友的好友的微信统统想办法加进来。这是你平台资本的"原始积累"阶段，深挖洞、广积粮，笨办法也可能是最管用的。这是提升平台活跃度的基础工作。

（2）线上开花线下香

企业一定要坚持线上线下两条腿走路，要坚持走 O2O 的路子。线上推送话题和活动文案支持下线，线下组织活动做出成果响应线上。打通了线下和线上，就像给人打通了任督二脉，能让人的功力大涨一样，你的粉丝的活跃度一定会大大增强。比如你是一个经销贴膏贴剂的平台，在线上发布你的产品，做性能展示、促销方案。但仅限于此，效果肯定只会一般般。你可以在线上发布一个征文活动，和作家协会一起办，他们组织征文写作活动，你来做赞助商，不但提供奖金，而且提供奖品。你唯一的要求是获奖者要写一篇使用新产品（正是你推广促销的膏剂）的心得体会。你把这些获奖作品和作家的创作心得一起发到你的平台上，把整个活动的微视频也发上去，肯定比单纯的网上促销优惠有更多的吸引力和传播力，用户的参与程度也会更高。甚至可以设立一个用户参与讨论点评作品的奖项，或者为作品设立一个比拼点赞的人气奖，这都能很快提升平台活跃度。

（3）想睡觉的送枕头

用户当下最渴望什么，我们就送什么，这就是精准营销。我们想提升平台的粉丝活跃度，就要考虑把他们最关心、最感兴趣的内容在最合适的时间点推送给他们。用户想睡觉的时候，我们及时送上枕头，这就是最好的服务。

（4）让"亲戚"走动起来

用户是否活跃与平台"温度"有关。只有始终保持"温度"的平台，才会始终保持粉丝的活跃度。五分钟的热度对平台来讲是没有任何商业意义的。想保持"温度"，就要加强和用户之间的联系。怎么加强联系？除了定期的内容推送，在重要的时间节点除了策划落地活动外，还要给用户送去温馨的提示和祝福。比如，五一劳动节、十一国庆节、重阳节、教师节等，都是平台"送温暖"的大好机会。如果想做得再好一点，可以在用

户的生日、结婚纪念日，甚至是他们父母亲人的生日等对他们而言重要的时间点，用个性化的方式送上温馨的提醒和祝福，甚至可以为他们及时送上一份小小的礼物，这就会感动用户！俗话说，"亲戚不在远近在走动"。你这么频繁地"走动"下去，就会使平台保持吸引人的"温度"。

（5）让用户自己行动起来

高明的平台会让用户之间互动起来，平台只负责网上社区的搭建，用户们在平台的社区上自己创造内容。现在的一个趋势是：越来越多的人通过本土微信公众平台组成了基于地理位置关系的社区型粉丝群体。大家距离相对较近，可以经常在一起组织活动。这样的平台往往就比较活跃。当然，现在由于交通越来越便利，空间的局限性越来越小，用户之间的交往半径越来越大，但大家一定是基于共同的话题和爱好才聚集在一起。所以，平台一定要想办法让用户们自己玩起来，自己可以做托底的策划。

6．如何增加忠诚度

忠诚度是指用户对企业品牌和产品的偏爱与坚持唯一性选择的程度。真正的忠诚度是一种行为，而满意度则只是一种态度。企业微信如果拥有一个忠诚的用户群体，就能节约获得新用户的营销成本和服务成本。据统计，当商家挽留用户的比率增加5%时，获利便可提升25%～100%。那么，如何增加用户的忠诚度呢？

（1）实施用户价值管理

商家80%的收入来源于20%的用户。不同用户对于商家来说价值是不一样的，其中一些用户为商家带来了长期的价值。这就要求商家做到能够跟踪用户、细分用户，并根据用户的价值大小来提供有针对性的产品和服务。因此，在推行用户忠诚度计划时，应该把重点放在20%～30%的高价值用户上。

（2）提升忠诚用户身份价值

忠诚的用户一般都是老用户，他们更注重产品的内在价值而不是价格，所以商家大可以通过提升这些老用户的身份价值来强化其对企业品牌的信赖感和忠诚度。比如，定期组织老用户参与企业的年会、新产品发布或体验会等，让老用户以此身份为荣，忠诚度就会在无形中不断被巩固提高。

（3）帮助忠诚用户解决战略性问题

因为是老用户，企业对他们一般都比较了解，也更容易掌握老用户的核心需求。那么企业就有能力为老用户提供个性化的产品或服务，以帮助他们解决所面临的战略性问题。这好像更多的是在讲企业和企业之间的战略型合作问题。其实，平台为个人用户的服务也是如此。你为用户解决的核心问题越彻底，用户就越离不开你，因为你无可替代。

四、微信营销避免陷入的误区

微信公众平台上线以来，微信营销信息泛滥得让人烦恼，那么如何避免微信营销陷入误区呢？可以借鉴山东玛尔思商学院总结的微信营销的八大误区。

1．只注重粉丝数量

有不少人认为只要粉丝数量够多就证明平台经营得好。其实这是最常见的一个误区。微信营销之初，也有不少在网上卖"僵尸粉"的，就是利用了人们这种错误的解读。微信营销的核心是用户的价值，而所谓用户的价值是指有用的粉丝，互动质量比较高的粉丝。所以对于商家来说要注重粉丝的质量，而不是粉丝的数量。对于商家来说，只有高质量的粉丝才有价值，才能真正转化为企业的利润。无论是微博还是微信，这个道理都是相通的。这就像打仗一样，兵多固然好，但兵之贵在精而非多。如果你有1000个足够"铁"的粉丝，他们又有足够的传播能量（比如说这里面有所谓"大号"级别的粉丝），那么可能胜过你拥有几万个不活跃的粉丝。通过他们的转发和吸引，一条产品促销活动的消息就能在短短的几天内让几十万人看到。

2. 机器人陪聊就是互动

不少商家以为机器人聊天或者自动回复就是互动，这完全错得离谱。微信营销的一大好处就是及时互动性，商家可以跟消费者之间通过微信进行有效的沟通。但是，如果一直是机器人陪聊，用户就会远离你。因为你的微信丧失了人性，没有人愿意面对冷冰冰的回复。机器人聊天可能只有一分钟时间好玩儿，但是它无法精准回答用户提出的个性化问题，更无法进行重要的情感沟通。所以我们不建议采用这种服务方式，如果晚上因为太晚无人值守服务，可以通过关键词回复帮助用户找到相关资讯，或者直接留下客服的手机号码以备用户急需。

3. 运营 App 就是运营微信

现在做传统手机 App 客户端的商家并不多。这是有原因的：传统 App 属于典型的被动式营销，其开发成本高、开发周期长，同时推广不容易。目前只有像阿里巴巴这种巨头级别的企业才具备做 App 营销的优势，因为它们有足够多的庞大的用户群体和资金来做开发和推广，而绝大多数的企业根本不具备这些因素。现在越来越多的企业涌进了微信平台，微信平台的手机用户端堪比轻量级 App。这已经是一个商机勃勃的生态圈。企业借助微信朋友圈、线下经营门店、优惠促销活动等吸引用户扫描添加，综合推广的成本更低。现在不少商家还没有认清微信的价值，一味地想着自己开发一个 App 就万事大吉了，其实是大错特错。

4. 微信营销就是每天群发消息

群发信息是每个微信公众号都可以做的事情。从表面来看，几乎所有的微信公众平台好像都是在做群发消息这件事。所以有人就直观地认为，微信营销就是每天不间断地发消息就行了，至于发什么，只要自己觉得合适就行。真的是这样吗？当然不是！微信公众号除了每天能群发一条或多条消息以外，还能根据用户的问题回复有针对性的消息，因为每个用户的需求不一样，而如果都群发同样的消息，肯定是众口难调，遭人厌烦。说得简单点，企业微信公众号没有必要过多地去群发消息，群发功能虽强大，但也别滥用，对于商家来说，群发的作用更多是提醒用户，而不是骚扰。再说得深一点，就是群发消息也是以用户的精准分类和需求调研为基础来进行的，每一条消息都必须和企业品牌活动息息相关，而且还要接地气，让大家觉得亲切、自然、有趣，才会形成有效阅读和转发传播。什么是检验标准呢？你看看有多少粉丝转发了你的信息，有多少粉丝取消了对你的关注，就自然理解了。

5. 推送只求达到率

微信消息的送达率不等于阅读率，阅读率也不等于转发率。要知道，粉丝关注的不仅仅是你一个微信公众号，哪怕他们收到了你每天推送的信息，也不一定会打开翻阅。除非你的信息真的让人一看就有一种非读不可的冲动。但你能天天做到吗？基本不可能。这样一来，很多时效性的内容往往被束之高阁，即使后来被阅读，实际意义也不大。再说，人们就是阅读了，就一定有效果吗？如果我们的信息恰巧击中了用户的"痛点"（也就是当下最渴望解决的需求或问题），用户就很可能快速地通过微信平台和企业达成产品或服务的交易；如果用户觉得有分享价值，他有可能随手转发到了自己的朋友圈，形成二次传播。然而你能每天都成为"狙击手"吗？恰恰相反的是，很多平台的内容像白开水一样淡而无味。所以我们比较明智的做法是退而求其次，降低一下推送频率，提升一下信息的精准度，力求能满足用户个性化需求，这样反而会提升对用户的吸引力。

6. 转发就能赢天下

现在不少平台因为原创内容匮乏，就把运营的希望完全寄托在消息转发之上，四处收集文章资料，掐头去尾，包装一下便成了自己的，然后在平台上推送。客观地讲，我们不是"一刀切"地反对转发，对于那些确实有很高阅读价值的文章，适度转发也是很有必要的，是平台自营内容的一个重要补充。然而事事都有个"度"的问题。如果所有的信息都是转发，

总是做"二传手"，你平台的价值就会在不知不觉中打折扣，因为你没有独特的原创，就很可能会被别人替代。转发是成本最低的一种复制，大家都会玩，哪里都能看到这些资讯，凭什么非要看你的？所以和品牌关联度很高的原创精品内容是最有征服力的，这就是常说的内容为王。

7．把朋友当营销工具

现在有一个"怪现象"，就是朋友圈里广告满天飞。有网友就调侃：我朋友圈都成"跳蚤市场"了。还有的朋友干脆在朋友圈里发出了"收费通知"：这也一年了，没经过我同意，您在我的朋友圈里卖了一年的化妆品、时尚内衣了，我都没有收一分钱的场地费、物业费和人脉资源费，现在开始交点儿费吧，否则可就给你"封门"……朋友圈是基于熟人的关系，如果你每天发的内容都是小广告，或者因为利益的原因天天求朋友帮你转发分享文章，把朋友当成了营销工具，你的好友很可能会直接把你删除或者拉黑，这样你就失去了一个朋友；即便是关系特别好的朋友，也可能因为没有耐心而悄悄地屏蔽你朋友圈的信息。

8．微信营销就是一切

商家都知道微信营销的优势，但这不是一切。有不少商家看到别人做微信营销，自己也盲目地跟风，结果是"捡了芝麻、丢了西瓜"。还有商家误认为微信营销就是一切。其实，对于企业而言，营销向来就是多元化的，只有打组合拳，才能打造自己的优势。

单从线上而言，你在使用微信营销的同时，还应该利用微博、QQ、社区、论坛、博客等社会化媒体工具进行全媒体信息推送和用户引流，做到"用户在哪里，你的触角就伸到哪里"。这样你才能和目标用户建立连接通道，实现你的营销目标。

但单独做好线上营销还不够，应该线上线下同时布局。大家知道，互联网的未来是O2O营销模式，线上和线下是完全打通的，数据是开放的、流动的，仅仅靠线上的营销，就是一条腿走路，既不快也不稳。所以企业营销应该建立"大营销"的概念，着眼于未来的O2O来做好战略布局。

第四篇

借势公众平台，微商强势崛起

　　微商的飞速发展引起了业内外人士的广泛关注。也许腾讯公司在研发微信之初都没有想到微商的萌芽和发展会如此迅猛。现在打开微信朋友圈你会发现，几乎一半的内容已经被各种商品广告所占据。这些广告涉及的商品可谓五花八门，大到电器、奢侈品箱包，小到巧克力、卫生纸，而销售这些产品的人正是大家的好友，他们被网友冠以一个新潮的名字——"微商"。微信营销的优势在于能够给企业提供直接面向用户的平台，这不仅降低了企业的销售成本，使产品价格得以明显降低从而增强竞争力，使企业获得最大利益，同时，微信作为一个点对点沟通的平台，比维护传统用户的关系省心不少。毫无疑问，指尖上的微信很可能会开创互联企业和用户的新时代，很可能会颠覆企业传统经营模式。面对移动互联网的大海，传统企业也已经开始了既精彩又惊险的"试跳"。

第四章

第十三章　各行各业，融进微商

　　无论对于传统行业、互联网行业还是电商行业，微信的出现都有不小的冲击力。每个行业都希望借助微信提升自己的市场份额。那么，我们就来看看，各个行业是如何利用微信平台的。在以下案例中，其实更多的分析内容是对商业模式中盈利模式的分析，也就是获得利润的方法。而要打造一个完整的商业模式，仅仅有盈利模式还不够，从定位到运行机制都要进行设计，包括关键资源能力、业务系统和现金流结构等内容。所以说，千万不要因为看到人家用微信赚到钱了，你就一哄而上，如果没有好的业务模式支持，不可能给企业创造价值，再好的工具也是白搭。下面我们依次就传统企业、互联网企业、电商卖家以及个人创业如何利用微信来创造价值，进行有效的探讨。

第一节　传统企业指尖上的"试跳"

一、医疗器械业借力微信提升竞争力

　　医疗器械是指直接或者间接用于人体的仪器、设备、器具、体外诊断试剂及校准物、材料以及其他类似或者相关的物品，包括所需要的计算机软件。人们在医疗器械上花费的比例也占据着绝大一部分，医疗器械通过用户使用与消耗来达到市场的规模效应，继而获得利润。因此，医疗器械

的品牌营销策划能否成功直接关系到一个企业的存亡。每个从事医疗器械行业的商家都会有这样一个思考：如何通过最佳的传播媒介和有效的传播手段，来提高医疗器械品牌的知名度与美誉度。医疗器械行业也因此时常在营销创新方面走在时代的前列，每个成功品牌均不同程度地引领着行业营销的步伐。而随着微营销时代的来临，医疗器械企业也看到了微信营销带来的巨大商机。

在传统媒体时代，医疗器械主要在报纸、杂志、广播等上面进行广告投放，在付出大把广告费之后，其实并不知道究竟是哪些广告真正起到了作用，这样的广告属于粗放广告。移动互联网时代，医疗器械的广告形式发生了翻天覆地的改变，众多商家通过传统媒体与新媒体的巧妙融合与搭配，不断寻找与挖掘出新的、多变的营销手段，越来越精准的营销手段让医疗器械营销获得了更快的发展。

【案例】朱氏药业集团的微信营销方案

山东朱氏药业集团有限公司是一家集医疗器械、生物诊断试剂、高分子材料研发、房地产开发、医疗器械企业培训于一体的大型企业集团。其中贴膏贴剂是主营产品，包括远红外系列贴膏、巴布贴系列贴膏、自热贴系列贴膏等，形成了妇科、儿科、风湿骨病 3 大系列、30 余个品种，组成了符合中国市场的、丰富的产品线。面对微信和移动互联网的迅猛发展，朱氏药业集团很早就开始研究微信在贴膏贴剂营销中的应用。后来，环创传媒应邀参加了该集团的微信运营方案的竞标活动，提出了"微信线上线下O2O整体运营""依托微信，用户管理和品牌推广双管齐下"等系列主张，阐述了自己的实战型微信营销方案，受到朱氏药业集团运营部门的高度重视和好评。

二、医疗器械如何借力微信提升竞争力

实践中，我们认为医疗器械企业应该在全面熟悉和使用微信平台的基础上，重点做好两个方面的运用。

1. 丰富营销手段

医疗器械行业该如何来做微信营销？这确实是一个比较复杂的问题，也不是一两个方法就能解决的。在实践中人们认为以下三种方式比较有效。

（1）陪聊式营销

众所周知，公众平台也具有媒体属性，但与微博相比，它的精准性、私密性和互动性更强。正是基于此，一开始许多微信用户是抱着能与品牌进行一对一式的聊天来关注品牌的公众号的，但大多数用户在关注了品牌并试图与其聊天之后，发现对方根本不像微信上的好友，而更像一部机器。于是，在微信这个私密空间进行互动本来是一件可以为品牌加分的事，最后由于体验不佳反而成了一件减分的事。相信有过这种糟糕体验的用户一定对品牌微信异常失望。陪聊式营销可以满足许多用户希望私密聊天的需求，但这种方式带来的挑战也比较大，当粉丝达到一定数量级以后，需要更多的专职陪聊人员来维护，当人员不足的时候，很可能会影响粉丝的体验。因此这种模式更适合运营初期对粉丝的感情培养。

（2）促销式营销

不管什么样的营销方式，只要能将医疗器械快速销售出去，也就达到了目的。那么如何才能让促销快起来呢？我们的体会就是：一是传播消息要快，微信推送一键到达消费者手中；二是反馈要快，要盯住消费者的信息反应，有咨询、有疑问，马上在线回答；三是促销时间节点要把握准，在微信上可以利用诸如倒计时等方式来制造紧迫感促单；四是利用朋友圈、粉丝圈同一时间转发消息，制造轰动效应等，方法可以不断创新。

（3）客服式营销

每一个品牌在进入公众平台之前，都需要想清自己的定位，需要想清自己来公众平台是干什么的。许多品牌一窝蜂地涌入公众平台，但进来后才发现不知道自己该做什么，于是只能像运营微博那样，发一些心灵鸡汤的文章或企业新闻，那基本上对于大多数粉丝来说是没有任何价值的。提供与消费者直接沟通的服务，是品牌维护的重要内容之一。品牌微信设置客服的好处有两个：首先是不骚扰，强制被接收信息是大部分微信用户厌烦的；其次是可以在封闭空间内解决产品问题。关于这一点，不少用户可能遇到过买到有问题的产品却投诉无门的情况。有了这个通道，用户就多了一个投诉反映问题的途径，而及时的客服处理也利于企业在源头上防止企业危机。

2. 建立舆情安全管理机制

口碑决定着品牌的命运。尤其对于医疗器械来说，良好的口碑就意味着令人满意的销售量。市场也有不测风云，一旦医疗器械品牌遇到意外的因素，很可能口碑会一落千丈，这往往是致命的打击。因此，利用微信建立舆情安全管理机制来保护自己的医疗器械品牌，每一个生产企业和运营商都要高度重视。

（1）充分利用自定义菜单构建功能框架

之所以将自定义菜单放在第一位，最主要的原因在于微信升级5.0后，就加强了对公众号群发消息功能的限制，在此情形下，医疗器械行业选择服务号将是一个明智的选择。服务号开放了自定义菜单的申请，拥有一个让粉丝能一目了然的菜单就变得尤为重要。当然，企业也可以选择订阅号进行认证，也可以得到菜单的使用权，发送信息比服务号次数多，唯一的限制就是入口被折叠在订阅号菜单里面，用户查看不方便。但不管用什么号，自定义菜单都要做好，才能让用户最方便地找到自己想看的资讯。这对于关键时刻的公关，向用户传递正确的信息尤为重要。

（2）产品线透明化

透明化产品线可以使品牌诚信度提高，信任度加强。为了给粉丝以更透明化和更具可信度的内容，商家需要做的有很多。例如，可以将各条产品线细化出来，进行分类；不定期更新各条产品线实时作业的图文信息，甚至是检疫报告、样品检查报告、原材料的来源信息等；餐饮类企业甚至

可以公布采购发票等。

（3）建立危机公关应对机制

如果说上一步是为防患于未然，那么这一步就是对已经发生的突发事件的应急处理。企业要建立危机公关处理机制，企业负责人必须对网络舆情进行监控（有条件的可以架设市场舆情监控系统），尤其注意微信客服端的用户投诉信息，一旦发现问题及时反馈，果断处理，最大限度地将负面事件消灭在萌芽状态。

三、化妆品行业在微信平台上大展拳脚

化妆品作为一个重体验、重口碑分享的品类，碰上微信可谓相见恨晚。微信的随时、随身、随地、个性、分享、强关系等特点，正好提供给了爱美人士"臭美"的平台，同时，由于用户的个案性，在传统条件下一对一的指导显然要耗费极大的成本且效果不明显，微信正好给了品牌与消费者面对面的窗口，无论是产品的解说，还是肌肤的保养都可以实现与用户精准指导交流，树立品牌形象的同时，还能提高用户忠诚度。不少化妆品品牌企业已经投身微信，大展拳脚。

微信是一个社会化的关系网络，"用户关系"是这个网络的纽带。通过日常一对一精准内容推送以及和粉丝间的闭环交流，吸引适合自身品牌的目标受众。公众平台对于品牌传播具有其他平台所不可比拟的优越性，比如传达的信息更精准、用户功能更强大等。因此，微信这块全新的传播领域对于很多化妆品品牌来说都有着很大的吸引力。

另外，在微信的强关系链中，不仅用户和用户之间可以互动，商家和其他平台厂商也可以参加到这些用户的沟通之中去。这强烈模拟出了现实中人与人之间的交流关系，并真实地影响着人们彼此的生活，而二维码就是穿透屏幕直接伸向我们真实生活的触角之一。当我们将现实生活中那些中意商品的二维码图案对准手机取景框时，微信便可以帮你对应找到目标商家，并获得会员折扣和优惠。通过微信与现实的有效对接，商家可以享

受到亿万微信用户带来的巨大消费力。

【案例】看 Olay 如何激活粉丝

Olay 的微信账号做得非常出色。玉兰油微信账号、Olay 微信账号、ProX 微信账号相辅相成，互相配合。

1. 让粉丝快速滚雪球

微信公众账号要实现最初的粉丝快速积累，需要企业花费不少力气。Olay 采取的策略是让老朋友介绍新朋友，具体作用机制是"以新老粉丝都能获得奖励为激励手段，请现有粉丝邀请自己的朋友关注 Olay 家族三个微信公众账号"。如法炮制，Olay 的三个微信公众账号都在一天之内因为粉丝暴涨而顺利获得了微信认证资格。Olay 非常有创意地将"一传一"无限升级为"一传一传一……"令三个微信账号与粉丝之间形成无数条传播链，一步步扩大微信账号的粉丝圈，最终触发"滚雪球"效应，迅速将品牌微信扩散出去。

2. 精准传递产品信息

精准传递产品信息是精准营销的基础。有一段时间，在 Olay 微信中直接回复"赐我抓水蓝精灵"，每天会抽出一名粉丝获得抓水蓝精灵的产品，在该内容文案中，对该产品的详情做了有趣的介绍。这一小策略吸引了很多粉丝来帮助其有效传播产品的核心信息。

3. 有趣互动增人气

互动是增加平台人气的不二法门。精彩的互动内容则需要策划团队的精心设计。以 2013 年愚人节的活动来说，Olay 的三个微信账号，无论是玉兰油的"愚男友"，还是 Olay 的"神奇美白产品"，或是 ProX 的"痘立完"，都利用了微信强大的即时回复功能。以 ProX 为例，其在愚人节当天先向粉丝推送了一条与产品有关的看似严肃的"假"新闻，并在结尾设置悬念，引导粉丝回复指定关键词，然后利用即时回复向粉丝揭露搞笑真相，以达到"愚人"的目的。玉兰油还采用了"晒截图赢奖品"的战术，

粉丝只需观看视频截取产品画面并回复微信就有机会获得奖励。在这一关中，玉兰油微信公众账号不仅收获了大量优质的用户生成的内容，又达到了增加人气的目的。

4. 善用拟人化活动做情感营销

品牌形象的塑造与品牌的营销活动有直接关系。通过系列的拟人化的情感营销活动，Olay 在消费者心中树立了有血有肉的独特气质和品牌形象，为 Olay 的品牌营销奠定了坚实基础。

Olay 把 ProX 主打的产品净透焕肤洁面仪和微晶亮肤仪拟人化，借由产品拟人的身份去表达品牌态度、植入品牌信息，方式有趣，语言犀利幽默，很容易吸引粉丝关注。ProX 主打的产品以第一人称和用户亲密对话，传达出一种朋友式的关怀。另外，形式上的创新也让消费者耳目一新，印象深刻。其实，这就是我们说的品牌拟人化。通过拟人化，品牌不再是一个冷冰冰的形象，而是一个有血有肉的人，它成为了用户生活中的一部分，切实为用户的生活服务，同时和他们互动交流，这样也就更能打动用户，让他们参与到互动活动中来。

Olay 塑造出了两个新角色"刷子先森"和"亮肤仪小姐"，并为其在 ProX 微信中打造一档固定时间推送的访谈栏目"呵呵 talkshow"，在访谈中用这两个人物形象的口吻犀利点评时事热点，并适当植入品牌信息。访谈首次推出便获得大量好评，粉丝对这两个形象印象深刻，并在互动中会时常提起"刷子先森"和"亮肤仪小姐"。营销获得了成功。

四、微信为图书出版行业创造巨大空间

在微博时代，很多微博大 V 的影响超过了一般的平面媒体，并且涌现出一批草根微博名人，微博营销成为了一个课题。对图书出版行业来说，大大小小的出版机构都注册了微博，并企图借助这一平台推进图书营销。在微信时代，不少出版机构已经开通了自己的微信公众平台，成为图书微信营销平台建设的先行者。人们看到，微信庞大的用户群将会催生一个广阔的市场，同时也会为图书营销创造巨大空间。

无论是个人还是出版社，运用微信看重的不是关注量，而是需求用户的质量。与微博相比，微信公众平台更适合个人的自媒体模式。微博发不了长文，内容不易深刻，信息更新太快，容易被淹没。而微信很好地解决了这些问题，字数多、空间够大，每天只允许推送一条信息，不会被翻得太快，所以在微信上，拼的就是文章质量，只要文章质量足够好，自然能吸引一大批有同样爱好的用户。对于出版机构而言，微信是更有针对性的营销平台。一般关注出版机构微信的用户，都是对该出版机构及其产品比较喜欢的读者，他们购书会比较频繁，购书的种类也会比较多，出版机构对他们进行的营销更有针对性，对出版机构的销售也更能产生拉动作用。

【案例】天翼阅读分享阅读乐趣

作为目前最受欢迎的正版数字阅读平台之一，天翼阅读致力于为用户提供一站式、绿色品质的数字阅读服务。其平台上拥有精心为用户挑选的书籍、期刊杂志、漫画、有声读物、资讯图书等，涵盖五大频道、40个子栏目，无论什么风格的内容，应有尽有。在此基础之上，天翼阅读围绕"品质阅读"的理念，为用户精心挑选了阅读精品，提倡"以阅读改变人们的生活，以精彩点亮未来的阅读"。天翼阅读公众平台上线后，用户可以随时随地点击阅读最流行的图书，并且在分享阅读乐趣的同时还能进行个性互动，特别是个性化图书推荐得到了广大用户的推崇。

目前天翼阅读推出了微信官方服务号、订阅号。服务号是企业级的咨询服务平台，同时推出了一些平台活动；订阅号则是利用其推送信息方便的长处，每天推荐最新的阅读资讯。无论哪个账号都是内容丰富而精致的，互动很方便。

天翼阅读公众平台的出现，不但满足了大家普通的阅读需求，还为用户提供了个性化推荐服务，用户可直接发送想看图书类别的关键词，就可以接收到相关内容，既方便又快捷。

天翼阅读还会定时推送书籍信息，包括最新上线的流行小说、漫画、杂志等，粉丝可以一目了然地看到包括封面和简介在内的图书信息。除了书籍信息推送之外，天翼阅读还会定期发布天翼阅读最新的优惠资讯和活动信息，以及与阅读相关的新闻资讯、行业动向等，成为所有电子书爱好者的潮流风向标。天翼微社区为粉丝们建立了一个吐槽社交的圈子，在里面大家可以畅所欲言；天翼还与读者粉丝深度互动，专门做了互动菜单。推出了"天翼阅读请你当设计师"活动，邀请读者来规划版面内容；为了增强趣味性，天翼推出了内嵌式小游戏——猫狗大战，让读者在读书放松的时候，也能玩玩游戏，放松心情。

图书出版行业的微信运营方法，归纳起来，具体有如下几种。

1．注意你的定位

这是一个反复提到的问题。作为图书出版商，你做这个微信公众账号的用处到底是什么？是品牌宣传，还是图书销售？是重点为用户做咨询服务，还是精品阅读分享？是帮助书店做市场资讯传递，还是和读者探讨个人出版的业务方向？每个图书出版单位的定位都有不同的角度和需求，也有各自不同的运营环境，因此，只有先明晰自己的定位，才能知道是做服务号还是做订阅号，内容、功能设计和风格才能有一个衡量标准。

2．如何让用户找到你

除了常规的宣传手段，微信平台的推广可以借力二维码。图书作为标准化商品，本身就非常适合使用二维码进行推广。出版机构可在所售图书上面或者包装上面印上微信平台的二维码，读者只要扫描二维码就能关注微信公众账号；还可以借力于微信平台自身的内容分享去传播：让更多的个人微信号在朋友圈或微信群转发、分享微信平台上面的内容，也会让更多的读者关注到平台。这个初期是靠企业自己主动去推，后期则是靠粉丝们自觉地转发分享。

3．做好平台内容，把握推送火候

高质量内容是关键。作为一个平台，应该有自己原创的高质量文章和内容分享，这是平台保持独特性的最佳武器，也是引发粉丝们转发分享的重要因素。即使做文摘转发，也要精心整理内容，将最精华的部分推送给喜欢这些内容的目标用户，而不是"一刀切"地乱发；同时，在内容推送上要把握"火候"，调整推送频次和内容量，好东西不要送得太多、太快，那样读者也会因"消化不良"而产生负面效果；在推送时间点上也要注意读者每天和每个星期不同时间段的阅读曲线的变化，在最合适的时间段推送给读者，才能有更好的阅读效果。

4．丰富阅读方式，提升阅读体验

其实，所有的设计都是为了提升读者的阅读体验。出版机构要注意为读者提供多样化的阅读方式，比如，在微信上推送的内容要一目了然，用户还可以直接单击作品进行在线试读，既方便又快捷。发布图书信息的同时还应该注重提供多种阅读方式，满足不同受众的不同需求。

5．有效沟通互动，实现快速营销

借助微信，出版机构在图书出版的每一个环节都可以和目标用户展开有效的沟通，这样做比在相关媒体做宣传广告的效果要更好、更直接。图书出版后，将最新的出版信息和图书书影、书样通过微信及时通知目标用户。这些用户会通过分享、评论等功能又为出版机构开发潜在用户。在实际销售阶段，微信提供的语音聊天、视频聊天等手段，方便出版机构和图书馆之间进行商务谈判，快速地实现销售目标。最终达成销售以后，出版机构可通过互联网提供相关的售后服务及不断更新完善的增值服务，为下一轮图书宣传和销售做准备。

6．顺应移动阅读，改进盈利模式

随着手机阅读的不断普及和"微支付"在数字阅读领域的不断深入，按阅读章节计费的数字阅读模式似乎更加符合"手机阅读＋微支付"的发

展趋势。作为图书出版企业不能死守着传统出版方式不变，应该大胆探索新的图书盈利模式。出版的本质是为了信息储存和知识分享，印刷出版成本影响图书的价格，而知识的含金量才决定图书的价值。因此，图书电子化是必然的发展趋势，按阅读量收费也大有发展空间。

五、房地产行业走上"微地产"的快车道

互联网时代的到来在很大程度上改变了人们的生活方式，也对人们的传统思维产生了影响。时至今日，互联网已经渗透到人们日常工作、生活的各个领域，特别是微信时代的到来，更是改变了人们日常交流的方式。

2012 年 12 月 4 日，腾讯房产"微信买房"活动第一站，在地处北京市丰台科技园区的总部基地圆满举行。此次活动向该区域的名企置业者推介了两大腾讯独家微信团购楼盘。微信作为腾讯的强势产品，更是第一时间吸引了青年置业者的眼球。据统计，前来参加"扫码"的名企员工达数百人次，意向成交 68 套，意向成交金额达 1.1 亿元。这也给房地产企业营销带来了新的思路。

微信买房，只是房产电商平台的一种营销方式。目前全国微信用户已经超过了 9 亿，在如此大的用户群下，采取微信卖房的形式，带领用户团购房子，既能达到为用户降低购房成本的目的，同时由于微信具有传播快、聚集人群快速且精准的特性，又将受到更多开发商的欢迎，愿意拿出更大幅度的优惠吸引微信用户。

微信将对房地产带来很大的变化，未来发展的空间也很大，其或许会改变房地产传统的营销方式，开创一种全新的营销理念。

【案例】万科翡丽郡微信开盘赢得开门红

万科翡丽郡地处深圳市西部宝安沿江新城最繁华的区域中心，属于万科西进宝安重金打造的项目，拥有沿江新城成熟商业中心的核心地段，附近有超市、地铁、学校、医院等设施，生活十分便利。

万科翡丽郡作为第一个微信营销的楼盘项目，于 2012 年 9 月 1 日正式上线，用户只需通过扫描二维码或添加微信号就可以成为翡丽郡微信好友。在这个新兴的营销渠道上，万科率先走出一步，与用户面对面紧密互动，架起了沟通桥梁。同年 9 月 27 日，凭借着绝佳的西部新中心地段优势、丰富的配套资源以及原味的欧洲风情的设计，一直备受市场关注的万科翡丽郡火爆开盘，现场到访用户超过 2000 人，以 13500 元每平方米的开盘价格狂销九成。

那么万科翡丽郡的秘密武器是什么呢？就是微信营销！

万科翡丽郡在开始市场营销之前，就做好了微信营销的准备，推出了官方微信。开盘伊始，销售现场摊位布满了二维码，用户通过扫描二维码就能立刻搜索到其官方微信账号，添加关注后，就能第一时间收到万科翡丽郡推送的最新房产新闻和相关楼盘信息。

万科翡丽郡开通微信公众平台后，开展了一系列微信豪礼活动，在关注其官方微信后，即可尊享幸福权益，其中有购物卡、联盟商家的折扣、抽奖资格等。除此之外，从 2012 年 8 月开始，万科翡丽郡全城启动了"幸福家计划"的主题活动，通过线下"幸福早餐""幸福大篷车巡游"快速引发全城热议，同时线上举办"寻找幸福家""幸福微家书"等活动。

另外，项目还开创了深圳首个微信营销创新，与用户架起沟通的桥梁。通过线上线下系列主题活动的全线配合，万科翡丽郡成功引发社会对幸福话题的思考。翡丽郡通过创新公益营销，倡导社会正能量，引领了房地产开发企业营销新思路的潮流趋势。

万科翡丽郡之所以在微信上取得不错的营销效果，主要是因为它利用了微信精准营销的特性。微信即时性、互动性的特点能更好地实现推广和互动，通过二维码连接线上和线下形成一个完美的互动过程。自微信诞生之日起，其"摇一摇""附近的人"功能就被很多楼盘的销售人员使用，他们将之当作一种比较精准的定位，开拓自己的业绩，且取得了不错的成绩。

要想让房地产行业走上"微地产"的快车道，房地产开发企业首先应

该弄明白以下三个问题。

1．微信能为房地产做什么

查看最新报价、获取开盘通知、享受打折优惠、实现卖房答疑，这或许是房地产微信为用户提供全方位购房服务的一种便捷方式。微信营销不同以往粗放式、灌输式广告营销，而是采取以人群的精准划分、目标用户的精准定位、点对点的有效互动，这是房地产营销一直寻求的转化率根基所在。微信作为一种新型的沟通工具，具有选择自主性和获取针对性的特点。当相关用户在买房时遇到疑问时，房地产商通过微信能够随时随地给出相关解答。房地产商第一时间提供楼市快讯，用户随时随地掌握房地产动向。也就是说，微信在房地产企业和目标用户之间搭建了一个信息与情感沟通的高速通道，实现了零距离、零成本的快速沟通。这也是微信平台功能对房地产企业的最给力的支持，实践证明也是最有成效的。

2．微信如何让目标用户关注

通常的做法是在易拉宝、展位及移动宣传板上均印上官方微信账号的二维码，引导用户主动扫描二维码并加关注，以获得和了解到楼盘的第一手信息。由于二维码比较方便，如果扫描二维码有优惠的话，会有不少人扫描，从而成为商家的粉丝。

3．房地产微信活动怎么做

房地产商以前习惯于利用传统媒体进行楼盘的营销推广，也经常开展一些线下的宣传促销活动。那么微信介入后，如何将微信平台和线下活动有机结合起来，从而产生倍增放大的功效，是每个商家都非常关注的事情。

我们知道，因为房产是大宗商品，交易的重要性不言而喻。用户基本上都会对楼房选购非常用心，往往会对楼盘情况进行研究、咨询，甚至将同一地区不同的目标楼盘进行横向分析比较，以找到最适合自己购买的房子。所以，这些想买房的人都会时常关注房地产的动态，他们对微信上推送的房产信息很容易感兴趣。如果开始在线下做促销活动，就要提前在微信上把消息推送出去，自然能引起用户的关注，参与的人数往往会增加不少；如果在微信上面来个"幸运大转盘"送折扣、"砸金蛋"送红包等形式新颖的促销活动，往往比在线下简单地做折扣和奖品要有趣味得多，而且更容易引发用户的转发和分享。

总之，微信的促销活动一定要走线上和线下相结合的路子，这也是O2O营销的基本原则。

六、微信为交通业提供绝佳的平台支持

在交通行业里，目前运用微信营销的商家主要是以航空公司为主，因此我们也着重讲一讲航空公司的微信营销。航空公司开启了微信售机票的时代，航空电子客票结合微信，带给了用户超乎想象的完美体验，但同时也对航空公司和代理人的营销策略提出了更高的要求。

同酒店、游轮、租车、景点等综合旅游类其他细分市场产品相比，机票是业内公认的最容易被标准化的产品，特别是2008年全面实现机票电子化后，机票销售成为最快上线并迅速电子商务化的旅游类产品。无论是航空公司的机票直销还是代理人的机票分销均及时调整策略，都纷纷加大在线上营销的投入。微信的出现恰逢其时，这注定了它终究要通过智能手机决定销售的未来。随着移动互联网技术的日臻完善，用户通过智能手机购买机票将成为移动电子商务最容易实现的在线应用项目，微信则为这种应用的实现提供了绝佳的平台支持。

铁路部门也有不少加入了微信营销的队伍。比如昆铁货运，它是首个铁路货运微信服务平台，通过与铁路货运电子商务系统相连，货主可以随时通过该平台查询到货物运行状态、配车及运力资源公示等货运服务业务，还可了解车站业务办理范围、铁路运费计算等，同时，通过微信互动功能，还可实时为用户解答问题，并受理业务投诉。此外，成都铁路局也首创微信查询列车晚点情况。铁路微信与航空公司微信一样，会为旅客带来极大的方便。

【案例】海南航空多重智能服务

自正式上线后，海南航空微信公众平台在一周内共吸引订阅用户 1251 人，日均增长量在 100 人左右，每日推送图文信息的平均回复在 30 条左右，日均留言 80 ~ 100 条，互动率高达 90%，实质性留言询问均得到有效回复。随着海航正式入驻微信公众平台，海航与粉丝间的互动和交往方式呈现出全新的面貌。

1. 以独特定位彰显个性价值

定位是一切营销的开始。有了一个正确的定位，才能确定发展方向。那么海航官方微信是如何定位的呢？海航的微信定位就是"个性化定制的品牌杂志"。在海航看来，航空旅客对移动互联网的便捷性需求越来越大，个性化表达和互动交流的欲望更加强烈。因此海航的微信平台就借鉴了传统杂志的风格而将自己定位为一本移动互联网上的品牌杂志。这本杂志无论从内容风格到功能板块都充满了个性化定制的味道，给海航旅客带来了一种全新的个性化服务体验。通过微信的线下与线上相融合的服务，旅客们享受到了海航五星服务的新境界，不但能获得更多飞行优惠和特权，而且整个交流过程轻松时尚、趣味性强，使海航之旅成为了时尚生活和空中互联网的商务之旅。

2. 以精准内容服务目标用户

海航航空公司在搭建企业微信平台之初，就将了解旅客的个性化需求作为工作的第一步，整个微信平台的搭建紧紧围绕用户需求进行。海航微信平台通过微信板块的功能设置，将目标人群进行细分，将每日推送信息做成了分类定制和精准推送，以保证每个用户收到的都是自己最想看到的内容。海航微信平台重视"一对一"的沟通服务，从固有的重视旅客体验，延伸到重视与旅客的网上沟通，以专业、亲切的形象，帮助用户准确及时地了解海航提供的各项服务，圆满解决用户在旅行途中遇到的各类问题，树立了海航公司的企业形象，强化了品牌的感召力。

一个品牌的微信营销，必须要注意把好内容关，尤其对内容推送的创意要有要求。虽然目前微信在后台可以对用户群体进行划分，但要了解用户，仍然需要一个双向沟通的过程。因此，海航对微信发布的频率和信息量都做了规定，避免链接到复杂的网站或者发送过大的视频，导致用户取消关注。

3. 以精彩互动引发口碑传播

用户关注了海航的微信公众号后，可通过回复对应功能的数字，开始体验全新的购票与服务流程。在海航公众号上，依据微信号的服务提示，旅客输入起始站和到达站后就可收到航班信息列表，选择航班后便进入手机支付页面，非常便捷。为庆祝海航创立20周年，海航公众号推出了"四重好礼"优惠活动。接着，又推出用户通过公众号购票即可参与"20元直减""最高百元话费返还""双倍里程奖励"以及幸运大抽奖等活动。伴随着活动开展，良好的口碑传播形成了巨大的网络宣传影响力。

良好的口碑传播也形成了良好的二次营销，用户转化率显著提高。目前海航开始探索开发海航微信会员卡，搭建移动会员体系。这样做有两个好处：一是用户不必携带实体会员卡，也能第一时间得知海航优惠信息并享受会员专属特权；二是用户可以提前预订机票及查看座位。正因为有如此人性化的服务，用户每次出行都会加深对海航品牌的认识，从而引发二次消费。

航空公司是典型的"高大上"型企业。虽然是飞得"高高在上"，但行业竞争同样非常激烈。如何降低成本、提升营销业绩一直是各家航空公司都非常关注的焦点问题。

微信的出现，让航空企业看到了新的市场机遇。航空公司都开始利用微信公众平台来构建自己的移动互联网营销服务系统。那么，航空公司的机遇点在哪里呢？

首先，微信可以成为最给力的销售服务工具。大家知道，在网络值机

平台出现以前，人们乘坐飞机需要提前至少两个小时赶到机场办理值机手续，而随着微博、微信的兴起，人们足不出户就可以办理值机手续。这意味着人们查询和购买机票出行的时间成本和地面交通成本大大降低，成交效率明显提高。不少航空公司不断开发新的应用程序，例如开设"机票验真""航班动态""城市天气查询"等。除了提供电子化的服务外，航空公司往往还会通过这种平台展示和促销产品，比如利用微信给用户提供新航线推介、机票秒杀、旅游旺季打折活动等相关信息。这些促销活动和资讯可以近乎零成本和零时差的方式送达用户面前，这样飞机的乘坐率会明显提高。

其次，微信可以有效提升用户的服务体验。航空公司可以将值机、航班查询等服务模块植入公众平台以提升旅客体验。在用户乘机之前，可以通过微信平台查询、购票、掌握乘机时间变动情况；乘机途中可以用手机访问航空公司的微信平台，浏览精彩的内容推送，甚至可以用微信用户端呼叫空姐服务并对服务打分；乘机之后，用户可以通过微信直接向平台反馈自己的投诉意见和建议；同时，用户还可以将自己的乘机体验通过朋友圈、微信群进行分享等。用户在享受航空服务的整个过程中，微信平台能发挥出沟通服务的强大功能，有效提升用户乘机体验，进而增强品牌竞争力。

最后，微信可以为航空公司做最好的用户管理。这也是微信公众平台的巨大魅力所在。微信平台在前台为乘机用户提供强大的服务功能，后台则对用户的各种信息进行全面的数据收集和分析，以保证航空公司对用户的出行习惯、乘坐座位喜好、往返频率、飞行地区等有精准的了解，并在此基础上为用户提供高度个性化的贴心服务。由此可见这个用户管理系统非常重要。

七、微信营销席卷整个餐饮业

现在，越来越多的餐馆加入了微信的二维码营销。用户用手机扫描餐桌上的二维码，关注餐馆官方微信号以后，就可以享受该餐馆的优惠，以及赠送的饮料、菜品等。越来越多餐饮行业的从业人员通过微博、微信销售自己的餐饮食品。通过这种方式，餐馆不需要线下卖场，可减少门店租金、劳动力费用等，还能通过互联网迅速扩大知名度，不限时间、不限地方，也降低了报损率。微博、微信等新媒体营销降低了广告的成本，使商家可以以低成本、低风险宣传自己。

餐饮企业通过微信"附近的人"查找、添加目标用户，并通过朋友圈宣传自己的企业文化、新产品等，不仅增加了餐馆的知名度和美誉度，也给企业增加了一种新的渠道来提升业绩。随着合作商家的增多，"微信+二维码"的模式必将形成新的消费方式和文化时尚。微信公众平台正为企业提供一个双向沟通、多样化的品牌推广和渗透平台。

【案例】星巴克每天平均收到2.2万条信息

在星巴克看来，微信代表着一种生活方式，不但为人们提供了丰富的聊天模式，更拉近了人和人之间的距离，让新时代的社交变得更自由。星巴克中国官方微信账号的粉丝已超过40万，总计数以百万次的互动，且这些数据仍然保持持续的增长，在业界也得到了很好的反馈。星巴克微信账号是秉承星巴克"连接彼此"企业文化内涵、促进人们真诚交流，并随时随地带来美好生活新体验和"星"乐趣的最好方式。同时，依靠腾讯强大的账号体系、PC与手机产品入口，可以使更多线下与线上用户享受移动互联网的便捷，获得实惠。

微信的介入，不仅破除了传统商业经营模式辐射面积小、消费者参与度不高、受时间地点等制约的弊端，还具有轻松时尚、趣味性高、商家与消费者互动性强等优势，让消费者能尽享移动互联带来的轻松、惬意感受。"移动新媒体+二维码"的全新品牌推广模式，将精准的消费者群从店面引导到线上，再在线上不断推进与消费者的互动，传达企业信息，培养新的消费习惯，这对于提升品牌价值意义非凡。

那么星巴克是如何落地自己的微营销战略的呢？

1. "醒"听音乐新感觉

2012年8月底，咖啡巨头星巴克入驻微信。作为星巴克官方微信的粉丝，只需发送一个表情符号，星巴克将即时回复，让你即刻享有星巴克《自然醒》音乐专辑，获得专为个人心情调配的曲目。据了解，通过这次活动，星巴克中国的微信账号每天平均收到2.2万条信息，基本以参与活动的表情互动为主。接下来星巴克中国还会继续推出第二批的音乐。有意思的是，微信还能让这个店铺在这个圈子中建立自己的"电台"，传播自己的文化或者完成更多用户关心的行为，而用户甚至还能通过关注这个"电台"，咨询到更多自己需要的信息，比如近段时间的打折信息、新品上货情况、店铺位置等。营销角度从无声时代自然过渡到真正的互动时代，对用户的关怀也不再停留在"口中"，而是可以随时随地完成高精准度的"传递"。

2. "摇"来用户新体验

在微信中加"星巴克中国"为好友，你还可以试试自己的运气，摇一摇手机，也许就能摇到"星巴克中国"微信账号，亦能开展一段"冰摇沁爽之旅"。后来，星巴克同时推出由星巴克冰摇果莓沁爽和星巴克冰摇青柠沁爽两款饮品组成的冰摇果莓沁爽系列。用"看得见的大颗黑莓、整片柠檬和尝不出却喝得到的咖啡因，让你的每一天都充满活力、醒目夺人，给你前所未有的清爽感觉和革命性的咖啡品尝新体验"的广告词来吸引顾客。

3. "伴"生品牌新故事

星巴克利用微信把用户关系维护得相当好，当你在星巴克喝完咖啡离开之后，星巴克微信会用贴心的微信内容与你互动起来。此刻，你会感觉到这里的服务真好。微信全新的互动方式和独特的真实关系，就像浓郁而悠长的咖啡香味，一直伴随在用户身边。这种不知不觉的温馨陪伴，就足以让人感动，也让消费者愿意通过微信分享自己在星巴克度过的美好时光。而这种分享也足以诞生一个个新的品牌故事，星巴克的口碑也随着故事四处传播。

4. "送"出星愿新粉丝

为了迎合圣诞节，星巴克在 2016 年 11 月 6 日至 30 日推出"魔力星愿店"，在微信上还策划了"魔力星愿 12 天"活动。12 月 1 日至 12 日，"魔力星愿 12 天"活动期间，关注星巴克微信的粉丝可以通过微信互动获得独家优惠，每天优惠的都有不一样的内容，如咖啡杯、咖啡粉等。同时，设定了星巴克的专属手机壁纸 12 份，回复数字 1～12 即可获得。最终，"魔力星愿 12 天"收到很好的效果。

餐饮行业的微信运营也是有门道的，具体归纳为以下几点。

1. 如何推送服务内容

首先，建议将促销与内容分开，或者各做一个公众账号，或者在一个公众账号中设计到不同的菜单里面。我们建议还是做进不同的菜单比较方便，毕竟公众账号多了会分散用户的注意力，往往得不偿失。目前服务号菜单已经放开了，非常方便。这样做的好处是，当用户想使用优惠券的时候，只需要点一下优惠券的菜单就跳出来了，方便快捷。这样的分隔也不影响用户的阅读体验。

其次，如果是订阅号做服务平台，则需要进行认证之后才能获得菜单。这里，我们建议商家在用订阅号时，对每天群发的信息做一个安排表，准备好文字素材和图片素材。一般推送的信息可以是最新菜式推荐、饮食文化、优惠打折等方面的内容。粉丝的分类管理可以针对新老顾客推送不同的信息，同时也方便回复新老顾客的提问。这种人性化的贴心服务肯定会受到顾客的欢迎，一旦触发顾客使用微信分享自己的就餐体验，会形成口碑效应，大大提升商家品牌的知名度和美誉度。

2. 如何引发用户关注

店面是充分发挥微信营销优势的重要场地。在菜单设计中添加二维码并采用会员制或者优惠的方式，鼓励到店消费的顾客使用手机扫描结帐，一来可以为微信公众账号增加精准的粉丝，二来也积累了一大批实际消费

群体，这对后期微信营销的顺利开展至关重要。店面能够使用的宣传推广材料都可以附上二维码，当然也可以用展架、海报、传单等方式进行宣传。也就是说，利用空间资源——自己的活动场所宣传，引发用户关注。当然也可以利用一些传统的方式，比如发海报、宣传单等方式，把二维码广告发出去，通过扫描添加的优惠来吸引目标用户。

3. 在趣味活动中植入微信推广营销

微信其实是为商家提供了一个与用户沟通的新渠道，通过不同的沟通形式和内容可以达到不同的效果，例如，通过互动游戏，可以提高用户黏性，如果游戏设计得合理，还可以引发用户带动周围的朋友一起参与，达到口碑营销的效果。同时，餐饮企业还可以设计一些有特色的线下趣味活动，吸引用户参加，将扫描二维码加关注作为其中的一个环节植入，这样用户通过趣味游戏活动，既满足了娱乐需求，也因为关注微信平台而得到了实惠。最简单的是签到打折活动，易于操作，但趣味性差一点。餐饮企业可以用心设计出更精彩好玩的游戏，这样才会达到最佳的互动效果和口碑传播。

以上所说的只提供一个参考的思路，商家需要根据不同的情况进行调整，只有对微信移动端的功能和公众平台的功能完全熟悉之后，策划各种各样的活动就不再是一件头疼的事了。

八、旅游行业的微信运营之道

微信公众平台已经成为了商家的自媒体平台。每个商家都可以用拟人化的形式通过手机端和粉丝互动，群发图片或者语音，进行全方位沟通。旅游业的营销也需要有新的管道加入，用户对新鲜的事物更感兴趣，新的营销方式同时也能给用户带来新的体验。

让我们来想象一个情景：当你想抛开繁杂的工作，准备好好享受旅行，通常情况下，你会搜索机票或者火车票，接下来订酒店、查景点、查路线、找攻略，然后在网上一一完成。如果这些都能通过微信完成，那是不是感觉更方便？

目前，更多的旅游企业已经开始利用微信搭建自己的营销平台，无论是品牌传播还是产品促销，都已经开始向深度和广度推进。

【案例】艺龙旅行网日均互动超50万人次

作为国内领先的旅游网站平台，艺龙旅行网在微博领域的营销一直被外人津津乐道，而在微信营销领域，其开通的官方微信也是在深入运营后获得了不菲的回报，订阅用户高达几十万。艺龙微信公众平台对于旅行者来说就是"说走就走的旅行神器"，具体来说就是旅游预订／查询+沟通。除了可查可订等必备的功能之外，要提高粉丝对自己微信公众账号的兴趣，培养粉丝的习惯，就需要提供更新频率较高的内容。对艺龙来说，微信营销除了"强功能+精内容"之外，还需要有热门的活动，这样能增强互动的效果。

1. 向旅客提供高质量内容服务

内容的形成，建立在满足用户需求基础之上，包括休闲娱乐需求、生活服务类的应用需求、解决用户问题的实用需求等。对艺龙来说，其公众平台采用和微博上一样的定位，即作为向旅行爱好者提供服务的平台。而因为推送次数宝贵，减少了心灵鸡汤类的推送，其推送的内容多以高质量的原创或者转载率较高的内容为主。

2. 线上线下多媒体协同推广

艺龙在多个合作的酒店、机场放置印有自己微信公众账号二维码的海报、易拉宝，通过用户"扫一扫"优惠的方式获得了大量的新增订阅用户。同时也在微博、豆瓣等平台的皮肤模板右侧都加上了微信公众账号的宣传，在其发布的内容中也多次通过文字图片植入关注微信公众账号的信息。另外，艺龙在自建的旅行爱好者多个QQ群内的推广也获得立竿见影的效果，特别是订阅用户的忠诚度非常高。

3. 智能回复让服务无时不在

自定义回复接口的想象空间超出我们的预期，艺龙的微信公众账号里

就内置了不少智能对话服务。通过发送"攻略"关键词就可以返回预设的旅游攻略，查天气、查列车、查景点。很多用户通过这些功能来和艺龙互动，并提出不少宝贵的修改意见，逐步丰富服务内容。

4. 让话题与活动点燃旅游激情

话题互动和活动推广是提升企业亲和力和吸引力的重要工具，微信的平台功能天然具备了强大的话题互动和活动推广功能。艺龙的活动期间日均互动超过50万次，实际是将微博上的活动搬到了微信，但是没想到相关的互动数据远远超过微博的互动次数。这也是微信的强关系社交属性和朋友圈分享功能完美结合的结果，尤其是企业可以通过后台数据分析直接掌握活动趋势，大大方便了对话题互动和活动效果的评估。

据说艺龙策划过一次非常成功的活动叫"与小艺一战到底"的微信有奖问答。艺龙基于自定义回复接口开放的App，将答题赢奖品的模式植入到微信中，设置了每日有奖积分，最终积分最高的将获得丰厚大礼。同时，艺龙还专门针对参与游戏的幸运者送上好礼，有效激发了游戏参与者的积极性。企业官方微博和其他宣传渠道也同时配合做了活动推广。结果每日参与的互动活跃度高达五、六十万，微信的订阅用户也同步新增几万，整体效果令企业非常欣喜。

旅游行业是典型的注意力经济。对于旅游行业，尤其是对于景区来说，营销的重要性也是不言而喻的。那么如何利用微信平台捕捉、吸引旅游用户的注意力，就是微信营销的重中之重。实践中有很多方法值得借鉴。

1. 巧用"微招呼"揽客

旅游本身就是通过旅客空间位置的变化来获得体验的一种社会活动。旅游地的位置资源对旅游企业的宣传来讲就特别有价值。聪明的旅游企业可以利用像"附近的人""摇一摇"等功能对游客聚集地进行吸粉宣传。如果想达到更好的吸粉效果，还可以利用微信的实时定位推送功能——微招呼来招揽游客。这是第三方开发的平台插件功能，能够自动发现指定地点附近正在打开和使用微信的人，并通过后台技术和这些人打招呼，推送相关旅行信息，从而引起对方的关注。企业可以向第三方服务公司定制购买类似的功能。在旅游景区和重要的交通枢纽等人流活跃的地区进行类似"微招呼"式的推送宣传，非常容易获得稳定的用户资源，因为大部分旅游消费用户往往有重复消费的趋势。

同时，在使用微招呼进行推送的过程中，要注意发送内容短小精悍、有吸引力的文字。可以更多地使用二维码技术，用户扫一扫二维码就能获得资讯，大大提高了阅读效率。因为旅游用户是在旅途中进行阅读的，所以，要适合他们阅读的空间情境。通过二维码形式发布旅游信息、广告信息，甚至相关的旅游促销活动。商家利用公众平台就可以直接把活动视频、宣传文字图片等发送到用户手机端，这是一个低成本的营销策略，可以激发用户的口碑效应，把广告信息传递给好友，起到用户主动宣传的效果。同样，对于航空电子客票的销售，也可以利用以上方式进行宣传。

2. 精耕旅游内容

旅游攻略无疑是旅游用户最喜爱的内容之一。旅游攻略中富有诗情画意的经典图片能够吸引大量用户，公众平台要对这块内容精耕细作，尤其注意尽量不要只做搬运工，从网络复制文章或者频繁地推送广告，没有精彩的原创内容，终究无法长期吸引用户的关注。

旅游微信平台要关注微信用户对景点旅游的内容需求，可能旅游用户对此有更高的互动需求，包括查询各类景点的咨询信息、专题信息、当季热门信息，而用户在使用中，也会用微信反馈很多图片、主题、自拍、景点现场等，因此平台要做好景点内容的策划和准备，让用户从中感受到平台的用心和专业。同时，还可以鼓励游客原创旅游攻略笔记和自拍图片分享。平台可以发起以此为内容的类似"有奖征文"活动，把用户的图文整理后在平台推送中发出来，让更多的读者去评分，然后给予奖励。这样会引发更活跃的互动。

3.细分用户，精准传播

所谓精准营销，就是精准、细分、可衡量，将需要传达的信息直接推送给潜在用户。而在公众平台上，因为用户是自主关注品牌微信公众账号的，所以对于品牌有一定认知度，针对这些用户定向推送内容，必将会有更高的转化率。对于旅游平台而言，要通过后台数据分析，掌握用户的不同需求，进行分组，然后对不同需求的用户推送不同的信息。这样才能获得用户满意度的提升和线下旅游消费的增长。

九、汽车行业能用微信做什么

现在，越来越多的汽车企业和汽车经销商已经加入到了微信营销的队伍。汽车企业和汽车经销商都在寻求营销上的突破点，借微信公众平台推广宣传自己的品牌。

【案例】浙江奥通绑定 4000 多个粉丝多卖 20 多辆车

在很多同行还不知道微信是什么的时候，浙江奥通（一家专营奥迪的4S店）就抢先开通了企业微信公众账号，并申请了认证。公众账号认证之后被推荐的概率大于非认证账号。单单此举就能在微信公众账号搜索列表中占得一席之地。

奥通坚持不盲目追求粉丝数量，只让已有和潜在的用户知道并关注自己微信公众账号。其公众平台每天群发一张精心设计的图并加上文章摘要，在图文结合的整体上保证诉求表达清晰，外加开发基于微信接口的手机版网站用以丰富内容，从细节上彰显了自己对于订阅用户负责的态度，并通过公众平台上的互动来延续线下的服务精神。自上线以来，奥通通过微信公众平台，直接或间接地售车 20 多辆。除了直接营销，平时浙江奥通召集用户活动，大多数人也是通过微信报名。每次召集活动，来自公众平台的反响总是最热烈的。

他们成功的亮点在哪里？

1. 领导重视，快速行动

可以说奥通是全行业最早开通微信公众账号的4S店，该公司从领导开始就非常重视利用新媒体，并且特别重视微信的运用。管理层对新媒体的重视让微信运营人员有了学习钻研新媒体营销的动力，最终，奥通抢占了汽车4S微信营销第一的位置，率先拿下汽车爱好者这批订阅用户。

2. 抢先认证，想法露脸

对于奥通来说，他们在第一时间就抢先认证了微信公众账号，因为这样就可以有机会与更多的粉丝和车主进行交流，然后利用公众平台实现点对点的沟通和交流，实现服务的产品化，形成一个移动领域的生态系统。除此之外，也更容易让用户搜索到自己。同时，他们把另一个平台起名叫"奥迪机场VIP馆"，以提升被搜索的概率。实践证明，通过抢先认证、名称关联和扎扎实实地做服务，奥通得到了用户的认可，粉丝数迅速增加，口碑反馈良好。

3. 开发微网，深度服务

为了使公众平台的展示内容更加丰富直观，用户体验更加良好，奥通在全行业率先尝试微信网站，并获得了空前的成功。他们利用HTML5的代码做成了自己的模板，可以很方便地通过微信了解他们的各个频道，其实就是汽车官网的移动版，通过微信做成微网站的效果很好。在微信网站中还能用视频展示企业形象及活动，这一点奥通做得相当好，每个用户活动都会有视频支持，让潜在用户充分了解奥通的企业文化和用户服务。同时，奥通的微信网站还实现了一键电话拨号和一键GPS导航，可以让用户非常方便地进行联系。

4. 借力活动，品牌植入

借力汽车自身的强势品牌进行营销，是汽车销售商的惯用做法。通常来说，一般的汽车4S店都可以利用汽车品牌进行背书，以此来弥补自身品牌知名度的不足。奥通策划的赛道培训和送原厂Q7车模的活动，则搭

上了不少国际知名汽车品牌的便车，又跟自己的服务理念紧密对接。奥通的过人之处还在于，在活动奖品的设置上非常有吸引力，采用的是奥通系统小部件，市场上买不到而且竞争对手很难模仿的产品，不像现在比较常见的送 iPad、送 iPhone 等。奥通送礼品，不但以形式新奇引发了强烈的关注，而且又巧妙地将自己的企业品牌植入其中，成就了一场品牌营销的盛宴。

5. 设计精心，服务精诚

奥通公众平台每天群发的图文都要经过精心设计，文章摘要精心提炼，内容上也做得非常用心，传递给用户的感觉自然会不一样，这种内容上的体验就能促使用户主动去体验线下的服务。同时，奥通不盲目追求粉丝数量，以"服务"和"有用"打动粉丝和潜在用户。奥通展厅、二手车展厅、机场 VIP 馆的微信平台都有专人维护，在召集互动活动的同时，精选奥迪用户关心的旅游、养生等服务性强的内容，而不让粉丝产生被骚扰的感觉。

对于汽车行业来说，除了利用微信宣传汽车品牌之外，更为重要的是为销售服务。汽车行业开通微信营销平台通常有以下两个目的：一是为了紧跟互联网营销潮流，二是微信的即时互动功能方便用户了解购车和用车方面的信息，有利于销售。更为重要的是，关注汽车行业微信账号的人都是些老用户或者有购车意向的新用户，他们会在微信上主动询问购车、用车的信息，而这对汽车行业来说绝对是营销的最佳时机。

不过，目前大部分汽车品牌的官方微信提供的服务都比较肤浅，一般包括车型简介、近期优惠、新车订单、售后预约及其他咨询等。对于汽车行业的微信账号运营来说，主要把握以下三点：一是回复用户咨询，二是做好销售服务，三是推送促销信息。

1. 汽车行业能用微信做什么

企业首先要有一个非常清晰的品牌战略方向，而微信同样也是为这个品牌战略服务的。你卖的车的价值点在哪里？你的目标用户是谁？怎样通过你的价值传播让你的目标用户和你成交？这是企业整体营销的起点，同样也是微信平台建设的起点。

微信平台本身的功能是非常强大的，也比较丰富。作为汽车企业，首先明确了自己的战略目标，然后就要根据这个战略目标，结合微信平台的特点对自己的平台功能进行结构设计。符合用户需求的平台才是好平台。如何设计？每个企业都要有自己的考量。

2．如何让用户知道你

微信营销的前提是用户主动关注企业账号。作为知名度不高的中小汽车经销商在微信营销时所面临的难题是，如何吸引用户关注。微信账号只有在用户关注之后，商家才可以进行信息推送，主动权在用户手上。关于这个问题，其实本章前面讲得已经不少，无论是利用营销展厅进行二维码展示，还是发传单、海报进行宣传，在平台建设初期，这些传统媒体手段都可以在成本可控的情况下投入使用。在吸引用户的技巧上，可以利用折扣、赠品等手段提高活动的参与度和活跃度等。这些方式都是最常用的，也是行之有效的。

需要提醒的是，要加强与各地方的车友会沟通，让微信作为车友会主要的沟通工具。这也意味着，各地车友会的组织和推动对汽车行业微信的传播有很大好处。

3．如何让用户不离不弃

用户对微信平台更加关注，并不意味着万事大吉了，相反，这恰恰是考验服务的开始。如何做好内容的服务正是对微信平台的考验。一旦用户觉得你的平台"假大空"，就会毫不客气地取消关注，那么你以前所有的努力都会付诸东流。

要想让用户不弃不离、持久关注，就要想办法让用户深度参与到你的微信平台互动之中，成为其中的一分子。怎么吸引？你要学会站在用户的角度去思考问题。从平台的版面设计、功能开发，到内容的选择、客服互

动的要求都要深入考虑，做到让用户满意。

就拿用户买车来说，很多用户通过各种方式和渠道看车、选车，最终对平台企业所卖的车比较感兴趣了，可能会更多地通过微信平台向客服咨询。买车的目标相同，但不同的消费者对购车的目的和要求却并不相同，所以汽车微信要注重话题的设计和选择。比如，一个消费者关注了一家4S店的微信，并且准备购车，而他的预算是15万元左右，作为4S店来说，这时就要搞清楚，这个车主是为了家人还是为了结婚，还是为了其他原因而买车，如果是为了家人而买车，话题的设计上就要突出车的空间优越性，如果是为了结婚而买车，话题的设计就要突出浪漫。如果你对用户的需求有一个比较全面的了解，就很容易通过沟通促成销售目标。

对于汽车微信平台来说，一定要注重话题的改进。每个品牌推出的信息，哪些能引起消费者的关注，哪些不能，哪些对微信运营有着决定性的作用，所以，一定要学会总结，尝试做些突破和改进，从而引起消费者的关注。

第二节　电商卖家布局微商平台

一、微信对于电子商务的价值

从微信一路打造个人通信工具、移动社交平台、微信开放平台App、微信公众平台、力推O2O商业模式等举动，可以印证微信未来平台趋势和微信的商业价值值得每个电商关注。毫无疑问，微信已经成为移动互联网的最大入口。另外，微信包括社交、移动、娱乐、商务四大功能，为支付培养了良好的土壤。通过微信，电商可以顺利实现移动端全流程的购物和用户服务，包括浏览、购物、支付和售后服务，搭建智能移动购物平台，实现点对点的精准营销，它的商业价值值得每个电商关注。

微信对于电子商务的直接价值有三点。

一是降低营销和服务运营费用。大型电商每月的短信发送、邮件通知等运营开支是非常大的一笔费用，而在微信上几乎是免费的，用户往微信上迁移得越多，这种开支节省就越多。促销通知、物流通知、订单状态通知、缺货到货通知、配送员联系短信等都可以在微信中完成，不仅可以完全替代短信和邮件，还可以展示更丰富的内容并且完成流程的闭环操作。

二是以高度便利性取代用户端 App。微信目前已经具备了一个完整 App 功能的运行机制，比如开放的自定义菜单，微信基本上模拟了或者说提供了类似于浏览器机制、消息通信机制和多媒体处理能力，大大节省了电商的研发成本，微信已经完全可以取代很多行业的 App。

三是能出色完成与用户的多媒体互动。对于电商而言，主要的互动是跟客服的互动，电商应当利用好每一次互动的机会，把单纯的用户服务变成一对一导购式服务，对于一些高附加值产品的电商来说更是如此。

如果从微信的平台数据管理功能来看，微信对整个电商的未来发展具有四大价值。

1. 电商精准营销的核心工具

微信是商家精准营销的平台型工具，它用语言、图片、文字进行社交活动，对于电商来说，微信无疑是最精准的品牌营销工具。那么怎么达到这一点？例如，有用户想买山东朱氏药业集团生产的穴位贴敷治疗贴，经营穴位贴敷治疗贴的电商可以通过后台一对一的互动沟通了解用户的具体需求，然后进行推荐，以满足用户的个性化需求；再比如，如果电商想要找到自己的用户，那么他会通过后台大数据统计来分析用户对哪些内容感兴趣，其阅读频次和时间点，进而掌握用户可能的需求，然后有针对性地进行推荐。这些营销方式都不是大面积地或无针对性地推送广告信息，而是针对目标用户及其个性化需求，精准度很高。

2. 电商 O2O 营销的基础平台

O2O 作为一种新兴的电子商务模式，将线下商务的机会与互联网结合在了一起，让互联网成为线下交易的前台。O2O 以 CRM 数据管理为核心，

将线上信息流和线下物流、服务等有机融合的互联网营销系统。微信公众平台必定是移动互联网上最大的 CRM 入口。

对于电商来说，CRM 最重要的就是对于用户的管理和细分。微信是具备强沟通属性的移动互联网产品，所以其具备了"IM+CRM"的功能，可以通过它和用户直接对话，也可以做好用户管理，细分包括年龄、性别、地域、喜好在内的资料。其实，通过公众平台的用户管理，用户已经可以非常灵活地分组，并且可以选择按照地域、分组来做精准推送。利用微信的自定义回复功能，每个细分的行业都可以有自己的微信客服系统。

3. 构建电商搜索服务的智能引擎

在微信里，对话即搜索，对话即服务。不过，它现在的服务已经不再局限于客服提供信息的服务，而是更直接的功能性服务。

微信第三方回复平台已经开始支持语音对话，并且在微信新版中将支持语音转换成文字，这将非常有助于电商通过微信公众账号搭建一个微信商城，允许用户通过文字或者语音对话搜索产品来获取产品的相关信息，从而促成微信内的交易。

4. 打造移动物联网的数据核心

未来微信很可能实现社交流、信息流、资金流和物流的四流合一。微信不光连接人，还可以连接能上网的机器。每个机器都有个二维码作为设备 ID，在微信里可以通过和设备对话来控制设备。因此，最终物联网时代会到来。互联网连接了几十亿人，但物联网会把更大一个数量级的物体连接起来。借助二维码，微信将成为我们操控世界的遥控器。

二、微信在电子商务上的应用

随着微信公众账号的存在和自定义接口的放开，微信和电商的逐步融合已经开始。其应用领域主要表现在以下几点。

1. 新的销售通道

目前，电商通过微信实现销售主要有两种方式：一是浏览跳转购物，商家根据用户发送的推送相关的信息，用户点击其中的图片或文字链接，进入商家网站浏览、选择并购买商品；二是微信商城，这种方式需要微信的授权和定制开发。以朱氏药业集团为例，在朱氏药业集团的微信账号页面，用户可以看到特有的"朱氏药业集团会员购物专区"，用户点击后就会进入手机商城，只要选中想买的产品，填写手机号，就会有客服人员主动联系，从而完成交易。

2．精准营销工具

微信没有停留在简单的销售模式上，而是利用其强劲的多媒体互动管理功能，对用户进行关注度维护和内容服务。把握好推送信息的频率和质量，掌握好互动的节奏和特色，以避免引起用户反感，提升用户的忠诚度。同时，通过推送图文并茂的信息，从而有效提升转化率。

3．订单状态查询工具

在电商的网站上和移动端每天都有很多用户查询订单状态，利用微信也可以很好地解决用户的这部分需求。微信上已经有了快递查询应用，用户凭借订单号就可以随时随地查询订单的状态。电商企业可以将这项服务升级到微信端，支持用户通过微信公众账号查询订单状态，避免用户一次次登录网站进行烦琐的操作，提升用户体验。

4．企业 CRM 管理平台

在 CRM 方面，微信已经推出了微生活会员卡，主要针对生活服务类的、有实体店铺的大型商家，以二维码作为入口连接线下商家和消费者。通过微生活会员卡和商家 CRM 系统的打通，可以高效地发展会员，有效地进行会员细分和管理，从而精准地实施营销策略。同时，腾讯还开放了大量的后台数据接口，鼓励第三方公司通过技术服务帮助企业搭建个性化的 CRM 管理后台，对营销数据进行管理，推进其 O2O 营销的实施进程。

5．企业采销及生产协调

对于销售企业来讲，这方面的功能需要商家与消费者进行充分的互动，

通过互动了解消费者的消费习惯以及对产品的偏好，从而知道商家的进货和生产的情况，有效地避免商品滞销的现象。也可以通过一些相关信息的推送，监测用户的点击、浏览以及分享行为来判断用户对产品的兴趣，从而使得生产和采销行为有据可依。

对于生产型企业而言，利用企业号，企业或第三方服务商可以快速、低成本地实现高质量的企业移动应用，实现生产、管理、协作、运营的移动化。企业号作为企业 IT 移动化解决方案，相比企业自己开发 App 具有明显的优势，具体表现为以下几点。

（1）快速移动化办公。企业在开通企业号后，可以直接利用微信及企业号的基础能力，加强员工的沟通与协同，提升企业文化建设、公告通知、知识管理，快速实现企业应用的移动化。

（2）开发成本较低。仅需要按照企业号的标准与现有系统进行对接。

（3）零门槛使用。用户微信扫码关注即可使用，在使用微信时，随手处理企业号消息，无须学习即可流畅使用。

三、淘宝卖家的微信推广策略

越来越多的淘宝卖家关注到微信营销，也加入了微信营销的大军。但是，有的卖家通过微信销量节节攀升，而有的卖家却依旧冷冷清清，并未见微信营销给自己带来了多大的好处。究其原因，还是这些卖家的微信公众账号关注度不够，也就是微信粉丝不够多。关注不多，知名度未提高，当然来访问店铺的客流也就不会增加，销量自然也就上不去。那么，淘宝卖家该如何来做微信推广呢？

1. 做好基础工作

淘宝卖家要做好微信营销，一定要把基础准备工作做好。

一是微信性别选择。如果店铺是卖家具百货之类的，性别最好填写男性。如果产品的受众群体主要是男性，那么性别最好选择女性。因为微信系统会根据用户所填写的性别来匹配朋友，也就是说，如果用户是女性，那么发出的漂流瓶之类的，90％以上的可能性会被男性接收到。二是微信头像设置。头像设置分为微信头像设置和漂流瓶头像设置，可以用真实头像，也可以不用，唯一的要求就是美观。当然，也可以选择主打产品作为头像，以增加曝光率。

2. 锁定目标用户群

微信的基本功能我们之前已经介绍过了，这里主要分析一下淘宝卖家如何利用这些功能进行推广，锁定自己的目标用户。

（1）LBS推广。基于LBS的推广最简单的方法就是个性签名。因此，要设置一个吸引用户的个性签名，然后查看附近的人，就可以同时被别人看见。如果签名吸引到了别人，就可能获得关注。但是，由于附近的人数有限，仅靠这个方法吸引用户关注只是前期有效。

（2）"摇一摇"。"摇一摇"可以随时为淘宝卖家匹配同一时刻也在"摇一摇"的微信用户。就"摇一摇"这个功能而言，我们的目的是让人看到我们的签名或者与我们成为好友。这个方法的好处是可以突破地域限制。建议"摇一摇"的时间最好在晚上7点至10点这段时间，因为在这段时间使用微信的人会比一天中其他时段都要多。如果在这个时间宣传自己的店铺，成交的概率会比别的时间段大很多。

（3）漂流瓶。漂流瓶每天可以捞起来20个，但是发瓶子的次数是不限制的。漂流瓶的内容只有两种——文字和语音。最好选择语音，其次选择文字。声音是否悦耳、文字是否感人是决定漂流瓶命运的第一印象。扔漂流瓶的时间没有严格的限制，有时间的时候都可以扔，但扔漂流瓶不要贪多，而要注重质量。如果是打捞上漂流瓶，要认真回复，或许可以与对方建立联系。

3. 提升微信营销能级

如何快速增加粉丝？如何提升粉丝的忠诚度？如何提升互动效果……这都是提升营销能级需要解决的重要问题。我们的建议如下。

（1）添加好友要亲切。淘宝卖家可以通过微博、博客、论坛等进行推广，可以通过任何形式告知别人自己的微信号，也可以主动与别人成为微信好友。一个比较有效的方式是将微信二维码设置为自己的签名，这样每次在别处发表评论，都会显示签名，增加好友添加的概率。

（2）吸引粉丝多渠道。如果有条件，可以借助一些粉丝多的微信号进行宣传，也可以将自己的微信发布到一些微信的导航平台上以吸引更多的粉丝，传统的宣传阵地诸如论坛、博客等地方发软文的时候，不妨附上自己的微信账号或者微信二维码，尽可能增加曝光机会，增加粉丝数量，粉丝数量多了以后，日常的微信宣传就方便多了。

（3）线下推广要同步。方式有很多，可以在实体店摆放易拉宝，或者去外面派发宣传单等。对于淘宝卖家来说，还可以利用的就是快递或者宣传单，每次用户购买之后都可以收到店铺的相关介绍，如果在这个介绍上附上微信二维码，用户会越来越多。

（4）营销内容要精准。微信营销要以内容为王，兼顾终端。建议淘宝卖家每次编辑好内容后，进行预览后再发送。因为在手机上阅读的效果很大程度上决定了该条资讯的阅读率和链接点击率。

（5）营销信息要有吸引力。以卖女装为例，如果淘宝卖家群发信息只说"欢迎关注×××女装网店微信账号"，这显然没有吸引力。如果改成"关注×××微信账号，购买女装全场9折"，这样是不是更吸引人呢？如果再改一下，改成"关注×××微信账号，购买女装全场9折，并送神秘礼物一份"，是不是又多了一些吸引用户的砝码？这就是信息的价值。

（6）内容更新有张力。淘宝卖家可以利用自己的微信朋友圈，用图片的形式记录自己每天生活的轨迹，图文结合的表达形式能让你朋友圈里的朋友关注你、评论你、点赞你的内容。还可以每天分享店里新上的产品，语言也要幽默风趣。

（7）情感互动靠软文。微信和微博一样，也需要维护，而且微信比微博更容易流失粉丝，比较好的方法就是用情感软文来维护情感。很多淘宝卖家习惯每天群发店里的促销信息，但是如果微信也这样，就会令人心生厌烦。所以尽量少发硬性广告，而是在文字中加入感情，把粉丝当作亲人和朋友。

（8）推送时间有节奏。关于信息的推送频率，两三天一次为宜。因为用户的碎片化时间有限，信息推送太频繁一来会加大维护工作量，二来会导致用户反感。因此建议选在周一和周四晚上 8 点以后。8 点以后人的心情会比较放松，晚上发布信息的阅读量还会高很多，周一是周末综合征明显期，用户的购买率和阅读量更活跃，而周四则是周末前综合征爆发期，用户开始琢磨周末的事情，也比较容易接受带有促销性质的实用资讯。

4. 使用微信卖产品

用微信卖产品是非常方便的。有很多人开了自己的微信网店（微店），只需要绑定自己的手机支付（微支付），然后经过简单的注册程序，就能开网店经营了。至于淘宝卖家则可以通过这种方式和自己的淘宝店铺进行系统对接，增加新的销售通道。具体的营销方法有以下几点。

（1）方便用户加链接。一定要在微信的购物页面添加上淘宝的宝贝链接。用户使用时可点击直接跳转到淘宝移动页面，并可以通过所关联的支付宝移动终端进行支付。

（2）意见领袖促销售。大买家、企业家、企业的高层管理人员大都是意见领袖，这一部分人的观点具有相当强的辐射力和渗透力，对其他用户有着重大的影响作用，可以潜移默化地改变人们的消费观念，影响人们的消费行为。微信营销可以有效地综合运用意见领袖的影响力，以及微信自身强大的影响力来刺激需求，激发购买欲望。

（3）口碑传播威力大。微信的即时性和互动性强，可见度、影响力以及无边界传播等特质特别适合口碑营销策略的应用。微信公众平台的群发功能可以有效地将企业拍的视频、制作的图片，或是宣传的文字群发给微

信好友或微信群。

（4）灵活利用二维码。网店更是可以利用二维码形式发送优惠信息，这是一个既经济又实惠，更有效的促销手段。

（5）视频图片更生动。通过视频、图片营销策略开展微信营销，为特定市场的潜在用户提供个性化、差异化服务，借助各种技术将商家产品、服务的信息传送到潜在用户那里，为网店赢得竞争的优势，打造出优质的品牌服务。

5. 为微信网店引流

微信将成为移动电商一大流量入口，而且每一个流量的价值都远远高于现有的推广渠道。所以，微信引流对网店的交易有着至关重要的作用，而流量也是很多淘宝卖家运营微信思考的问题。那么如何利用各种渠道为微信网店引流呢？我们的建议如下。

（1）借力打力，巧用微博向微信引流。微博和微信我们都已经相当熟悉了，这里就需要借力打力了，使微博原有的忠实粉丝转化为微信粉丝。

（2）多接地气，利用店铺宣传引流。线下引流也是重要的一环，为了更好地服务用户，尤其是已经在店铺买过产品的买家，为了促进口碑宣传和二次消费，卖家可以采用扫二维码有优惠的方式，让更多用户关注自己。

（3）空中借力，利用网站链接引流。在淘宝店网页上放置自己的二维码，然后引导用户添加自己的微信账号。

6. 提升用户体验

（1）做好微信接口应用。如果下定决心要做好微信营销，那么建议淘宝卖家使用微信接口应用以方便推广，特别是现在有不少针对淘宝开发的应用，对改善用户的阅读体验和引导下单的效果都很不错。如果是为了监控所推送内容的阅读量、跳转率的数据，则可以自建 WAP 网站或 3G 网站，以 HTML5 语言搭建的网站能够适应屏幕尺寸大小，排版效果不错。这样可以让卖家感觉你的微信更专业、更舒服。

（2）加强微信导购及客服培训。所谓微信导购，就是针对用户的不同需求为其推荐产品。企业必须安排专人通过微信对粉丝的问题进行回复，提升用户的体验。这方面需要专业的培训来提升导购和客服的服务水平。

（3）对用户进行 CRM 管理。使用公众平台现有的分组功能，对粉丝进行分类，对于活跃度高的粉丝，要像对待老用户一样珍惜，给予 VIP 级别的待遇和优惠；对于活跃度低的粉丝，要尽量用他们感兴趣的内容吸引他们。同时，通过粉丝之间的朋友圈建立一个共同交流分享的平台，使买家口口相传。接下来就是监控公众平台的实时消息，针对不同的回复将粉丝归入相应的分组，添加备注，以便后期管理。

（4）用店铺促销活动来强化分享及转化率。转化率的关键在于粉丝主动分享内容到朋友圈和微信群，特别是店铺促销活动的信息。一般而言，朋友之间的这种分享转化率都很高，尤其是一传十、十传百、百传千之后，能够形成一个不断扩散的效果。因此，卖家可以利用一些微信达人在圈子的影响力来达到口碑营销的目的。

7. 精心策划活动

不少淘宝卖家会不经过任何策划就要求用户扫描自己的微信二维码，关注自己的微信公众账号。这样的方式远不及那些为用户提供一个明确的诱因和理由来扫描二维码的方式。其实，号召行动不仅仅是提供价值，更多的是建构信任，从而获得互动。为此，淘宝卖家在品牌的宣传中需要关注互动，刺激的标识、口号的设计将直接影响用户的参与度。好的号召行动刺激将获得更高的互动参与度，也将有较多用户关注。网店微信营销活动最不能接受的一点就是卖家与用户无互动，经常发生的情况是用户不会参与活动，究其原因无外乎三点：一是活动机制太复杂，二是参与方式描述不清，三是遇到突发问题处理不当。

以下两种营销活动能够有效增加与用户的互动，提升品牌的形象。

（1）有奖活动。这个较为常见，比如通过微信发起活动，关注就有机

会获得礼品，或者在微信里发起活动，介绍身边的朋友关注转发即可获得折扣礼品等。除此之外，还有常见的有奖问答活动，鼓励拿到奖品后到微信、微博上晒单，引起更多转发等。

（2）趣味活动。比如类似刮刮卡、大转盘类的活动，刮奖和抽奖动作由用户自己来操作，最大限度地满足了用户的猎奇心理，也能保证公平、公正。同时，所有的活动都需要做数据分析，从中去发现用户的习惯，有效评估活动效果并为下一次做好数据指导。可以多做一些趣味活动，增加用户的好感和购买欲望。

【案例】山东朱氏药业集团玩转微信实现粉丝高转化率

山东朱氏药业针对现代人特有的肤质和环境气候等特点，开创全新美容护肤理念的高科技贴敷产品。自山东朱氏药业官方微信开通以来，每周大约都会新增5000个粉丝。山东朱氏药业的微信公众账号不但是一个购物商城，它还可以与用户一起互动、一起玩。用户会感觉山东朱氏药业是一个非常有趣的微信账号，所以它的微信粉丝转化率非常高。

1. 获取精准用户

山东朱氏药业率先推出"健康真相"和"亚健康脸谱"两个与健康相关的测试，可以通过微信的互动，测评出用户的亚健康状况。这一举措有效地吸引了用户，并且根据科学的人脸分析，可以对微信粉丝进行较为精准的分类。

2. 利用活动分类激活用户

大部分品牌微信公众账号均以活动刺激用户，以此激活粉丝，进而实现粉丝的二次转化。然而随着微信公众号的增长，用户为单个微信公众账号所分配的时间越来越少，频繁且较为复杂的微信活动反倒会增加粉丝流失的概率。山东朱氏药业发起的活动，形式较为简单，同时根据不同的用户发布相对应的活动，这种方式不仅可以减少粉丝的流失，还能够精准提升转化率。

3. 主动营销替代机器营销

机器自动回复或者直接发布促销信息，失去了微信互动的功能，而花费太多的人力成本在微信上进行互动回复，显然并不现实。参考山东朱氏药业的互动形式，主要以匹配精准用户的话题询问，配合客服专业引导，实现主动互动与被动引导两方面的结合。单纯的机械营销，会影响用户互动的体验和用户的二次转化。盲目地进行机器自动回复，其实对微信的运营弊大于利。

第十四章　大众创业，全民微商

对于大多数微信用户来说，微信是一个社交平台，和朋友通信、群聊、分享照片。而很多商家则把微信当作实用的营销工具，在微信公众账号上推送其商业信息。同时，还有一群人，他们将微信作为创业新天地。实践证明，微信平台创业不但可行，而且还能结出累累硕果。这也为无数的草根创业者开辟了充满无限想象力的创业舞台。

第一节　微信创业的理论认识

一、与生俱来的优势

微信能成为创业工具绝不是偶然，这与微信与生俱来的特质有直接关系。微信的功能契合了移动互联网时代的人性需求，并以此为基点搭建了移动互联网上的商业平台，为商业生态圈的繁荣搭建了最基础的场景应用。这些创新，颠覆了传统的商业模式中的诸多要素，企业对关键资源的占有被市场重新洗牌，原有的业务系统、盈利模式、现金流结构都发生了巨大变化。企业必须重新定位自己的市场战略。从互联网到移动互联网的变迁中，微商时代悄然来临——淘宝等C2C（个人与个人）模式的大行其道，显示了个人创业的空间和自由度越来越大。微信通过底层创新为个人创业开拓了更多的机会。

具体来说，微信成为创业的最佳工具，源自其自身的三大优势。

1. 人性的沟通方式

人类自诞生以来，最重要的一个活动内容就是沟通。尤其是进入信息社会以后，人类之间的沟通就更加重要。而如何让沟通更高效、更直接，一直是整个社会科技研究和商业应用的努力方向。微信的出现，让原来的信息沟通更加丰富和直接，更具有人性的"温度"。通过微信，人们不但能以文字、语音、图片等方式进行人与人之间的实时沟通，而且还能通过云计算、数据库等平台功能开发，享受智能查询、实时互动等高度人性化的服务。这种智慧型的沟通，在具备私密性、实时性、丰富性的同时，也具备独特的商业价值。商户可以通过微信（包括公众账号）和用户进行充分而有黏度的沟通。这是其他工具所无法取代的。

2. 简单的上手要求

简单是人性的需要。这是一个很有意思的"太极图"模式：一方面我们要求在"内容"上越来越丰富，另一方面我们要求在"使用"上越来越简单。以最简单的方式获取最丰富的内容，这就是人性对社会产品的终极要求。这一点在当今互联网产品上表现得尤为突出。在功能越来越多、体量越来越大的产品趋势下，微信也是靠着自己对"丰""简"之道的坚持，打造了自己独特的"用户体验"，登上了互联网应用的巅峰。

用户只需"扫一扫""摇一摇"便能添加好友；只需添加一个公众账号，就能享受一个轻量级 App 的丰富功能。这对于用户来讲根本不用学习什么复杂的使用教程，更不用下载一大堆 App 来弄得自己头昏眼花，所以是最受微信用户青睐的。反过来讲，这其中也开启了微信公众账号平台功能开发的巨大商机。第三方公司完全可以利用腾讯开放的众多端口，为用户开发出功能丰富的个性化产品，以满足最终微信用户的"简单需求"。符合了微信用户的需求，也就符合了为用户服务的企业的需求。

3．大量的商业生态

前两年，众多企业就迷茫地呐喊：用户到底哪儿去了？现在，我们知道，用户在"朋友圈"里。微信现在拥有近7亿的用户量，这是一个绝对惊人的数字，也是马云忌惮微信的重要原因。也就是说，我们的目标用户大部分是在微信的"朋友圈"里进行着信息交换。当然，商机也就存在微信的"朋友圈"里了。其实，微信的生态圈不仅仅是"朋友圈"，而且包括朋友圈在内的一个大圈子，它包括了微信好友、微信第三方开发团队，包括了使用微信公众平台的众多企业和个人，甚至包括了企业的内部系统和上下游产业链条（微信最近放出的企业号就在整合这一部分资源）。这是一个开放的生态圈，所有的生态圈里的主体形成了一个互相依存、互相转化的巨大系统，这里面有更多的商业机会。

二、循序渐进的境界

微信创业也是有境界之分的，我们作为创业者也需要拾级而上、循序渐进。这是一个由入门到熟悉、由熟悉到升华的过程。明晰创业的三种境界有利于我们及时分析自己的状态，找到自己创业发展的方向。

1．入门：比的是速度

创业，很多时候需要的是眼界，更是勇气。尤其是很多商机来临的时候，我们绝大部分人是看不到的。一些东西似是而非，我们需要不断观察分析，但不管怎样，要想成功，就要用勇气尝试。尤其是移动互联网时代，很多时候发展速度比资金实力更重要。《孙子兵法》中说的激水漂石，靠的就是速度；海尔集团CEO张瑞敏也一直讲快鱼吃慢鱼的市场法则。具体到微信创业上，谁能先走一步，谁就有可能早成功一步。只要你能通过你的知识和技能为别人创造价值，你就会有自己的市场。比如一个律师，可以建立一个法律咨询的微信公众账号，每天抽空使用电脑回复相关咨询；一个小学数学老师，可以建立一个小学数学答疑的微信公众账号，每天抽空回复一些学生的问题。只要有自己的一技之长，谁都可以建立一个属于自己的微信公众账号。这就是微信创业的第一大特色——低门槛。但在这个境界中，创业者比的是勇气、自信，比的是入门的早晚和学习发展的速度。这方面成功的例子也有很多，很多草根创业者通过微信创业掘到了自己事业的"第一桶金"。

2. 中级：比的是创意

用微信挣小钱是很容易的。因为不管怎么说，你通过自己的宣传也能找到一些用户，你的个人信用也能让你的朋友们"买账"。但是作为一份事业，这还远远不够，仅仅靠勤快甚至运气是不行的。近来一个很有意思的现象是：朋友圈成了"跳蚤市场"，很多人开始在自己的朋友圈里面卖产品了。大家卖的方式也非常同质化：大部分是做别人的分销代理——把总经销商那里的文案简单照搬到自己的朋友圈，然后再到处求朋友们给点赞转发以扩大影响力，比如卖面膜的、卖减肥药的、卖服装服饰的等；更有进一步的都开始进行陌生人营销了——用打招呼等软件和陌生人搭讪，加好友后把定制好的销售文案发给这些陌生人求转发。

套用一句话来说非常恰当：第一个这样做的人是天才，第二个就是庸才，第三个就是蠢材了。为什么？因为没有创意。这样的硬广告，没有几个人愿意接受，甚至不少人默默地屏蔽了那些成天推"硬广"的朋友圈。这也说明，在朋友圈强推广告是没有太大效果的。

这是一个比拼创意的时代。个人创业一定要坚持"创意"为首的原则。深入研究用户心理，用他们觉得"有趣""好玩""超赞"的方式去和他们进行沟通和互动，用智慧和真诚去打开他们的心扉，取得他们的信任，最后才能完成产品的成功营销。我们讲的很多案例，其实很多都是因创意而成功。可能只要抓住一个创意点，就能为自己打开一片天地。

3. 高级：比的是商业模式

商业模式，这个说起来可能大家觉得有点玄乎。但这是一个真理：几乎所有企业的成功，基本上和先进的技术没有直接关系，和商业模式的优

劣却有直接关系。一个卓越的商业模式，能让一个二流团队如鱼得水；一个蹩脚的商业模式可以让一个一流团队四面楚歌。关于这一部分，其实是一个很宏大的课题，不是几句话就能讲清楚的。商业模式之重要，只要是企业则概莫能外，就连腾讯这样的巨无霸企业，也无时无刻不在研究进化自己的商业模式。作为个人创业，我认为，到了高级阶段已经不是"一个人的战斗"，是一个团队的比拼，那么对商业模式的要求也会更高。跨过商业模式这个坎，你就一跃成龙；跨不过这个坎，你就永远是一条池塘里的鲤鱼。

三、谁更适合微信创业

微信创业固然充满无限可能，但也并不是人人都适合微信创业。即使创业，也有区分，是把微信创业作为自己的第一职业还是第二职业，也是因人而异的。我认为以下人群利用微信创业的可行性会更高。

1. 中小企业的老板

对于中小型企业，微信创业无可争议地成为一种必然的选择。如今，微信的便利为这些中小型企业提供了一片广阔天地，解开了中小型企业产品"销售难"的死结。不再受地理位置、经营规模、项目等因素制约，只要上网就能共享资源，中小型企业在微信上与知名大品牌实现了平等，而且还可以开展以前想都不敢想的全球经营。

2. 具有产品货源的小商户

包括自己生产产品或者掌握销售渠道权的商家。作为小型的生产厂家或者掌握销售代理权的经销商、代理商们，销售本身就是影响其发展的重要环节。通过微信建立销售通道，绝对是可行的战略方向；而微信创业的一个必要因素也是货源，没有货源，通道也就没有了意义。

3. 大学生及初创业者

微信创业的门槛很低。大学生平时的学习生活比较清闲，对网络的应用得心应手，如果做微信营销会如鱼得水。而且大学生通过微信创业还能为自己的未来就业奠定基础，意义非常重大；创业者在公司建立的初期，知名度低，没有人知道自然也就没有生意，开个微信公众账号让用户知道有这么一家店铺，用户也可以通过搜索引擎找到店铺的链接。这样在极低推广成本的基础上也能打造自己的知名度，让自己的项目很快火起来。这些人中，也包括将网络作为自己事业理想的年轻人。有一句名言：互联网之于人类的最大贡献就是——不管你有没有钱，都能做成事。

4．白领及自由职业者

他们开设微信公众账号并不在意自己的东西能卖多少钱，而是通过商业营销和外界建立联系，通过与别人聊天来充实生活并寻找一些志趣相投的朋友。再者，微信营销投资风险较小，不用太费心，又能拓宽社交圈子，为今后的发展作铺垫。所以，他们往往将微信创业作为自己的娱乐项目。

5．工薪阶层

工薪阶层选择微信创业的目的，是要解决自己的财务自由问题。正常上班的薪水无法满足自己的理想生活需求，彻底辞职又没有更多的把握，所以他们往往会选择微信创业。通过微信创业，他们能积累行业经验，盈利可以补充家庭生活需要。经营成功的，甚至可能将微信创业从第二职业提升为第一职业，成为职业的微信营销人士。

四、避免陷入的误区

虽然微信创业机会难得，但这其中也有一些误区。目前，比较突出的误区主要有以下五个。

1．盲目乐观，以为遍地是钱

很多朋友看到庞大的微信用户数量，就蜂拥而上东拼西凑个微信公众账号出来，以为那么肥沃的土壤，即便插根竹竿也能开出几朵娇艳的花来，可事实是连芽都发不了。造成盲目乐观的另外一个重要原因就是，很多所谓微信营销机构唯利是图的鼓吹惑众，把微信包装成了无所不能的"营销神器""发财法宝"。其实，微信再好，也不过是一个营销工具，成功需

要人来"做"。没有系统的运营，再好的工具也只是个工具。

2. 过分迟疑，以为有的是机会

这是与盲目乐观相对的另外一个极端。有很多人并非对新事物不敏感，但是缺乏创业必要的远见和果敢。他们总希望再等等，等事情再完善一些、再明朗一些再行动。然而在互联网的创业中，有所谓的完美时机吗？一切都在快速迭代中前进，永远没有最好。机会一旦失去，很难再迎头赶上。过分迟疑表面看是避免了失败，其实是对机会成本的最大浪费。

3. 思路僵化，以为做微信就是做 App

很多做微信公众账号的团队都是从 App 转过来的，所以很多人沿用了 App 的思路，但其实两者的差异非常大。微信平台最大的优势是互动性更强，最大的劣势则是展示空间有限，而 App 正好相反。用做 App 的思路去对待微信的结果是，要么在微信平台的设计上片面追求功能的多样化，忽视了功能的体量；要么就是随心所欲地推送信息，根本不考虑微信互动情境下的用户体验。

4. 理解肤浅，以为做微信就是发信息

发信息是微信的功能之一，但微信不是仅仅用来发信息的。微信的灵魂是互动，是和对方一对一的心灵层面的沟通。社交是微信的第一属性，怎么可能只是像做广播一样地发信息呢？微信公众账号除了每天能群发一条或多条消息，还能根据用户的问题及时回复消息，这才是应该要走的正道。如果脱离了真实而积极的双向互动，微信也就失去了存在的基础。没有谁愿意变成你的信息垃圾桶，因为不通过互动，你根本不知道用户在思考什么、关心什么。脱离用户而自说自话，最终只能被取消关注。

5. 忽视效率，以为人工回复才有价值

微信公众账号是可以用来做客服平台的，功能非常强大。在客服过程中，不但可以利用自动回复的设计，也可以使用人工回复来提升用户体验，这没有问题。但有人因此便忽视了效率，片面地认为只有人工回复才有价值。试想，你有 1000 个用户的时候，你安排几个客服可能能完成人工服务；如果你面对的是上万的用户，每分钟发起的服务呼叫达到上千条，怎么来完成？你难道会安排一千个客服人员在线服务？显然是行不通的。小米在这个问题上处理得就特别好。他们只是在自动回复的系统服务中掺入了人工回复，利用关键词抓取，针对用户反映突出的问题进行人工回复，少量的人工客服却有效提升了用户体验，同时也完成了精准的信息反馈。这样的客服才是效率和效果的最佳统一。

第二节　微信上的创业商机

一、法律服务类微信创业

法律服务业务在微信平台的使用上不声不响地进行着实践，在短短两三年的时间也取得了很大的进步。"微法律"是微信公众平台上第一个法律类微信公众账号，自 2012 年 10 月开始运营以来，已积累超过 5 万名粉丝。除每日推送相关的法律文章之外，在"微法律"的背后，每天会有 30 名专注不同领域的律师分时段轮流值班，日回复用户咨询逾千条。同时，用户也可以从该微信公众账号里直接下载相关法律文档。值得一提的是，微法律目前也提供相关的 VIP 服务，并可能成为未来的盈利方向之一。

绿狗网的"随时问律师"微信公众账号在 3 个月内获得了 2.6 万名粉丝，每天平均增加粉丝 300 多个，咨询量每天超过 1400 次。目前，"随时问律师"设计了"法律产品""法律咨询"以及"法律服务"三个一级菜单栏，并下设多个细分的二级菜单，用户在清晰的菜单指引之下，参与交互的热情大幅提升。用户的热度超出了绿狗网的想象，与在网上咨询或者线下与律师咨询相比，微信一对一的私密沟通方式让用户不再担心隐私问题。绿狗网还有一个更为大胆的计划：针对知识产权、交通事故法律咨询、劳动人事法律咨询等不同细分领域，抢先注册约 100 个微信公众账号，每个公众

账号吸引 10 万名用户，如此绿狗网将可以服务千万量级的用户。

　　值得关注的还有一个叫"法宝问答"的微信公众账号。它每天会以图文的形式发送一条与日常生活相关的法律常识，让用户每天学习一点，用以规避工作、就业、购房、买车等方面的潜在法律风险。用户回复 0～9 中的某个数字时，便可以查阅婚姻家庭、劳动工伤、民间借贷等不同领域内的趣味案例故事。当用户有法律问题时，便可以在微信上直接咨询，而"法宝问答"平台上的签约律师会予以免费解答。

　　【案例】法律服务的平民化时代到来了

　　现代社会是一个快速发展的法治社会，稳定的生活必须靠法律来保障，不管是严肃的政治、复杂的市场经济还是民众纠纷，不管是亲情、友情还是爱情，都可能会涉及法律问题。越来越多的人也选择通过法律手段解决问题，但大部分人真正了解的法律知识却相当浅薄，尤其是遇到一些法律问题时往往束手无策，甚至都不知道应该咨询哪一方面的律师合适，这时就非常需要一条有效的法律咨询途径。而传统的法律咨询是有局限的：一是传统沟通方式（面谈、电话服务、网络服务）便利性不够，无法随时随地地响应；同时沟通服务的费用也居高不下，不是一般老百姓能承担得起的。随着微信这一应用的诞生，各行各业将服务都推向了微信，网络的交流成为相当重要的方式，昂贵的法律服务也通过微信这一方式变得简单、高效起来。每个人都可以通过微信享受随时随地的法律咨询服务，同时咨询服务费用向免费方向迅速靠拢。这是一个服务模式的创新。作为法律服务人士，可以从微信平台的角度考虑进行创业。

　　以上是几个重点行业的微信创业案例和思路。其他行业进行微信创业也一样，其实也没有绝对的行与不行之分，只要找到自己的价值空间就可以大胆地尝试。要学会逆向思维，往往越是在别人认为不可能的地方越容易走出一条成功的创业之路。

二、交通类微信创业

交通行业也是微信创业的重点行业之一。为什么这么讲？原因有三：一是庞大的汽车数量。据有关部门统计，截至2016年年底，全国机动车保有量2.9亿辆，单单这些汽车带来了多大的服务市场？新车买卖、二手车交易、汽车维护保养、交通保险、驾校培训……几乎每个子行业都充满商机。二是越来越拥挤的交通。交通拥挤，自然就引发了对交通路况服务的巨大需求，那么你能不能找到机会"挤"进汽车车主的手机里？三是航空、高铁（动车）已经是越来越多人出行的重要方式，与之相关的微信平台服务也有了更大的发展空间。

我们这里不谈利用以上哪些机会点做微信创业，只谈微信在路况服务方面的一个案例，希望能对创业者有所启发，因为其中的道理是相通的。

【案例】"微信路况"助你实时查询路况信息

"微信路况"是车托帮（北京）移动科技有限公司旗下产品。"微信路况"是一个专注于交通服务的微信公众平台，可以帮助微信用户们查询交通信息。它是一个人工智能交通服务平台，拥有云端数据库，能解答交通问题。在微信对话框输入文字就可以使用该服务。该服务是由车托帮（北京）移动科技有限公司提供，主要的服务范围是实时路况查询、车辆违章记录查询、电子狗功能以及趣味聊天等。作为最早一批接入微信开放平台的企业级公众账号之一，"微信路况"微信公众账号上线后，将近30个城市的路况查询、违章查询等App中的主要功能移植到微信公众账号中，其上线仅5个多月就已积累近50万用户。"微信路况"的呈现方式类似于前面提到过的"外卖网络"，即向"微信路况"发送自己当前的地理位置，"微信路况"便能向用户提供周围近3公里内的路况信息。或者直接输入某条将要前往的街道名称，用户也能得到那条街道周围的路况，方便规划出行计划。

交通类微信公众账号中不得不提的还有"微信车队""北京首发集团"微信平台等。"微信车队"从自身的组织、协调、分工，到为用户提供服

务都是依托于微信完成的，他们被认为是国内移动互联网时代开启分布式社会化协作浪潮的先行者。

三、电商类微信创业

电商，即电子商务企业，是这几年大起大落的互联网经济板块。尤其是垂直电子商务网站，几经沉浮。过去的十余年是渠道电商大发展的十年，无论是淘宝、天猫这样的纯平台，还是京东这样的以自营为主的B2C（企业对个人）网站，它们归根结底是作为渠道电商而存活。渠道讲究规模效应，强者往往越来越强。中国渠道电商发展到2013年时，格局已经完全确立，淘宝和京东两极格局很难再打破。与此同时，中国电商进入了第二个发展阶段，品牌电商将迎来发展机会，而大多数品牌电商属于典型的垂直电商。成功者如小米，小米不知不觉成为了中国第三大电商网站，2013年其完成销售额316亿，在规模上仅次于淘宝和京东。按照各项定义来说，小米都称得上是垂直电商：卖手机、电视、盒子、路由器等少数几款科技产品，通过官方网站预订售卖，用顺丰进行配送……小米用单品极致的理念，采取电商的形式使渠道扁平，在淘宝和京东的阴影下走出了另外一条路。

垂直电商随着移动互联网的到来，也在开始寻找新的发展空间。

2012年11月底，微信平台迎来了第一家与其合作的垂直电商网站"美肤汇"。两者的合作采取让美肤汇在微信内独立拥有一个定制站点的全新模式。在美肤汇的微信公众账号页面，用户可以看到一个其他账号所没有的"美肤汇会员购物专区"，单击该专区，便会进入一个手机商城。可能是出于让用户快速做决策、缩短购物链条的考虑，这个专门为微信定制的手机商城没有复杂的导购线索，商品数量也不多。用户一旦决定购买某些商品后，只需要填写手机号码，然后会有客服打电话问地址及是否确认购买，而无须在线支付，因为商城统一采取货到付款的方式。

【商机点拨】垂直电商品牌专营

垂直电商的战略突围，从战略选择上，无论是唯品会还是聚美优品，采取的都是品牌特卖模式，这使它们在过去的几年迅速崛起。其中唯品会以服饰特卖起家，服饰的销量甚至开始威胁到以服饰为主品类的天猫；聚美优品以化妆品起家，在化妆品品类中已经占据第一的位置。

实践证明，标准化程度高、单价低的品类难以支撑起一家垂直电商。但是，在需要专业性的品类（如化妆品）和单价比较高的品类（如珠宝、家居），垂直电商依然有很大机会能独立存活；消费者需要更加专业和个性化的服务，这是淘宝、京东这些巨头无法满足的。而特卖模式，它用精选对抗巨头商城网站的大而全，解决的是因选择过多而带来的迷茫，在价格同等的情况下往往更能吸引消费者。目前在母婴、珠宝等品类，一大堆特卖模式的网站正在复制唯品会和聚美优品的模式，意图逆袭天猫、京东。

从战术的层面来看，微信公众平台的出现，为垂直电商的低成本运作提供了可能性。垂直电商利用微信可以在独营品牌的运营上采取自有化方式，可以提高网站与品牌联动效率，对市场迅速作出反应，使得价格体系有保障，从而能够实现更高的利润。另外，电商可以通过微信公众平台准确掌握买家的喜好，然后制订更精确的商业决策，降低风险，提高收益。许多实体店也因此对微信公众平台青睐有加，纷纷开设微信公众账号以增强自身的影响力。

在电商领域进行微信创业可以参照小米手机和唯品会的模式，结合自己的实际情况进行创新设计。

四、餐饮类微信创业

民以食为天，餐饮行业是地域特色很强的服务行业，也是 O2O 模式落地的首选行业之一。就餐饮企业而言，搭建与用户沟通通道，迅速吸引周边社区用户是其经营发展的基础。在传统的发单宣传、电视广告成本越来越高、效果越来越差的趋势下，利用微信的用户引流功能已经是餐饮企业的重要方向。微信创业者也大可从中发现商机，及时切入餐饮市场。

比如，"食神摇摇"微信公众账号在 2012 年年底正式接入微信自定义

接口后，用户可以将自己所在的位置发送给"食神摇摇"，然后"食神摇摇"会自动根据用户所在的位置，向其推送三四个餐馆信息。信息大致会包括餐馆的名称、人均消费、距离远近和联系电话等信息，最后还会附上一个介绍该餐厅详细信息的网址。还有另一种用法：用户也可以通过"食神摇摇"查询其他地点的餐馆信息和餐馆推荐。比较创新之处是，除了按照地理位置选择以外，用户还可以按照菜系来选择。比如发送"某地＋川菜"，"食神摇摇"就会向用户推送该地点附近的川菜馆，和之前推送的信息一样，也保持在三四条，带有基本的信息介绍。这样就为这些加盟推广的餐厅吸引了大量的周边客源，达到了宣传引流的目的。

类似的还有"外卖网络"。该微信公众账号在收到用户的位置信息以后，会将该位置周边一公里内所有外卖详细信息（包括电话、菜品等）推送给用户，堪称"可以随身携带的外卖单"，用户的使用体验也非常好。

【案例】美食连锁的春天来了

因为餐饮行业实施O2O营销非常合适，所以相关的微信应用自然也非常多。利用微信创业切入餐饮市场是一个门槛不高但见效更容易的选择。在众多的餐饮项目里，美食连锁可能更具有实施微信营销的优越性。标准化的产品价格促销体系显然更适合用微信来营销。对这些连锁店而言，微信平台是锁定固定消费群并向其推送优惠电子券和新品信息的最佳渠道，而店面数量和分布情况决定了这个微信公众账号的价值。微信创业者如果倾向于餐饮类，则应该重点考虑从美食连锁着手切入。

五、旅游类微信创业

随着中国整体经济的向上发展，旅游经济已经浮出水面，中国已经成为了旅游消费大国。每年进行户外旅游的人数已经达到亿级。旅游业的巨大发展空间也吸引了众多创业者和从业者加入。微信的"二维码＋账号体系＋LBS＋支付＋关系链"的营销模式，非常适合对旅游餐饮、住宿、景区、购物等多个环节进行渗透性服务。其强大的服务功能在旅游业中得到了充分展示。

下面以酒店住宿和景点购票为例：

一个最基本的应用场景是：当用户在微信中把自己当前的地理位置发送给"订酒店"微信公众账号之后，其会回复一条信息，告诉用户附近有哪些酒店可以预订，并提供订房的费用和电话号码。而到了2012年年底，以"布丁酒店"为代表的微信公众账号真正开启了在微信平台上订酒店的热潮。现在很多酒店都推出了自己的微信应用平台。

较"布丁酒店"更进一步的"一块去旅行网"则在其后推出了"景点打折门票"应用。该应用会根据用户发送的"位置"信息，返回该用户周边的优惠折扣景点信息，并且直接在嵌入的 HTML5 页面上完成全部的预订流程，用户只需填上预订人、取票人等简单的信息即可提交。而且，该HTML5 页面与"一块去旅行网"在智能手机平台上推出的原生 App 是完全一致的。这意味着，后台的修改都可以快速体现到 App 和微信页面的应用上面，这为后续的更新维护提供了很大的便利。

【案例】旅游类微信开启"说走就走的旅行"

在物质条件基本满足的前提下，人人都希望有一个"说走就走的旅行"。如何为旅客提供更便捷、更人性化的服务，将是旅游业今后一切创新的重点所在。微信无疑给旅游企业和旅游者带来了惊喜，旅游业实施 O2O 更是一片叫好声。旅游类商家通过微信发送旅游攻略，尤其是图文并茂、富有诗情画意的景点图片可以吸引大量的用户；旅客则可以通过简单的操作，便能找到自己想去的目的地，享受最符合自己需求的个性化旅游服务。从规划出游路线到订机票、景点门票、订酒店等一系列的环节都可以在手机上完成，微信已经成为旅游消费的第一入口。

作为创业者，如果想从旅游业入手创业，那么大可以先盘点一下自己在旅游方面所拥有的资源，比如可以卖门票、有旅店资源、有地方特产供应、有运输车队等，都可以结合自己的资源优势，然后建立基于自己资源优势

的微信公众平台，推介自己资源的同时，整合其他资源，进而为旅客提供一站式的服务。这样的服务内容，只要有自己的特点，能满足旅客的个性化需求，就能打开一片属于自己的市场。

六、婚恋类微信创业

婚恋是现代人生活中的重要话题。随着"父母之命、媒妁之言"的弱化，互联网时代给众多的"剩男剩女"提供了更多的交往便利。从电视节目《非诚勿扰》的热播到互联网上的世纪佳缘、百合网、珍爱网等大量婚介网站的火爆，折射出现代男女谈婚论嫁的巨大刚性需求。微信的到来，打破了以往相亲会上看相亲会员资料的单调方式，提高了相亲会的趣味性和互动性，让单身男女的相亲变得更加轻松有趣。而且，相亲者信息采用二维码展示，相亲者可以通过扫描二维码，与任何一位中意的相亲会员通过微信沟通，扩大现场相亲者的交际面，基本可以让相亲者有机会认识现场所有的人，打破以往向"红娘"索要手机号码的局限性。

正是看到了微信相亲的巨大发展空间，很多网站甚至创业者都纷纷开设微信公众账号，利用微信来开拓市场的蓝海，一些新的婚介功能也不断被开发。像"微诚勿扰"微信公众账号就是这样一个创业平台。用户向"微诚勿扰"提交个人资料后，可通过发送关键词获得交友信息。

我们仔细体验了一下"微诚勿扰"的微信平台功能，发现用户关注这个公共账号后，系统会自动分配一个账号给用户，并提示用户完善资料。同时，用户还可使用界面下的"同城约会""微聊天"和"我"三个菜单。这些功能使用起来都很方便，比起登录那些PC端网站或者是使用专业婚恋App要方便得多。这个网站也是采用会员制收费的办法来赚取利润，但这个收费模式本身并不先进，极有被后来者颠覆的可能。比如"987婚恋网"的微信公众账号就采用了彻底的免费模式，只要你注册进入后，就可以在"高级功能"里面看到"最新会员推荐""符合条件搜索""查阅往来信件""我关注的会员"以及"最新来往记录"等；在"活动休闲"中可以查看"同城约会""同城活动"等内容。这些功能对用户是全部免费开放的，用户可以和搜索到的任意对象进行直接的聊天互动。

有设计亮点的还有"对爱"微信官方账号。从 2011 年 8 月创业伊始，"对爱"都做得有点辛苦，无论是网站、开放平台还是 App 开发，"对爱"几乎每次都忙于追赶世纪佳缘、百合网等先行者的脚步，但"对爱"微信公众号在 2013 年 1 月 17 日面世后，因其模式独特，迅速获得了大量的媒体曝光，上线第一周就收获了 2 万粉丝，每天都要收到用户发来的几万条交友查询信息。作为一个有 20 多万注册会员的婚恋网站，"对爱"没有走世纪佳缘的老套路，其独特的位置交友功能，不同于单纯的基于地理位置交友应用的"盲目"，"对爱"返回的单身异性都是婚恋网站的会员，是真正有婚恋交友需求的人，而且个人资料都会经过网站审核，基本不存在婚骗、酒托、饭托等情况的出现。"对爱"微信平台上没有设计盈利模式，吸引用户加入便能给其 App 或网站带来源源不断的流量就是模式的胜利。

【案例】婚介平台到了颠覆创新的时候了

传统婚介网站已死，微信婚介模式已萌芽。婚介本身的精准定位和需求注定了这个行业充满机会。有红娘团队及线上互动能力和数据库资源的网站，靠微信的深度和专业化服务，会冲出一线品牌；而微信创业者则可以釜底抽薪，彻底使用免费模式去击败那些还走会员收费模式的网站和移动终端。可以通过免费吸引大量的用户注册，提供良好的用户体验留住用户，然后在婚介的上下游价值链上做文章，比如提供深度的婚姻顾问服务，提供婚介交友的蛋糕、鲜花送递服务，提供优惠就餐地点、浪漫旅游出行服务等。跨界思维能让婚介市场结出创新的硕果。商机无限，值得微信创业者们好好去探索。

第三节　微信创业的头脑风暴

一、抓住便利性的需求，提供简易搜索

这个创业机会来自用户的生活习惯及对便利性的需求。比如，你现在出差到异地，想了解一下当地的风土人情等情况，是下载个当地 App 方便还是关注这个城市的微信公众账号方便？欧洲杯、世界杯举行的时候想了解最新比赛进程，是下载个欧洲杯 App 方便还是关注欧洲杯的微信公众账号方便？想查询某个航班实时动态信息，是去下载航空公司 App 方便还是关注航空公司的微信公众账号方便？对于使用频率不高的信息获取需求，你可以用百度、谷歌搜索，但未来更好的选择是关注相关的微信公众账号。

随着消费者主权时代的到来，消费者从被动消费开始转变为主动消费，因为用户在搜索信息的时候，会对城市区域化信息越发关注。区域细化对于用户来说，可以到离自己的生活圈很近的地方消费，既省钱又方便，消费体验会更好，进行二次消费的概率会更高。

除此之外，用户更倾向于垂直化的信息搜索，对于商家来说，走垂直化道路会使用户群的定位更加精准，节省用户时间，避免用户花费大量精力挑选根本没有意向消费的产品，从而为用户提供更加优质、高效的服务。而对于微信上的信息来说，信息的区域化和行业化的垂直细分将成为一种趋势。

【案例1】"出门问问"：打造实用生活搜索引擎

"出门问问"是一个线下生活信息的搜索引擎，它最大的特色就是完全接受语音输入，通过分析用户的意图来给出精准的搜索结果。这些特点也符合了手机上输入不方便、搜索场景碎片化、信息显示空间有限的特点。

"出门问问"微信公众账号的互动性和实用性强，满足了移动搜索上人们需要"简单输入"和"精准输出"的需求。

【案例2】去哪吃："约饭"功能成为新时尚

"约饭"是去哪吃微信公众平台在寻找和发现美食的基础上，为用户组织饭局、邀请好友吃饭而特别推出的新功能和新体验。该功能一经推出，就备受追崇，其特色是汇集各地吃货达人，通过特色美食与美食攻略的分享，帮助用户更精准、更便捷、更人性化地找到美食。

二、服务微信平台，打造个性化增值产品

目前在手机上出现了很多很好的应用，比如打车、微信卖书、网络小说、自媒体等，尤其是腾讯下决心向第三方公司开放微信功能端口之后，各种类型的微应用如雨后春笋。其实这本身也是微信创业的一个部分。微信成为从平台连接内容制造者和终端用户的桥梁，给所有的营销者、自媒体从业者、IT从业者等带来无尽的想象空间。以微信为基础的O2O营销模式对现代商业的全方位渗透，也为无数的创业者提供了发挥自己聪明才智的舞台。

下面我们就围绕着微信的各种各样的平台功能，来延伸思考微信创业的各种可能性，和大家进行一场创意和创业的头脑风暴。

我们知道，微信在功能开发上，从原来的自己团队封闭式开发转向了开放平台端口的"众包"模式。只要你有一技之长，就可以围绕微信的功能点进行个性化增值产品的开发。比如，现在有不少人在开发微信的模板包、表情包、皮肤包、动态头像、变声、视频编辑、地理位置伪装等功能，只要喜欢就可以下载使用，非常方便。个别的会直接收一点费用，更多的则是免费使用。

还有一些是有特色功能的插件。通过安装不同的插件，用户可以给微信添加各种丰富的附加功能，打造属于自己的个性化微信。通过安装各种插件，可以实现聊天增强、搜寻朋友、新闻阅读、社交娱乐等很多附加功能，

让微信跳出聊天软件的局限，拥有更广阔的应用空间。

围绕微信平台，我们可以在功能开发和内容经营上玩出许多新花样，通过个性化的产品创造出自己的商业价值。

【案例1】"笑口常开"暖人心

"笑口常开"是一个以生活幽默笑话为主题的微信订阅号。这是一个草根创业者个人注册的公众号。因为是在微信营销工作之余捎带着做的，只是每天用1小时的时间将网上收集的各种有意思的笑话、幽默故事经过精选和加工配图对外推送。该账号没有做任何推广，短短半年的时间人数就猛增到4万左右。其中的主要原因就是，大家在自己浏览开心的同时也非常乐意分享到自己的朋友圈，形成了二次传播。对于微信创业的人而言，有了这样一个公众账号，也就有了自己做品牌营销的平台。这是在内容上做增值服务的好案例。

【案例2】微信变声器：搞怪变声DIY

微信变声器是一款集变声、录音和音效播放于一身的搞怪变身应用，可以给微信语音交流发送变声音频，还增强了语音播放效果，操作简单，功能强大，还可以自定义音效，完全满足用户的DIY需求。

这种应用如果功能有趣而又推广得当，很可能会形成大范围的下载使用，人数达到百万级都不是难事，因为微信用户有数亿的庞大基数。届时在其中植入广告链接或者其他可变现的功能，就能实现产品的商业化运作。

【案例3】伪装微信地理位置：打破当前区域限制

伪装微信地理位置可以修改用户微信所在的地理位置，用户可以在地图上将任何地方设置为自己微信所在的位置，微信搭讪周围的人不再受自己当前所在区域的限制。目前这个功能也在不少企业的微信平台上使用，主要也是用来和类似"微招呼"之类的软件进行配合，帮助商家在不同的商业人流汇集区吸收粉丝。这也属于比较有特色的功能插件。

三、利用市场的火热，提供微信运营服务

这个创业机会来自企业想尝试新的营销方式。微信市场的火热崛起让微信运营市场第三方公众账号管理平台——平台增值服务提供商如雨后春笋般崛起。越来越多的人意识到了微信的价值，这其中就有不少嗅觉敏感的互联网团队，基于此，第三方微信运营平台应运而生。随着微信的普及度和关注度越来越高，基于微信平台的第三方应用也越来越多，和微博当年一样。

目前，微信公众平台已经有不少粉丝过百万的独立账号、粉丝过千万的账号集群，这些账号的粉丝基本上是依靠以前在微博上积累的用户转化过来的。这些账号的推广力度非常可观，而且也因为在以前微博运营中积累的经验和用户，到微信上依然可以爆发新的增长点。

公众平台在聚集一批电商企业微信账号后，电商服务商开始瞄准这一领域的代运营市场，多家电商服务商都已经开始涉足微信运营服务业务。虽然微信公众账号已经能够实现一些基本的后台管理，如用户管理、群发消息、素材管理、关键词搜索、自定义菜单等，但这些功能完全不能满足电商企业管理用户的需要，而微信也不可能针对某一特定行业开发深度应用或者解决方案，这就催生了微信运营产品的出现。除此之外，还有一些依托微信衍生的营销平台和模式出现，在开放平台中依托微信平台来推送多终端的市场营销解决方案。

【案例1】"微信加"：搭建商家营销服务平台

"微信加"是专门针对微信公众账号提供的辅助管理平台，比起官方的管理后台，特别强化了微信公众账号的营销推广功能。"微信加"内置了专为商家定制的"商家营销服务模块"，包括优惠券推广模块、幸运大转盘推广模块、刮刮卡抽奖模块、用户调研模块、微会员卡图片以及我的微官网模块，来对接商家的线下业务。

通过优惠券模块可为商家定制优惠券，设置活动时间、数量、触发关

键词；幸运大转盘模块可为商家提供转盘抽奖服务，商家通过设置活动时间，预计参加抽奖人数，相应奖项和触发关键词；刮刮卡抽奖模块可为商家提供刮刮卡抽奖服务，用户通过手机进行刮奖游戏；用户调研模块可为商家提供用户调研的服务，商家通过设置活动时间、调研的活动、参与调研的奖品，进行用户调研。

此外，用户还可以根据自己的需要，修改微会员卡的样式制作界面，设置自己的LOGO，同时设置详细的会员特权。还可以根据自己的需要选择微官网的模版，然后根据模版提供的界面，选择二级菜单的设置。

【案例2】微库：变身微信互动管理平台

微库一早就将目光瞄准了满大街泛滥的微信公众账号，推出了一款基于微信的互动营销平台。通过微信接口扩展更多个性化营销功能，让微信营销变得更多元化，进行内容互动、创意活动、智能互动、LBS反馈、数据统计，为商家提供更好的基于微信的互动营销服务。微库实现的就是提供一个比微信官方管理后台更加强大和易用的微信互动管理平台。通过微库的互动管理平台，多数不懂编程开发的普通用户也能够玩转微信公众账号。

微库本身包含的七大模块（LBS模块、活动模块、互动模块、产品模块、视频模块、音乐模块、公共库模块）构成了其强大的互动功能，使微信营销手段个性化，并且在考核上也更规范化。这一新兴微信管理工具的诞生，不但解决了微信互动管理的难题，还给商家和品牌企业提供了更加直观、量化的数据。通过微库管理平台，可以更好地管理公众平台，更深层次地和用户进行沟通。

除此之外，公众平台上只能统计5天的信息，微库却可以统计最近30天的数据，并且可以自由设置时间段进行查看。而且，微库还可以统计到每个关键词推送了多少次，分析产品关键词等数据。

【案例3】第一家微信导航"小微客"

小微客是国内第一家以微信为主题的导航媒体，致力于微信公众账号发布、微信二维码、微信交友等功能于一体的微信媒体社区。用户通过小微客分享自己的微信账号和微信二维码，获得更多的用户关注，同时在这里还能找到自己喜欢的品牌、明星、阅读等。小微客微信导航可以让更多的微信品牌、明星和普通人都更好地宣传自己的微信公众账号。

微信营销的优点在于：用户基数大；强制推送，到达率高；可以结合私密社交和移动终端特性；可针对用户特点精准推送；呈现方式更多样。但缺点也很明显：强制推送影响用户体验，粉丝流失率高；私密平台，粉丝增长困难；相比明星微信账号，普通人微信账号运作难度高。因此，微信营销对使用内容的要求更高，对用户定位要求更精准。而建立一个广告主匹配微信公共账号的智能系统，并从中抽取10%～20%的服务费，是一个非常聪明的举动。此外，在吸引到更多普通用户来小微客寻求需要的微信公众账号后，能够向其收取推荐展示费。这两点都将是小微客未来的主要盈利来源。

四．借力数据开放，打造微信游戏平台

这个创业机会来自在产品越来越重和满足亿万用户不同需求的矛盾中，微信将会推出数据开放平台。所谓数据开放平台，是指微信将把数据、数据关系和数据运算等，在确保安全、稳定、快速的前提下开放给创业者。

数据开放平台不是任何创业者都能参与的，它对产品的品质以及利用数据做推广时的用户体验有相当苛刻的要求，而且平台越成功，要求就越严格。

数据开放平台对于企业来讲最重要的应用在于：一是第三方公司帮助企业做大数据管理系统，二是游戏厂商利用数据开放平台移植甚至直接开发自己的微信游戏。

大数据管理系统对于企业来讲是非常重要的，卓越的数据收集和分析管理系统是整个企业实现互联网化的基础，也是企业搭建O2O平台的核心。没有大数据的核心，谈企业互联网化就是空的，这一点会在以后的企业实

践中体现出来。

刚才我们说数据开放平台的一个重要创业方向就是微信游戏。微信游戏就是围绕微信制作一些手机社交游戏，或开放微信游戏平台让开放者做一些手机网页的小游戏，最后利用游戏变现。微信的游戏平台，会成为游戏开发者的又一座金矿，做微信网页小游戏的利润跟制作一款游戏 App 相匹敌。2012 年，国内网络游戏市场收入规模达 601.2 亿元，其中移动游戏市场规模为 65.1 亿元，同比增长 68.2％。

移动社交游戏可能是微信商业化的最大突破口。第三方游戏开发商不必担心微信在游戏业务上的举动，因为微信会将游戏做成开放平台，引入很多合作伙伴。总之，无论在 PC 端还是移动端，游戏都是最好的变现业务。随着移动互联网的成熟，手机游戏对互联网游戏的冲击也开始显现。当下游戏生产商会把微信游戏作为种子和试点，率先接入开放平台。相信将来微信的账号授权机制出台后，会有更多优秀的 HTML5 游戏出现。

【案例 1】手机网页游戏：HTML5 游戏破冰微信平台

专注于 HTML5 游戏开发的创业团队从 2012 年年底开始关注微信平台。微信具有手机网页游戏的入口价值。手机网页游戏微信公众账号仅推出一个月就已积累了 5000 名粉丝，日均页面浏览量在 4000 次左右，日活跃用户 1500 人。这些用户都是通过社交化推广和口碑传播的方式自然增长的，没有花费一分钱推广。当然这只是试水，随后会有大量的微信游戏团队进入开发竞赛中。

【案例 2】斑狸互动游戏：打开游戏寻宝旅程

在斑狸互动游戏微信公众账号里，用户通过回复不同的章节，进入不同的游戏环节，这如同一个寻宝的旅程，账号会一步步引导用户探索新的奇遇。对于有极强好奇心的用户，用这个消磨时间会非常有意思。

【案例 3】山东朱氏药业集团：开启微信新型互动营销

作为贴敷贴剂领域微信营销的先行者，山东朱氏药业集团开启了新型的互动营销。用户只需关注山东朱氏药业集团官方微信，就可以获得新手礼包，区别于微博上各种需要等待结果的抽奖活动，用户可在微信上直接领取相应的礼包激活码，并马上进入游戏体验。

五、满足需求多元化，提供行业解决方案

这个创业机会来自用户的需求多元化。其实用户的需求很多，关键是如何满足用户的需求，并能留住用户。在微博上做过的基本上都可以到微信上再来一遍，而且因为微信的随身性、LBS、富媒体、实时性，无论是互动效果还是最终结果都要远远好于微博。

随着微信接口的开放，越来越多的行业有了开放接口的需求，但是由于商家本身的人力和精力的原因，于是就催热了微信开放接口代开发业务，而代开发业务则需要专业的技术团队和人才为商家量身定制。除此之外，微信的行业性解决方案也凸显出来，每个行业的需求不同，因此在市场的需求下，势必要深入行业，研究行业的发展规律，然后制订专项方案，进行开发或者推广。

【案例1】"爱衣微"：打造互联网微洗衣时代

在"爱衣微"的实体洗衣店洗衣间里，一切井然有序，清洁剂一字排开，用户的衣物分类挂好，桌上摆放着已经打包好的衣物。打包好的衣物的塑料袋上印着店名、微博、微信预约免费上门服务的字样以及二维码。微信预约上门，银联、支付宝上门刷卡付费，这样微洗衣的运营模式可谓微信"奇葩"营销。洗衣洗出了淘宝网购的感觉，这是不少用户的亲身体会。

【案例2】海尔智能家居：打造智能家居新生活

物联网已经进入了普通人的家庭，无论是人还是物都有一个二维码作为 ID。人与物可以对话，人可以直接向物发出指令。微信会把人和物都连接起来。一部手机在手，连接全世界，操控全世界。海尔智能家居已经实现了这一步。

六、围绕应用开放平台，繁荣微信生态圈

这个创业机会来自以微信公众账号为通行证的应用开放平台。成为微信公众账号的粉丝后，用户能阅读多媒体内容、查询有价值信息、购买感兴趣的商品、参与数字娱乐和体验便捷的本地化服务等。这其实是给了传统企业（商家）向互联网平行移植功能的机会，也是传统企业向互联网企业转型的一个桥梁。利用这个应用开放平台，企业可以找到自己原本"丢失"的老用户，发展更多未知的新用户。

这里面细分，有两种模式：第一种是"内容出版与订阅"模式。这一模式适合被媒体用于用户订阅阅读，被广告、公关和营销公司用于推广宣传，适合商家为固定用户提供最新公告信息等。第二种是"企业系统管理"模式。这一模式把企业原来的传统的呼叫中心、CRM、办公自动化等模块集中转移到了微信平台上，形成了更加简约有效的工作模块。

在此基础上，人们甚至能将这些移植到微信上的管理功能，通过各种接口延伸到硬件层面，实现物联网的诸多应用。

这里的项目之多、品类之广可以无限想象。受制于淘宝和百度的各行各业的创业者，都能够参与微信生态链的建设并从中受益。

微信开放平台是一个庞大的系统，它可以接纳各种应用和数据，用户之间进行简单的操作，就可以互相推荐和传送。"大量用户基底＋高端用户定位＋关系链二度挖掘"，微信的社交属性让第三方开发者看到借助微信迅速崛起于移动互联网的机会。微信则借助众多第三方开发者的内容，向成为更强大的社交平台挺进。

七、依靠便捷互动，打造 App 的体验平台

这个创业机会来自手机 App 体验平台的便利性。微信可以成为很多手机 App 的体验平台，进而成为下载入口。有一些本身就是自己做 App 的人，通过微信来做一个导流量的入口。以前微博火起来的时候，很多应用通过微博获取到了很多免费的流量，微信也有这个功能，但是玩法会不一样。

原来在微博上可能是通过营销,而到微信上,可以体验产品部分功能,然后就可以去引导用户下载了。

【案例1】"滴滴打车":打车好帮手

"滴滴打车"是一个帮助乘客打车、帮助出租车司机接单的微信公众账号,上线头三个月就覆盖了北京5000多辆出租车,单日平均呼叫4000次以上,成单率达70%。依靠地推和口碑传播,"滴滴打车"在三个月内积累了5000多个出租车用户,保证用户在市区、非交通高峰期且目的地较远的情况下,一分半钟内在"滴滴打车"上打到车。以2016年12月为例,交通高峰时段成单率达50%,非交通高峰时段成单率达80%,单日平均成单率约为70%。

【案例2】"打车小秘":真正成为打车小秘书

"一键关注,一次性输入手机号码验证,一键我要打车,输入目的地即可完成一次预订。"这就是打车小秘的使用流程。打车小秘是国内第一款在微信上线的微信打车工具,也是国内第一款真正实现用微信享受打车服务的产品。微信公众账号得到了众多人的认可,用户通过该平台叫车不需要下载任何软件,既省时间又省流量。在用户发出打车请求后,该平台会自动定位乘客所在的位置,并显示附近的出租车数量。

【案例3】"打的宝拼车":互动提交拼车信息

"打的宝拼车"官方微信上线不到一个月的时间,粉丝数迅速超过5000名,每日互动信息近2000条。"打的宝拼车"提供的是长途拼车、上下班拼车、呼叫出租等综合出行信息服务。该平台结合微信既有的开发支持尽可能优化结构、完善服务,在服务流程和互动方式的许多细节上都进行深入的思考和探索。比如,采取多环节的简单问答,而不是少环节的复杂问答,因为用户不喜欢一次输入复杂信息,而更适合一次输入最简单的信息,哪怕增加问答环节。

八、随着趋势的发展，打造移动电商平台

这个创业机会来自电商不断发展的趋势。微信除了 O2O 业务以外，在传统电商上也力求有所发展，将来淘宝卖家会用微信来做 CRM，然后就会想直接在上面卖货，不久之后会有不少企业利用微信公众平台而让卖家直接在微信上开店卖货。

微信包含社交、移动、娱乐、商务四大功能，为支付培育了良好的土壤。如果未来微信能将社交流、信息流、资金流和物流四流合一，那么对于电商来说，微信无疑是最精准的品牌营销工具，并且可以通过后台的互动，解答用户的问题，从而获得更高的转化率，促成交易。不久的将来，移动电商必将成为人们关注的对象，而对电商来说，只有利用好微信这一精准营销的核心产品，才能在移动互联网的电子商务上立于不败之地。